上海社会科学院法学研究所学术精品文库

国际投资条约
知识产权保护制度研究

朱玥　著

上海三联书店

总　　序

　　上海社会科学院法学研究所成立于 1959 年 8 月,原名"政治法律研究所",是我国成立最早、规模最大、最早招收研究生的地方社科系统法学研究机构。

　　法学所的历史可以追溯到 1952 年由原圣约翰大学、复旦大学、南京大学、东吴大学、厦门大学、沪江大学、安徽大学等 9 所院校的法律系、政治系和社会系等合并组建成立的华东政法学院,1958 年华东政法学院并入上海社会科学院,翌年成立了上海社会科学院政治法律研究所。彼时上海滩诸多法学大家汇聚于斯,潘念之、齐乃宽、浦增元、张汇文、卢峻、周子亚、何海晏、丘日庆、徐开墅、徐振翼、肖开权、郑衍杓、陈振国、李宗兴、程辑雍等均在各自领域独当一面、各领风骚。1984 年,东吴大学上海校友会也正式在上海社会科学院注册成立,成为东吴法学的精神传承,一时颇有海派法学的大气候。

　　1979 年复建后,"政治法律研究所"正式更名为"法学研究所"。作为南方地区的法学理论研究重镇,在中国社会经济快速发展的浪潮中,法学所勇立潮头,不断探求中国特色社会主义法治的发展规律,解决我国改革开放和现代化建设中的现实问题。法学所在法理学、公法学、国际法学、刑法学和民商法学等领域为国家法治建设鼓与呼,在新时期法学学科建设、民法通则制定、港澳回归、浦东开发等重要历史性事件进程中均作出了重大贡献。

　　进入新世纪,随着国家科研方针政策的转型以及各大高校法学研究的崛起,社科院系统的体制模式受到重大挑战,加上老一辈学人的隐退,法学所也开始了二次创业的征程。近年来,法学所通过"内培外引"大力加强人才梯队建设,引进和培养了一批在国内有影响力的中青年学者,特别是一批青年才俊陆续加入,他们充满朝气,基础扎实,思想活跃,承载着法学所的未来与希望。通过不断提高学科队伍建设、夯实智库研究基础,法学所得以进一步加强和形成了"经济刑法""租借·租借地等特殊地区研究""刑事法创新学科""法治中国及其上海智库实践智库""比较法学""生命法学""党内法规""青少年法学"等多个优势学科和特色研究团队。如今的法学所安立于古典而又繁华的淮海中路的静谧一角,立足上海,面向全国,以"国家高端智库"和院"创新工程"为平台,坚持学科建设和智库建设双轮驱动,在法学研究领域焕发出新的生机。

为弘扬学术精神、传播学术成果、传承学术血脉,我们策划了"上海社科院法学所学术精品文库"。法学所科研人员的重要理论成果和学识智慧,将收入本文库,以期学脉绵延,薪火相传,续写法学所的当代辉煌篇章。本文库主要由两部分组成,一部分是法学所科研人员的重要学术专著,另一部分是法学所青年学术沙龙系列。前者秉持学术为本、优中选优的原则,遴选并最终确定出版的著作,后者是对法学所学术品牌青年法学学术沙龙的整理。在条件成熟时,本文库也将陆续整理出版老一辈法学所专家的代表性作品。

文章千古事,希望纳入文库出版的作品能够不负学术精品之名,服务国家法治建设与社会发展,并能够历经岁月洗礼,沉淀为经世之作。

是为序。

上海社会科学院法学研究所所长、研究员、博士生导师

姚建龙

2020 年 7 月 30 日

序

　　2022年年底朱玥告诉我她的第二本专著《国际投资条约知识产权保护制度研究》将由三联出版社出版，我惊讶不已。在这样一个心神不宁的日子里，她居然能如此淡定，如此坚守，完成自己博士论文的修改工作，并形成书稿，令我这个做导师的汗颜。近段时间我情绪低落，周围的"阳"困扰着我，我无法集中思想看她的书稿。好在朱玥没有催我，她一直说不急，先开开心心过了年吧，兔年会好的！她鼓励我，也鞭策了我。这几天静下心来看她发给我的书稿，细细读来有很多感想。

　　这本书的书名并不高大上，也不吸引人，但书的内容厚重，有分量，有见地。朱玥是一种思考型的学生，不人云亦云，有自己独到的见解。她在华政学习法律九年，有扎实的法学理论基础，并且对国际法情有独钟，一直在默默耕耘。这本书是她多年来思考的成果。她从近年来国际法的碎片化发展中看到不同领域的交叉问题，找到了一个切入点，即知识产权国际保护由"与贸易有关"向"与投资有关"的延伸带来了贸易法、投资法在知识产权议题上的碎片化格局，这导致不同知识产权国际保护体制的重叠，这种重叠现象使国际法领域原有的体系产生竞争与冲突。她从理论层面和实践视角分析了这种复杂的重叠现象，提出如何在各种体制冲突中找到利益平衡点。例如，在国际投资法领域，国际社会一直在讨论如何修订现有的国际投资条约文本，如何才能明确国际投资条约对知识产权的保护边界，做到既维持适当的知识产权保护水平，又为东道国实施知识产权政策预留空间，从而实现知识产权保护与社会公共利益之间的平衡。只有找到一个平衡点，才能促进当下国际投资条约可持续发展目标的实现。对于这个问题，朱玥在另一本专著中有比较全面的分析。2021年在读博期间她出版了个人专著《可持续发展视角下国际投资法的新发展》，这本书从可持续发展的视角分析了国际投资法的变革与重塑进程，描述了可持续发展理念由抽象原则到具体规则的转化，论述了国际投资法已经进入了"反思潮"阶段。这种深层次的思考形成了她博士论文选题，她把这些思考聚焦在以下一些问题：即，国际投资条约中的知识产权保护制度与传统的知识产权国际保护制度有哪些不同，二者之间有何区别与联系；在新的知识产权国际救济路径中，知识产权人会从哪个角度将东道国对"贸易条约"的违反包装成对"投资条约"的违反；面对这种重叠或真空地带产生的负面影响，国际投资条约体制又如何应对并作出改革尝试。同样的问题也拷问中国在"引进来"和"走出去"过程中如何衔接国际法治与国内法治的协调，以及热议中的中国BITs应采取何种立场。通过思考引出问题，再从问题中寻找解决方案，这种论证方法意在写"实"，而摒弃"虚"的空话和套话，这是本书的高度。

学习法律的人似乎看重严谨、推理和条文解释，文字表述大多比较僵硬，有点"八股"的套路写法，读来枯燥乏味。但这本书的叙事方法更能让普通读者阅读，而不陷入过分"专业"的局限。朱玥有良好的驾驭文字能力，她把枯燥的法律事件用以简驭繁的写法呈现出来，让读者有看下去的冲动。例如，本书第三章选择了四个典型案例，采用了普通法系的分析方法，从个案中归纳出一般规则，再上升到理论阐述。她把这些案例分为四类，即知识产权申请是否属于投资这样一个前置性问题，"Apotex公司诉美国案"；东道国违反知识产权条约不符合投资者的合理期待，"Philip Morris公司诉乌拉圭案"；知识产权条约属于东道国对投资者所作的承诺，"Philip Morris亚洲公司诉澳大利亚案"；与知识产权条约不相符的东道国措施构成征收，"Eli Lilly公司诉加拿大案"。这些案例围绕东道国知识产权政策或相关措施的国际投资仲裁，通过案例分析，提炼出知识产权人的诉讼策略和法律主张，并结合国际投资法、贸易法和知识产权法理论从法理上推演知识产权人诉求的正当性和合法性问题,以便对今后知识产权人在国际投资体制中扩张权利边界、主张知识产权绝对保护的实践进路作出预判。从这些个案中作者发现当今涉知识产权保护国际投资仲裁实践中存在的问题,即所有案例中仲裁庭均未正面回应知识产权人试图在国际投资仲裁中,直接适用和执行知识产权国际保护规则的主张。这种"不置可否"的态度可能导致更多相同类型的国际投资仲裁争端,不利于国际投资条约知识产权保护制度和传统知识产权国际保护制度的协调发展与良性融合。从问题中引出思考,再上升到理论分析,这是本书的深度。

朱玥对法律有悟性,而且能学以致用,这一点难能可贵。这本书是在她的博士论文基础上修改的,论述国际投资条约中的知识产权保护问题。国内法学界对知识产权保护和国际投资法的讨论已有很多论述,但把二者结合起来,另辟蹊径分析国际投资条约中的知识产权保护制度,并从知识产权国际立法的理论基础—利益平衡论入手,把知识产权国际保护议题与国际贸易体制、国际投资体制相关联,这种立体式的分析方法是她多年来对法学的领悟与思考的结果。她在这本书中以利益平衡原则为指导,考察了这一制度历经三次现代转型后呈现出来的变化轨迹,进一步思考中国应如何完善国际投资条约知识产权保护制度的总体性方案以及修订中国 BITs 的改进建议。从悟性到思考又能学以致用,这是法律人追求的境界。朱玥正朝着这个方向努力。

以上是我看了书稿后的感想。再说几句题外话。朱玥勤奋好学,是读书种子。她是硕博连读研究生,短短 5 年时间以优异的成绩修完所有课程,并发表了 10 篇学术论文,出版了一本专著,还去新加坡国立大学读了一个国际商法研究生。我不知道她是如何分配一天 24 小时的,瘦瘦弱弱的她竟有这样一股劲来攀登学术高峰,让我惊讶和欣喜。这样的学生如今已经很稀缺了。我们经常交流,在苏州河畔的长宁校区,在郁郁葱葱的中山公园,我喜欢闲聊,兴之所至,聊的大多不是专业,但朱玥总是耐心地听,有时她提的问题和一些想法往往切中要害,一语破的。在她身上我看到了他们这代人的潜能和未来希望。学生有如此成就,做老师的也与有荣焉。

是为序。

林燕萍

2023.1.30

《国际投资条约知识产权保护制度》
术语索引

缩写	英文全称	中文全称
ADR	Alternative Dispute Resolution	替代性纠纷解决方式
BIT(s)	Bilateral Investment Treaty(ies)	双边投资条约
CAI	China-EU Comprehensive Agreement on Investment	中国与欧盟全面投资协定
CETA	Comprehensive Economic and Trade Agreement between Canada and the European Union	欧盟与加拿大全面经济贸易协定
CPTPP	Comprehensive and Progressive Agreement for Trans-Pacific Partnership	全面与进步跨太平洋伙伴关系协定
DSB	Dispute Settlement Body	争端解决机构
DSU	Understanding on Rules and Procedures Governing the Settlement of Dispute	关于争端解决规则与程序的谅解
FCN(s)	Friendship, Commerce and Navigation Treaty(ies)	友好、通商和航海条约
FCTC	Framework Convention on Tobacco Control	烟草控制框架公约
FET	Fair and Equitable Treatment	公平公正待遇
FTA(s)	Free Trade Agreement(s)	自由贸易协定
GATS	General Agreement on Trade in Services	服务贸易总协定
GATT	General Agreement on Tariffs and Trade	关税与贸易总协定

缩写	英文全称	中文全称
ICSID	International Center for Settlement of Investment Disputes	国际投资争端解决中心
IIA(s)	International Investment Agreement (s)	国际投资条约
IPFSD	Investment Policy Framework for Sustai-nable Development	可持续发展的投资政策框架
ISDS	Investor-State Dispute Settlement	投资者与国家间争端解决机制
MAI	Multilateral Agreement on Investment	多边投资条约
NAFTA	North American Free Trade Agreement	北美自由贸易协定
OECD	Organisation for Economic Co-operation and Development	经济合作与发展组织
RCEP	Regional Comprehensive Economic Partnership Agreement	区域全面经济伙伴关系协定
R&D	Research and Development	研究与开发
SSDS	State-State Dispute Settlement	国家间争端解决机制
TBT	Agreement on Technical Barriers to Trade	技术性贸易壁垒协议
TRIMS	Agreement on Trade-Related Investment Measures	与贸易有关的投资措施协定
TRIPS	Agreement on Trade-Related Aspects of Intellectual Property Rights	与贸易有关的知识产权协定
TTIP	Transatlantic Trade and Investment Partnership	跨大西洋贸易与投资伙伴协议
UNCITRAL	United Nations Commission on International Trade Law	联合国国际贸易法委员会
UNCTAD	United Nations Conference on Trade and Development	联合国贸易和发展委员会
USMCA	United States-Mexico-Canada Agreement	美墨加协定
VCLT	Vienna Convention on the Law of Treaties	维也纳条约法公约
WHO	World Health Organization	世界卫生组织
WIPO	World Intellectual Property Organization	世界知识产权组织
WTO	World Trade Organization	世界贸易组织

前　言

一、本书的理论价值和现实意义

（一）理论价值

国际法不成体系问题一直受到国际法学界的重视。联合国国际法委员会也专门成立研究小组，对"国际法不成体系问题：国际法多样化和扩展引起的困难"这一专题进行研究。国际法不成体系问题在知识产权国际保护方面体现得尤为明显。知识产权国际保护由"与贸易有关"向"与投资有关"的延伸带来了贸易法、投资法在知识产权议题上的碎片化格局，形成的"多渊源等效规范"同时指向知识产权保护问题，产生了不同知识产权国际保护体制的重叠。这将不可避免地带来体制竞争与冲突。

2020 年 11 月 30 日，国家主席习近平在十九届中央政治局第二十五次集体学习中指出，"知识产权是国际竞争力的核心要素，也是国际争端的焦点。我们要秉持人类命运共同体理念，坚持开放包容、平衡普惠的原则，深度参与世界知识产权组织框架下的全球知识产权治理，推动完善知识产权及相关国际贸易、国际投资等国际规则和标准，推动全球知识产权治理体制向着更加公正合理方向发展。"党的二十大报告强调，要加强知识产权法治保障，加快实现高水平科技自立自强。

因此，在国际投资法领域，如何设计国际投资条约文本，明确国际投资条约对知识产权的保护边界，做到既维持适当的知识产权保护水平,又为东道国实施知识产权政策预留空间,从而实现知识产权保护与社会公共利益之间的平衡,促进当前国际投资条约可持续发展目标的实现,便成为了亟待解决的重要理论问题。

(二) 现实意义

随着"一带一路"倡议的深入推进,我国对外开放水平不断提高。

在"走出去"方面,中国企业加大了对"一带一路"沿线国的投资,其中不乏海外技术研发投资。但是"一带一路"沿线国家的知识产权国际保护水平参差不齐,一些国家甚至尚未建立起完备的知识产权保护体系,因而中国企业面临严峻的知识产权风险。

在"引进来"方面,2019 年 3 月 15 日全国人大通过《外商投资法》,这是我国自改革开放之初制定《中外合资经营企业法》以来,我国涉外经济立法领域又一部具有里程碑意义的外商投资基本法律。根据《外商投资法》第 2 条第 4 款,知识产权属于外商投资范畴。与此同时,我国提出了知识产权强国战略,投资政策的引资重点也逐渐向利用外国先进技术转移。可以预见,《外商投资法》实施后可能引起的国际投资相关知识产权保护及其争端解决问题。

基于此,为在涵括知识产权保护的国际经济条约的谈判中充分行使话语权,既有效提高知识产权保护水平,又维护国家主权、社会公共利益和海外投资者合法权益,对于日益形成复杂的"体制复合体"的国际知识产权保护制度,我们必须加强系统、深入的研究,认真评估其实施效果,明确条约目标,并制定细致的谈判范本。

二、国内外研究现状分析

在传统上,知识产权条约与贸易条约、投资条约彼此独立,各自沿着自身的轨道发展,形成了内在逻辑各异的不同条约体制(treaty regime)。在商品、资本、技术等生产要素日益全球化的时代,知识产权国际保护已不再是孑立于国际贸易、国际投资之外的"孤岛"。

TRIPS 的达成使知识产权保护步入"与贸易有关"的规则时代,而国际投资条约——包括 BITs 和含有投资章节的 FTAs 对知识产权议题的广泛介入,又将知识产权保护带入"与投资有关"的新领域。[①] 中美贸易摩擦导火线"301 调查"和近年来不断涌现的涉及知识产权政策的投资仲裁争端,使得学界开始重视由知识产权投资引发的诸多法律问题。

大多数学者认为,在 21 世纪知识经济时代,无形资产的价值已经超过了有形资产。发展中国家吸引外国直接投资的动机之一便是获得其作为无形资产的先进技术及其知识产权。[②] 知识产权不再是纯粹的主观权利,而是被作为经济资产应用于经济活动中,[③]具有无形性、地域性和显著的投资激励性等特点,区别于其他投资类型。[④]

部分学者指出,后 TRIPS 时代,发达国家不满足于多边体制中的知识产权国际保护水平,开始运用"体制迁移"(regime shift)和"论坛转换"(forum shift)的策略,在双边、区域及复边体制中推行其知识产权战略,谈判的场所从 WIPO 到 WTO 再回到 WIPO,[⑤]知识产权保护国际立法明显地向"与投资有关"延伸,改变了在传统知识产权国际保护体制中,跨国公司不占据主体地位,在 WTO 争端解决机制中,跨国公司不享有诉权的局面。[⑥] 美国、欧盟、德国、英国、加拿大、日本等国家或地区的 BITs 范本和其签订的含有投资章节的 FTAs,均将知识产权纳入投资范畴,对其实施国际投资条约框架下的独特保护,提高知识

---

① 徐树:《国际投资条约下知识产权保护的困境及其应对》,载《法学》2019 年第 5 期。
② 张乃根:《国际投资相关知识产权及其争端解决》,载《法治研究》2020 年第 1 期。
③ 张建邦:《国际投资条约中"投资"定义涵盖知识产权的理论解释》,载《法治研究》2012 年第 6 期。
④ 贾丽娜:《国际"投资"定义中的知识产权范畴探究》,载《私法》2018 年第 1 期。
⑤ Laurence R. Helfer, Regime Shifting: The TRIPs Agreement and New Dynamics of International Intellectual Property Lawmaking, *Yale Journal of International Law*, Vol. 29(1), 2004. Susan K. Sell, TRIPS Was Never Enough: Vertical Forum Shifting, FTAS, ACTA, and TTP, *Journal of Intellectual Property Law*, Vol. 18(2), 2011.
⑥ Simon Klopschinski, *The Protection of Intellectual Property Rights under International Investment Treaties*, Carl Heymanns Verlag, 2011.

产权国际保护水平,有利于本国投资者开展海外知识产权投资。① 然而,在发达国家有关知识产权保护的缔约实践中,其对知识产权的保护标准已经超出了 TRIPS 项下的"最低标准",对知识产权保护的范围也已经超出了传统知识产权国际公约的保护范围,②为东道国设定了 TRIPS-plus 义务。相应地,发展中国家知识产权国内立法和国际立法也发生了改变。由此,在整个国际知识产权法领域产生了渐进式的棘轮效应。③

有学者结合近年来出现的涉及知识产权政策的投资仲裁案例表示,国际投资条约及其仲裁机制"沉睡的"功能正逐渐被唤醒,成为知识产权人寻求知识产权国际救济的新途径。④ 未来会有越来越多的知识产权人根据国际投资条约启动 ISDS 机制,主张知识产权的绝对保护。⑤ 利益失衡必将造成诸多现实困境,偏离利益平衡轨道的国际投资条约知识产权保护制度对东道国造成了"规制寒颤",影响其制定和实施知识产权政策、解释和发展本国知识产权法律,挑战传统知识产权国际保护制度的运行逻辑,可能引发投资仲裁庭和 WTO 争端解决机构管辖权的重叠与冲突,破坏国际法治环境。

对此,我国作为双向引资大国需要予以高度重视。然而,目前少有国内学者从中国缔约实践出发,讨论我国国际投资条约知识产权制度现存的问题,并且提出完善建议。因此,本书以问题为导向,着重解决

---

① Lahra Liberti, Intellectual Property Rights in International Investment Agreements: An Overview, OECD Working Papers on International Investment, 2010/01, OECD Publishing http://dx. doi. org/10. 1787/5kmfq1njzl35-en.

② Carlos M. Correa, *Bilateral Investment Agreements: Agents for New Global Standards for the Protection of Intellectual Property Rights?*, GRAIN Study, 2004.

③ Peter Drahos, Expanding Intellectual Property's Empire: the Role of FTAs and BITS and BIPS: Bilateralism in Intellectual Property, *Journal of World Intellectual Property*, Vol. 4(6),2001.

④ Bryan Mercurio, Awakening the Sleeping Giant: Intellectual Property Rights in International Investment Agreements, *Journal of International Economic Law*, Vol. 15 (3),2012.

⑤ Susy Frankel, Interpreting the Overlap of International Investment and Intellectual Property Law, *Journal of International Economic Law*, Vol. 19(1),2016.

以下问题：国际投资条约知识产权保护制度与传统知识产权国际保护制度的区别与联系；这一制度的具体内容；在这一新的国际救济路径中，知识产权人会从什么角度将东道国对"贸易条约"的违反包装成对"投资条约"的违反；面对产生的负面影响，国际投资条约体制应当作出何种改革尝试；此间中国 BITs 又应采取何种立场。

目　　录

第一章 国际投资条约知识产权
保护制度概述

在知识经济时代,知识产权不仅是附着在货物或服务上的一项"静态"专有权利,更是作为一种无形的经济资产被广泛应用于国际直接投资,成为一项具有资本属性的"动态"财产权利。发达国家为保护本国高新技术企业的海外投资利益,维持本国在全球投资竞争中凭借知识产权投资获得的优势地位,正推动知识产权的国际立法从"与贸易有关"向"与投资有关"不断拓展。由此产生的两大知识产权国际保护制度既存在明显差异,又相互重叠,形成了"多渊源等效规范"(multi-sourced equivalent norms)①,构成了现代国际法碎片化发展图景的一部分。

本章意欲探讨知识产权国际立法的理论基础,研究国际投资法和国际贸易法语境中知识产权保护模式的联系与区别,并且梳理国际投资条约所确立的知识产权保护制度的现代转型历程,进而分析该制度对知识产权国际立法价值取向的回应。

第一节 知识产权国际立法的理论基础与体制转换

法益平衡是法律创制的关键,知识产权立法也不例外。在知识产

---

① 多渊源等效规范是指约束同一行为体或指向同一行为的、具有同等效力的国际法律规范。See Tomer Broude and Yuval Shany ed. , *Multi-Sourced Equivalent Norms in International Law*, Hart Publishing, 2011, p. 5.

权私权社会化的过程中,一直存在知识产权人的垄断利益和社会公众接近知识产品的合法需求之间的矛盾。过度保护知识产权会限制其在社会中的应用,减损社会福祉。但是极低的知识产权保护水平又将抑制创新,因为知识产权人无法获得足够的投资回报。知识产权法需要找到一个平衡点,使其既能促进智力创造成果在社会经济活动中的流通,也能激励创新、提升民生福祉。① 由此,利益平衡是知识产权法的基石和发展的主旋律,这已然成为知识产权国内、国际立法的共识。②

自 19 世纪末以来,知识产权国际立法呈现出多样化和扩展趋势,并且伴随着体制转换(regime shift)③的过程。知识产权不再是纯粹的主观权利,而成为了国际贸易、投资要素,被视为是积累财富、获得市场垄断地位、参与全球经贸竞争的有力工具。这引发国际社会对知识产权国际保护制度可能偏离原有利益平衡轨道、知识产权国际规则体系的价值基础被逐渐侵蚀的担忧。

一、知识产权国际立法的理论基础

知识产权的地域性促使知识产权保护立法从国内走向国际,知识产权国际保护制度应运而生。19 世纪中叶,许多国家通过签订互惠协定或双边条约保护本国知识产权人利益,但是效果并不理想。④ 因此,国际社会出现呼吁确立统一知识产权保护标准、建立一体化知识产权保护框架的声音。⑤ 以 1883 年《保护工业产权巴黎公约》(Paris

---

① Keith E. Maskus, Intellectual Property Rights and Economic Development, *Case Western Reserve Journal of International Law*, Vol. 32(3), 2000, p. 474.

② 冯晓青:《利益平衡论:知识产权法的理论基础》,载《知识产权》2003 年第 6 期,第 16 页。

③ Laurence R. Helfer, Regime Shifting: The TRIPs Agreement and New Dynamics of International Intellectual Property Lawmaking, *Yale Journal of International Law*, Vol. 29(1), 2004, p. 13.

④ 参见杨建:《知识产权国际法治问题研究》,法律出版社 2017 年版,第 133 页。

⑤ 参见吴汉东:《知识产权国际保护制度的变革与发展》,载《法学研究》2005 年第 3 期,第 126 页。

Convention for the Protection of Industrial Property，以下简称《巴黎公约》）[1]、1886 年《保护文学艺术作品伯尔尼公约》（Berne Convention for the Protection of Literary and Artistic Works，以下简称《伯尔尼公约》）[2]的诞生为标志，知识产权国际立法开始朝着多边化方向发展，国际知识产权条约成为推动各国知识产权制度相互融合和逐渐趋同的重要载体。在此过程中，各国知识产权立法中的利益平衡理念被国际条约所吸收，并且以更复杂的形式呈现。[3]

（一）平衡对知识产权的保护和限制

知识产权是法律赋予知识产权人的一种排他性（exclusive）权利。未经权利人许可或有法律特别规定，任何人不得实施受知识产权专有权控制的行为，否则构成侵权。[4] 这为知识产权人创设了一种垄断地位，使其在市场竞争中获得高额垄断利润。但是，如果法律一味地保护知识产权，将带来权利滥用，最终破坏自由公平的竞争秩序，阻碍社会公众接近并利用知识和信息。鉴于此，知识产权的保护与限制往往相伴而生。

以著作权[5]为例。著作权的权利主体是作者以及其他根据法律而享有著作权的自然人、法人或者非法人组织。著作权的权利客体是作品，即文学、艺术和科学领域内具有独创性的、能被他人客观感知的"思想的表达"。保护著作权的意义在于鼓励作者创作并且公开其创造性表达，既保证作者获得收益，也使社会公众能够对作品加以阅读或者欣赏。而限制著作权的意义在于降低社会公众接近作品的成本，增进知识积累、文化传播和思想交流，最终推动人类文明的进步。由此，有关著作权的国际立法需要考虑著作权保护的适度性和合理性，在知识的

---

① Paris Convention for the Protection of Industrial Property, 1883, 828 U. N. T. S. 305.

② Berne Convention for the Protection of Literary and Artistic Works, 1886, 828 U. N. T. S. 221.

③ 参见冯晓青：《知识产权法利益平衡理论》，中国政法大学出版社 2006 年版，第 511 页。

④ 参见王迁：《知识产权法教程（第 6 版）》，中国人民大学出版社 2019 年版，第 7 页。

⑤ 本部分仅着眼于狭义"著作权"。

垄断与分享之间创设一种动态平衡。

以世界知识产权组织（World Intellectual Property Organization，以下简称 WIPO）管理的、涉及著作权保护的国际公约为代表，对著作权的保护与限制主要体现在以下几个方面：第一，在确立著作权自动保护原则的同时，限定著作权的保护期。《伯尔尼公约》第 5 条第 2 款规定，作者在公约成员国享有和行使著作权，无需履行任何手续。作品一经创作完成即自动产生著作权并受到法律保护，不论发表与否，也无需履行任何手续。但这种保护不是无止境，例如《伯尔尼公约》第 7 条第 1 款规定，一般作品的保护期限为作者有生之年加死后 50 年。这意味着超出著作权保护期限的作品将进入公有领域，为公众所广泛接近和免费利用；第二，在满足"三步检验标准"的前提下，允许对作品进行合理使用。《伯尔尼公约》第 9 条第 2 款、第 10 条和第 10 条之二规定，成员国法律可以针对特殊情况设置对著作权的限制和例外，使作品可以被他人合理使用，但是不能与作品的正常利用相冲突，也不能无理损害作者的合法权益；第三，颁发著作权的强制许可，可不经著作权人同意，但必须支付报酬。《伯尔尼公约》第 11 条之二第 2 款和第 13 条第 2 款规定了广播权和音乐作品录制权的强制许可，也强调强制许可不得损害作者的人身性权利和获得公平报酬的权利。[1]

继《伯尔尼公约》之后，1996 年由 WIPO 主持缔结的《WIPO 版权条约》[2]《WIPO 表演和录音制品条约》[3]均规定成员国可以将根据《伯尔尼公约》在国内法中规定的对著作权的限制和例外，延伸至数字技术和网络环境中。故而，上述"合理使用"和"强制许可"的限制也同样在网络数字环境中存在。此外，《WIPO 版权条约》和《WIPO 表演和录音制品条约》在序言部分使用了"平衡"一词，直观地体现了"权利保护"与"权利限制"的利益平衡理念。两公约的序言均指出，"有必要保持表演

---

[1] 参见吴道霞主编：《知识产权法学》，中国人民公安大学出版社 2018 年版，第 87 页—第 92 页。

[2] WIPO Copyright Treaty, 1996, WIPO Doc. CRNR/DC/94.

[3] WIPO Performances and Phonograms Treaty, 1996, WIPO Doc. CRNR/DC/95.

者和录音制品制作者的权利与广大公众的利益尤其是教育、研究和获得信息的利益之间的平衡"。

(二) 平衡知识产权人专有利益与社会公共利益

知识产权兼具专有性和公共性。法律赋予知识产权人有限的垄断权,以换取知识和信息的共享,保障社会公众的信息利用权,[①]实现社会非物质财富的可持续性增长。[②] 知识产权也在市场流转过程中转化为现实生产力,使社会资源得以实现有效配置,知识产权的经济和社会价值得以凸显。与此同时,知识产权人可以从知识产权市场化、社会化的过程中,收获经济效益,反向激励自身创新。[③] 可见,当知识产权作为一种公共政策工具,适度和合理的知识产权保护政策应当以"私权神圣"为出发点,以实现知识产权保护的公共利益为依归,[④]带来"创新—共享—创新"的良性循环。由此,建立知识产权人利益和公共利益之间的有机平衡成为知识产权国内、国际立法的重心。

以商标权为例。商标尤其是驰名商标,是良好商品质量或服务品质和商誉的象征。商标的主要功能是将商标权人提供的商品或服务与竞争对手提供的商品或服务区分开来,具有识别来源的作用,防止消费者产生混淆或被欺骗。[⑤] 所以,商标权保护问题产生于商品在国内外市场中的流通,并且涉及三类主体,即经营者、相关市场中经营者的竞争对手以及消费者。[⑥] 相应地,有关商标权的国际立法所着眼的公共

① Andrew Beckerman-Rodau, The Problem with Intellectual Property Rights: Subject Matter Expansion, *Yale Journal of Law and Technology*, Vol. 13(1), 2011, p. 88.
② 参见张冬、李博:《知识产权私权社会化的立法价值取向》,载《知识产权》2012 年第 3 期,第 57 页。
③ 参见冯晓青:《知识产权法利益平衡理论》,中国政法大学出版社 2006 年版,第 22 页。
④ 参见冯晓青:《知识产权法中专有权与公共领域的平衡机制研究》,载《政法论丛》2019 年第 3 期,第 58 页。
⑤ Sidney A. Diamond, The Public Interest and the Trademark System, *Journal of the Patent Office Society*, Vol. 62(9), 1980, p. 528.
⑥ Shubha Ghosh, Richard S. Gruner and et al., *Intellectual property: Private Rights, the Public Interest, and the Regulation of Creative Activity*, West Academic Publishing, 2016, pp. 531 – 532.

利益主要是公平的市场竞争秩序、消费者的合法权益和一般意义上的公共利益。

以 WIPO 管理的、涉及商标权保护的国际公约为代表,对商标权人专有利益和社会公共利益的平衡主要体现在以下几个方面:第一,以公共利益为标准,规范商标的正当使用。《巴黎公约》第 5 条 C 款第 3 项规定,如果某一商标为两个及两个以上工商企业共同所有,他们对商标的共同使用不能使公众产生误解,不能违反公共利益;第二,以公共利益为限制,实施集体商标的保护。《巴黎公约》第 7 条之二第 2 款规定,公约成员国可以自行设置保护集体商标的特别条件,但针对违反公共利益的集体商标,成员国可以拒绝予以保护;第三,以公共利益为考量,保护商标的在先使用。《巴黎公约》第 6 条之二规定,成员国法律应当保护未注册的驰名商标,禁止他人注册和在相同或类似商品上使用驰名商标。

(三) 平衡发达国家和发展中国家利益

知识产权国际保护立法一直致力于融合各国知识产权法律制度,期望通过制定知识产权保护的统一实体性、程序性规范,解决知识产权的地域性和知识产品跨国流动性之间的矛盾。[1] 但是,由于历史的原因,发达国家与发展中国家在艺术文学、科学技术、经济和社会发展等方面存在一定差距,这导致发达国家和发展中国家在知识产权法价值观上存在明显差异。发达国家基于知识产权创造理论和财产理论,[2]提出强化知识产权保护的利益,以便本国企业利用自身技术优势垄断国际市场,推行知识霸权战略。而发展中国家呼吁从公平正义、维护人权、促进可持续发展等视角,[3]建立可以实现知识产权资源合理分

---

[1] 参见冯晓青:《知识产权法利益平衡理论》,中国政法大学出版社 2006 年版,第 503 页。

[2] Adam D. Moore, A Lockean Theory of Intellectual Property, *Hamline Law Review*, Vol. 21,1997, p. 65.

[3] See Abbe E. L. Brown, *Intellectual Property*, *Human rights and Competition*:*Access to Essential Innovation and Technology*, Edward Elgar Publishing, 2012, pp. 191 - 194; see also Paul L. C. Torremans ed. , *Intellectual Property and Human Rights*, Kluwer Law International, 2015, p. 169.

配的国际保护制度。发展中国家要求知识产权国际保护制度为处于弱势地位的发展中国家预留政策空间,以便其维持适度的知识产权保护水平,既能享受世界文明和科技发展带来的红利,也不至于破坏国内知识产权政策中的既有平衡。[1] 因此,知识产权国际立法必须回应南北诉求差异和利益冲突,平衡好发达国家和发展中国家利益,才有可能在更大范围和程度上促进国际知识产权条约的达成和有效实施。可以说,平衡南北国家利益是利益平衡理论在知识产权国际立法中的升华及演进,这在知识产权国内立法中几乎不会涉及。

以专利权为例。发达国家在发明创造、高新科技和医药卫生等领域往往占据优势地位,故而在专利保护方面,发达国家奉行独占主义,无疑使发展中国家在国际竞争中处于不利地位。对此,以 WIPO 管理的、涉及专利权保护的国际公约为代表,对发达国家和发展中国家利益的平衡主要体现在以下几个方面:第一,设定专利权保护的最低标准,保证发展中国家专利权政策的灵活性。《巴黎公约》第 2 条第 1 款和第 4 条之二规定,成员国专利权保护立法不应低于公约特别规定所设定的最低保护要求,并且各国依据本国专利法批准或驳回专利申请,不受其他国家的影响和干涉;第二,针对不实施专利采取强制许可措施,防范专利权滥用。《巴黎公约》第 5 条 A 款规定,成员国有权对不实施专利进行强制许可立法,以提出专利申请之日起 4 年、授予专利之日起 3 年作为判断"不实施"的时间标准;第三,首次确立临时过境制度,规定专利侵权的例外情形。《巴黎公约》第 5 条之三规定,当专利作为船舶、飞机或陆上车辆的组成部分,临时进入或通过某成员国领土时不构成专利侵权。

继《巴黎公约》之后,1970 年由 WIPO 主持缔结的《专利合作条约》(Patent Cooperation Treaty,简称 PCT)[2]在序言部分强调,"期望通过采用提高发展中国家建立专利保护法律制度效率的措施,来促进和加

---

[1] 参见吴汉东:《知识产权法价值的中国语境解读》,载《中国法学》2013 年第 4 期,第 15 页。

[2] Patent Cooperation Treaty, 1970, 1160 U. N. T. S. 231.

速这些国家的经济发展;具体方案是,对符合其特殊需要的技术解决方案提供易于利用的信息,以及对数量日益增长的现代技术提供利用上的便利"。此外,虑及发展中国家在专利方面的弱势地位,PCT 针对发展中国家规定了优惠措施,例如降低专利信息服务费至成本以下,保证发展中国家代表在技术援助委员会中占据席位,为发展中国家完善本国专利制度提供技术援助,等等。这都体现了知识产权国际立法对发展中国家利益的照顾,以缩短南北知识产权实力差距。

二、知识产权国际保护与国际贸易体制的结合

知识产权制度自产生之初就与贸易紧密相关,其初衷是保护"与贸易相关"的知识产权。早在中世纪末期,欧洲国家兴起重商主义思潮。如何在对外贸易和殖民扩张中保存本国市场优势成为欧洲君主及其顾问制定国家政策的重要考量。[①] 在这一时期,专利制度已经初露端倪,即君主以授予特权的方式给予手工业者在一定期限内,独家制造贩卖某种商品的独占权。[②] 此后,欧洲封建制度解体,资本主义经济开始萌芽,揭开大航海时代的序幕。在地中海沿岸,作为重要港口城市和贸易中心的威尼斯于 1474 年,颁布了世界上第一部最接近现代专利制度的《专利法》。[③] 知识产权从封建的垄断特权嬗变为受法律保护的财产权。再到 18 世纪,以亚当·斯密(Adam Smith)为代表的重农主义、古典政治经济学派,提倡各国取消生产和贸易限制,实行自由贸易政策。[④] 由此,世界各国的经济联系不断加深,西方国家率先进入工业化社会,带来工业文明和跨国贸易的繁荣发展,知识产权逐渐成为一项重

---

① William Cornish and Kathleen Liddell, The Origins and Structure of the TRIPS Agreement, in Hanns Ullrich, Reto M. Hilty and et al. ed., *TRIPS plus 20: From Trade Rules to Market Principles*, Springer, 2016, p. 6.

② 参见曹新明主编:《知识产权法学》,人民法院出版社 2003 年版,第 155 页。

③ 参见何勤华、李秀清主编:《外国民商法》,复旦大学出版社 2015 年版,第 429 页。

④ Michael Trebilcock, Robert Howse and et al., *The Regulation of International Trade*, Routledge, 2013, pp. 2 - 5.

要的产品要素,凸显出不同于有形资产的商业价值。

(一) 从"以 WIPO 为核心"到"以 WTO 为核心"

1. WIPO 体制的局限性

自 19 世纪末至 20 世纪,众多国际知识产权条约的缔结、WIPO 的成立,标志着"以 WIPO 为核心"的知识产权国际保护制度的建立。这在一定程度上破解了知识和技术密集型产品销往国外后,被低廉盗版侵权却无法得到有效当地救济的困局。但尽管该制度在推进知识产权法治的国际化发展方面具有重要历史意义,在尔后相当长的一段时间内,知识产权国际保护的力度仍然十分有限。[①] 一方面,后续各国对修订 WIPO 管理的知识产权条约分歧很大,发达国家在 WIPO 体制内加强知识产权保护的提案遭到发展中国家的反对;另一方面,WIPO 管理的知识产权条约大多缺乏强有力的条约实施机制,国家间就条约履行发生争议时也难以诉诸有效的争端解决机制。[②] 国际贸易中仿冒假冒行为屡禁不止,引发发达国家的强烈不满。

2. 转向 WTO 体制

20 世纪末,二战的惨祸促使各国反思战争背后的经济因素,认识到必须建立健全国际贸易法治,将政府干预国际经贸关系的手关进法治的"笼子",让市场在资源配置中起决定性作用。由此,新自由主义取代贸易保护主义得到广泛支持,[③]共有 23 个国家作为初始缔约国签署了 1947 年《关税与贸易总协定》(General Agreement on Tariffs and Trade,以下简称 GATT)[④],承诺大幅削减关税及其他贸易障碍,取消

---

① 参见冯晓青:《国际知识产权制度变革与发展策略研究》,载《人民论坛》2019 年第 23 期,第 111 页。

② 虽然在 WIPO 管理的知识产权条约中,有些条约规定通过国际法院解决国家间关于条约解释或适用的争议,但是成员国可以对此种争端解决方式提出保留,导致许多侵权纠纷无法得到合理解决。See Jan Busche, Peter-Tobias Stoll and et al. ed., *WTO -Trade-Related Aspects of Intellectual Property Rights*, Martinus Nijhoff Publishers, 2008, pp. 3 - 4.

③ 参见王勇民、章博等:《国际贸易私法学》,东南大学出版社 2008 年版,第 4 页。

④ General Agreement on Tariffs and Trade, 1947,55 U. N. T. S. 194.

国际贸易中的歧视待遇,实现贸易自由化。美国、欧洲经济共同体和日本等工业国家以 GATT 主持的多轮贸易谈判为契机,从知识产权与国际贸易具有紧密联系的角度,主张将知识产权保护规则融入国际贸易法律体制,以期给予知识产权更加广泛、稳定的保护。1994 年,举世瞩目的 GATT 第八轮"乌拉圭回合"谈判达成了《建立世界贸易组织的马拉喀什协议》(Marrakech Agreement Establishing the World Trade Organization)。[①] 其附件 1C 是《与贸易有关的知识产权协定》(Agreement on Trade-Related Aspects of Intellectual Property Rights,以下简称 TRIPS),[②]从此,"以 WTO 为核心"的知识产权国际保护制度正式成立。

(二) 从 TRIPS 到 TRIPS-plus

1. TRIPS 的产生

TRIPS 的缔结是国家间相互妥协与让步的结果。在 TRIPS 缔约过程中,发达国家和发展中国家因利益不同,所持立场也相去甚远。两大阵营争议的本质是知识产权国际保护中的利益平衡问题,包括平衡对知识产权的保护与限制,平衡知识产权人利益和社会公共利益,平衡南北国家利益。经过艰苦的谈判,为了在农业贸易、纺织品与服装贸易等议题中获益,同时利用多边争端解决机制遏制美国"特殊 301 条款"措施,[③]发展中国家最终接受了主要体现发达国家意志的 TRIPS。[④] 但从另一角度看,加强知识产权保护也有利于发展中国家引进发达国家先进技术,[⑤]缩小与发达国家间的经济发展差距。作为知识产权国际

---

① Marrakech Agreement Establishing the World Trade Organization, 1994, 1867 U. N. T. S. 3.

② Agreement on Trade-Related Aspects of Intellectual Property Rights, 1994, 1869 U. N. T. S. 299.

③ 参见薛虹:《十字路口的国际知识产权法》,法律出版社 2012 年版,第 45 页—第 46 页。

④ 参见曹建明、贺小勇:《世界贸易组织法(第三版)》,法律出版社 2011 年版,第 293 页—第 294 页。

⑤ See Bernard M. Hoekman and Michel M. Kostecki, *The Political Economy of the World Trading System: The WTO and Beyond*, Oxford University Press, 2002, p. 285.

保护新体制,WTO 一揽子协议将知识产权保护纳入多边贸易体制,改变了以往知识产权国际保护重"立法"轻"执法"的实践倾向,TRIPS 从实体到程序实现了知识产权保护规则的一体化。[①]

2. TRIPS 的主要特点

首先,从条约目标和文本措辞上看,TRIPS 体现了利益平衡的法律价值观。第一,TRIPS 在序言中指出,公约在承认知识产权是私权的同时,考虑各国知识产权保护制度的基本公共政策目标,关注最不发达国家成员在国内实施知识产权法律方面特别需要最大的灵活性;第二,TRIPS 第 7 条明确,保护和实施知识产权的目标在于促进技术革新及技术转让和传播,兼顾技术知识创造者和使用者的利益,并且增进社会和经济福利,平衡权利与义务之间的关系;第三,TRIPS 第 8 条指出,成员国有权基于维护社会公共利益,或为防止知识产权人滥用权利,进而破坏公平市场竞争秩序,在不减损公约规定的前提下,限制对知识产权的保护。对此,有学者评价 TRIPS 第 7 条和第 8 条体现了国际法中的比例原则[②];第四,TRIPS 第六部分"过渡性安排",给予发展中国家成员、最不发达国家成员将 TRIPS 转化为国内法的宽限期,并且额外提供有利于其发展的技术和资金合作,以平衡发达国家与发展中国家、最不发达国家之间的利益。

其次,从条约实质性内容上看,TRIPS 强化了知识产权保护。虽然 TRIPS 第 1 条第 1 款表明,公约仅为各成员国国内知识产权立法设置了最低保护标准,但是与 WIPO 管理的国际知识产权公约相比,TRIPS 不仅针对著作权和工业产权统一立法,而且大幅提高了知识产权的国际保护水平。第一,实现知识产权保护标准的多边化。TRIPS 第 4 条首次将最惠国待遇原则引入知识产权国际保护领域。由此,当某一成员国在双边或区域协定做出更优的知识产权保护承

---

① 参见吴汉东主编:《知识产权国际保护制度研究》,知识产权出版社 2007 年版,第 4 页。

② Max Wallot, The Proportionality Principle in the TRIPS Agreement, in Hanns Ullrich, Reto M. Hilty and et al. ed. , *TRIPS plus* 20: *From Trade Rules to Market Principles*, Springer, 2016, p. 238.

诺,将自动无条件地在其与其他 WTO 成员国之间适用;第二,扩展知识产权的权利范围。譬如,TRIPS 第 10 条将计算机程序和数据汇编作为文字作品加以保护,新设计算机程序、电影作品、录音制品的出租权;第三,延长知识产权的保护期限。如 TRIPS 第 14 条第 5 款将表演者及录音制品制作者的保护期限从 20 年延长至 50 年;第四,削弱对知识产权的限制。TRIPS 第 31 条对专利的强制许可规定了 12 项反限制措施;第五,加强对知识产权侵权的打击力度。TRIPS 第三部分把国内法中规定的民事、行政、刑事程序,以及临时和边境措施等知识产权执法措施转化为国际规则,使惩治国际贸易中的假冒仿冒等侵权行为成为一项必须严格履行的条约义务。[①] 总体来看,TRIPS 为避免知识产权保护不力成为贸易壁垒,在尊重知识产权具有地域性的同时,对发展中国家增强对知识产权的保护提出了更高、更多的要求。

最后,从条约执行效力上看,TRIPS 改变了以往国际知识产权条约的"软约束"性质。第一,严格限制成员国对公约的保留。TRIPS 第 72 条规定,除非其余成员国一致同意,不允许对 TRIPS 的任何规定提出保留;第二,为 TRIPS 的执行装上 WTO 争端解决机制的"牙齿",产生"硬约束"的效果。TRIPS 第 64 条规定,TRIPS 项下争议交由 WTO 争端解决机构(Dispute Settlement Body,以下简称 DSB)处理,适用《WTO 协定》附件 2《关于争端解决规则与程序的谅解》(Understanding on Rules and Procedures Governing the Settlement of Dispute,以下简称 DSU),[②]以及 GATT1994[③] 第 22 条和第 23 条。WTO 争端解决机制被誉为"WTO 皇冠上的明珠",这种国家间争端解决机制(State-State Dispute Settlement,以下简称 SSDS 机制)具有较

---

① 参见古祖雪:《基于 TRIPS 框架下保护传统知识的正当性》,载《现代法学》2006 年第 4 期,第 140 页。

② Understanding on Rules and Procedures Governing the Settlement of Dispute, 1994, 1869 U. N. T. S. 401.

③ General Agreement on Tariffs and Trade, 1994, 1867 U. N. T. S. 190.

强的司法性和执行力,DSB 采用"反向协商一致"规则做出的决定或裁定,对争端各方具有约束力。[①] 如果败诉方不执行 DSB 裁决报告,胜诉方可以请求 DSB 授权实施"贸易报复"的制裁措施,进一步将知识产权利益与贸易利益捆绑,保证 TRIPS 的有效执行。

3. 后 TRIPS 时代的 TRIPS-plus 协定

TRIPS 的达成是国际社会认识和理解知识产权与贸易之间关系的重要转折点。作为 WTO 一揽子协议的组成部分,TRIPS 缔约国众多。其产生的良好多边协调效果,在很大程度上消弭了全球范围内知识产权保护标准的差异,并且减少了这种差异对国际贸易的扭曲。但是发达国家没有止步于此,因为在发展中国家的联合抵制下,TRIPS 未能充分满足发达国家的诉求,他们在过渡期、公共健康等事项上对发展中国家做出了让步。考虑到经济全球化背景下,知识产权的强保护能够带来巨大经济效益,发达国家意欲在 WTO 框架内建立 TRIPS-plus 标准。这一提案遭到发展中国家的强烈反对,双方陷入谈判僵局。

由于在多边体制内屡次受挫,以美欧为首的工业强国开始以"为合法贸易扫清障碍"[②]为口号,继续在双边、区域和复边贸易协定中提高知识产权的实体性保护标准。这些 TRIPS-plus 协定缔结速度快、难度低,涵盖范围广,[③]不仅编织了复杂的知识产权条约网络,带来"意大利面碗效应"(spaghetti bowl effect),[④]也造成了知识产权国际保护水平"只进不退、层层递增"的"棘轮效应"(ratchet effect)。[⑤] 由此,知识产

[①] 参见龚柏华:《WTO 二十周年:争端解决与中国》,上海人民出版社 2016 年版,第 3 页—第 4 页。

[②] 依据 TRIPS 序言第 1 条,以及 TRIPS 第 41 条第 1 款。

[③] 参见张猛:《知识产权国际保护的体制转换及其推进策略——多边体制、双边体制、复边体制?》,载《知识产权》2012 年第 10 期,第 84 页。

[④] See Henning Grosse Ruse-Khan, IP and Trade in a Post-TRIPS Environment, in Hanns Ullrich, Reto M. Hilty and et al. ed., *TRIPS plus* 20: *From Trade Rules to Market Principles*, Springer, 2016, p. 163.

[⑤] See Peter Drahos, Expanding Intellectual Property's Empire: the Role of FTAs and BITS and BIPS: Bilateralism in Intellectual Property, *Journal of World Intellectual Property*, Vol. 4(6),2001, pp. 791 – 808.

权国际立法中的既有平衡逐渐被打破，由利益平衡逐渐转向利益失衡，发生价值异化。有鉴于此，有学者[1]提出应当为知识产权保护标准设置上限(substantive maxima or IP ceilings)。[2]

此外，知识霸权不可避免地引发了知识产权保护与人权保护之间的矛盾。21世纪初的发展中国家，尤其是非洲国家，普遍面临艾滋病、肺结核、疟疾等传染病疫情大流行导致的公共健康危机。专利药品的不可及性严重侵害了本国公民的生命权、健康权等基本人权。[3] 为维护社会公共利益，发展中国家希望利用WTO多边体制对抗发达国家的保护主义和单边主义。2001年，WTO第四届部长级会议在多哈召开，发展中国家提出增强TRIPS的灵活性，明确公共健康权利的优先性。[4] 令人欣喜的是，在多哈会议通过《TRIPS与公共健康宣言》(又称《多哈宣言》)[5]后，WTO总理事会分别于2003年和2005年通过《关于实施多哈宣言第六段的决定》[6]和《关于TRIPS修正案的决定》[7]，从法律操作层面重新确认TRIPS本该体现却又被架空的"人本主义"。[8] 与此同时，发展中国家也积极运用论坛转换策略，在WTO之外的论坛订立软法

---

[1] 斯德哥尔摩大学知识产权法与竞争法研究中心，以及马克思普朗克知识产权和竞争法研究所，联合组建了"转型中的知识产权法"课题组(Intellectual Property law in Transition, IPT)。IPT的主要贡献在于提出"最高标准""上限"的概念，以期重新平衡知识产权国内、国际保护中的各方利益。

[2] See Annette Kur and Marianne Levin, The IPT Project-proposals to reform the TRIPS Agreement, in Gustavo Ghidini, Rudolph J. R. Peritz and et al. ed., *TRIPS and Developing Countries: Towards a New IP World Order?* Edward Elgar Publishing, 2014, p. 167. See also Annette Kur, From Minimum Standards to Maximum Rules, in Hanns Ullrich, Reto M. Hilty and et al. ed., *TRIPS plus 20: From Trade Rules to Market Principles*, Springer, 2016, p. 136.

[3] Ebenezer Durojaye, *TRIPS, Human Rights and Access to Medicines in Africa: a post Doha analysis*, Verlag Dr. Muller, 2010, p. 26.

[4] Mohamed Omar Gad, TRIPS Dispute Settlement and Developing Country Interests, in Carlos M. Correa and Abdulqawi A. Yusuf ed., *Intellectual Property and International Trade: The TRIPs Agreement*, Kluwer Law International, 2008, pp. 455 – 457

[5] Declaration on the TRIPS Agreement and Public Health, 2001, WT/MIN(01)/DEC/2.

[6] Implementation of paragraph 6 of the Doha Declaration on the TRIPS Agreement and public health, 2003, WT/L/540 and Corr. 1.

[7] Amendment of the TRIPS Agreement, 2005, WT/L/641.

[8] 参见曹建明、贺小勇：《世界贸易组织法(第三版)》，法律出版社2011年版，第332页。

性质的知识产权规范,例如《世界卫生组织药品战略》《联合国人权委员会关于人权和知识产权的报告》《联合国土著人民权利宣言》等,以期对在 WTO 体制内修订 TRIPS 形成舆论压力和谈判筹码。[①]

可惜的是,在后 TRIPS 时代,发达国家和发展中国家的知识产权保护立场明显不同,多哈回合谈判停滞不前。发达国家主导签订TRIPS-plus 协定,强调知识产权的私权属性,不断强化现有知识产权国际保护体制;而发展中国家关注知识产权的公共价值和人权意义,[②]试图改变现有知识产权国际保护体制中的不合理、不公平之处,重构知识产权国际保护体制中的利益平衡。有学者将这一图景贴切地形容为,发达国家和发展中国家在不同论坛之间上演的"猫和老鼠"追逐游戏。[③]

三、知识产权国际保护向国际投资体制的扩展

现代经济日趋概念化、数字化,创意和信息资产正在尖端产品、高新科技等知识密集型产业以及 B2B、B2C 服务领域中发挥重要作用。资产估值的重点也从有形资产转向无形资产,例如 2021 年世界四大最具价值企业——苹果公司、微软公司、Amazon 公司和 Alphabet 公司,[④]他们所具有的商业和经济价值主要来源于创意、创造力和信息产品,[⑤]而这些都对应着不同类型的知识产权。可见,知识产权资本化将知识产权从产品要素转化为投资要素,进入生产和经营全过程,量化为

[①] 参见古祖雪:《国际法:作为法律的存在和发展》,厦门大学出版社 2018 年版,第 410 页。

[②] Jennifer Sellin, *Access to Medicines: The Interface between Patents and Human Rights. Does one size fit all?* Intersentia Publishing, 2014, pp. 450–457.

[③] Susan K. Sell, Cat and Mouse: Industries', States' and NGOs' Forum-Shifting in the Battle Over Intellectual Property Enforcement, 2009, available at SSRN: https://ssrn.com/abstract=1466156, last accessed on 17 January 2021.

[④] 2021 年,苹果公司超越沙特阿拉伯石油公司(原第一位、现第二位)位列第一,微软公司、Amazon 公司和 Alphabet 公司分列三到五位。

[⑤] PwC, Global Ranking of the Top 100 Public Companies by Market Capitalisation-May 2021 update, available at https://www.pwc.com/gx/en/audit-services/publications/assets/pwc-global-top-100-companies-2021.pdf, last accessed on 11 December 2021.

企业资本,并且构成企业核心优势。① 知识产权从"与贸易有关"到"与投资有关"的发展趋势也充分体现在国际直接投资中,特别是 20 世纪 80 年代末以来,跨国企业的研发活动(Research & Development,以下简称 R&D)加速向海外拓展,希望利用知识产权开启"投资—竞争—投资"的国际竞争新格局,继而创造巨额商业利润。

(一) 国际投资条约知识产权保护制度的内涵

高收益意味着高风险。随着知识产权的资本化应用逐渐兴盛,诸如知识产权等无形资产在外资企业资产中的占比快速攀升,外国投资者所持有的知识产权很可能在东道国受到侵害,②国际投资法必须作出回应。由此,以双边投资条约(Bilateral Investment Treaties,以下简称 BITs)和自由贸易协定(Free Trade Agreements,以下简称 FTAs)投资章节为主要内容的国际投资规则,将知识产权纳入投资范畴,确立了新的知识产权国际保护制度,即国际投资条约知识产权保护制度。③

首先,实施知识产权保护的主体是东道国政府。国家签订国际投资条约通常在文本中明确"愿为缔约一方的投资者在缔约另一方境内投资创造有利条件,认识到鼓励、促进和保护投资将有助于提高投资者经营的积极性……达成协议如下",以及"缔约一方投资者在缔约另一方境内的投资应享受持续的保护和安全"等,表明国际投资条约知识产权保护制度涉及三方主体关系,即"投资者母国—投资者—东道国"。具体到知识产权投资保护关系中,投资者是知识产权保护的权利主体,而东道国是知识产权保护的义务主体。④ 这与分别"以 WIPO 和 WTO

---

① 参见陈静:《知识产权资本化的条件与价值评估》,载《学术界》2015 年第 8 期,第 91 页。

② Julian Davis Mortenson, Intellectual Property as Transnational Investment: Some Preliminary Observations, *Transnational Dispute Management*, Vol. 6(2), 2009, p. 1.

③ 本书将国际投资条约确立的知识产权国际保护制度统一简称为"国际投资条约知识产权保护制度"。

④ See Jeswald W. Salacuse and Nicholas P. Sullivan, Do BITs Really Work?: An Evaluation of Bilateral Investment Treaties and Their Grand Bargain, *Harvard International Law Journal*, Vol. 46(1), 2005, p. 80.

为核心"的传统知识产权国际保护制度①有所差别,传统知识产权国际保护制度只涉及平等主权国家之间的双方关系。

其次,受保护的知识产权是具有投资属性的动态资产。知识产权资本化使知识产权在国际投资领域发生了本质性转变,知识产权被国际投资条约纳入"投资"范畴,通常写为"投资是指缔约一方投资者在缔约另一方境内直接或间接投入的各种财产,包括但不限于……,知识产权,特别是著作权、专利、工业设计、商标、商名、商业秘密、工艺流程、专有技术和商誉等。"②可见,知识产权不再是传统知识产权国际保护制度所着眼的纯粹私权,而是成为一项财产或资产被用于国际直接投资活动,并且应当具备投资的特征,包括承诺资本或其他资源的投入、风险承担、存续期间、预期收益以及有利于东道国经济发展等。③

最后,实现知识产权保护的方式是一体化应用国际投资条约本身建立的投资保护制度。国际投资条约不规定知识产权的实体性保护标准,例如知识产权的取得、专有权控制的行为、知识产权的保护期限,等等。当知识产权属于国际投资条约中的"涵盖投资"(covered investment)时,知识产权就受到投资条约的保护,东道国应当根据条约规定的投资待遇标准保护知识产权,包括国民待遇、最惠国待遇、公平公正待遇、免于被直接或间接征收、不被强制要求转让技术以及东道国履行特定投资承诺等。此外,知识产权人不仅是专有权人,也是投资者,当知识产权投资受到东道国侵害时,知识产权人可利用 ISDS 机制将东道国诉至国际投资仲裁庭。这改变了知识产权人在传统知识产权国际保护制度中,不曾在国际救济层面享有诉权的被动局面,有机会直接要求东道国履行知识产权条约义务。以往知识产权人只能游说母国

---

① 鉴于"以 WIPO 为核心的知识产权保护制度"和"以 WTO 为核心的知识产权保护制度"直接规定知识产权的实体性保护标准,将知识产权视为一项私权、财产权,是传统意义上的知识产权保护制度,故本书将这两大保护制度统称为"传统知识产权国际保护制度"。

② See Christoph Schreuer, Loretta Malintoppi and et al., *The ICSID Convention: A Commentary*, Cambridge University Press, 2009, p. 140.

③ See Salini Costruttori S. p. A. and Italstrade S. p. A. v. Kingdom of Morocco, ICSID Case No. ARB/00/4, Decision on Jurisdiction, paras. 51 - 52.

政府提起外交保护,或由母国利用 SSDS 机制将东道国诉至 WTO。

概言之,国际投资条约知识产权保护制度是国际投资条约将知识产权纳入投资范畴后,利用自身框架内的投资待遇条款和争端解决机制来保护知识产权的一系列原则、规则的总和。这一制度拓宽了知识产权国际保护的内涵,进一步提高了知识产权人享受的法律保护水平。在传统知识产权国际保护制度之外,额外地为知识产权人提供了寻求知识产权国际保护的"场所"。

(二) 国际投资条约知识产权保护制度的类型

1. 双边保护制度与区域性多边保护制度

如果以国际投资条约的类型来分类,国际投资条约知识产权保护制度可以分为"双边保护制度"和"区域性多边保护制度"。双边保护制度即 BITs 和双边 FTAs 投资章节确立的知识产权保护制度,区域性多边保护制度即区域 FTAs 投资章节确立的知识产权保护制度。双边保护制度最早出现,1959 年《巴基斯坦—德国 BIT》已在投资定义条款规定,投资可以采取的形式包括知识产权。[1] 随后,大量 BITs 都遵循这一逻辑,为知识产权投资提供法律保护。有的 BITs 甚至在序言中明确"缔约各方承认给予知识产权充分和有效保护、遵守知识产权公约的重要性",例如 1999 年《土耳其—美国贸易和投资协定》、1999 年《美国—埃及 BIT》。这有利于在发生争议后,引导投资仲裁庭根据《维也纳条约法公约》(Vienna Convention on the Law of Treaties,以下简称 VCLT)[2]第 31 条第 2 款,基于条约目标解释案涉投资待遇条款。[3] 与双边保护制度相比,由于各方角力的原因,区域性多边保护制度的形成难度较大。在发达国家将投资议题纳入 WTO 体制遭遇失败后,作为

---

[1] Lukas Vanhonnaeker, *Intellectual Property Rights As Foreign Direct Investments: From Collision to Collaboration*, Edward Elgar Publishing, 2015, p. 13.

[2] Vienna Convention on the Law of Treaties, 1969, 1155 U. N. T. S. 331.

[3] Lahra Liberti, Intellectual Property Rights in International Investment Agreements: An Overview, OECD Working Papers on International Investment, 2010/01, OECD Publishing http://dx. doi. org/10. 1787/5kmfq1njzl35-en, p. 6.

"富人俱乐部"的经济合作与发展组织（Organisation for Economic Co-operation and Development，以下简称 OECD）曾于 1995 年启动《多边投资条约》（Multilateral Agreement on Investment，以下简称 MAI）①谈判。部分国家提议将知识产权从投资定义条款中移除。② 虽然 MAI 草案最终保留了知识产权属于投资形式之一，但 MAI 草案一经公开就受到广泛批评，被指责未能恰当处理投资领域不同经济发展水平国家之间的利益平衡问题。③ 较早将知识产权纳入投资保护框架的代表性 FTA 是 1994 年《北美自由贸易协定》（North American Free Trade Agreement，以下简称 NAFTA）。此后，美式 FTAs 基本都规定知识产权可以作为资产用于投资，美国与经济规模较小的发展中国家签订的区域 FTAs 也不例外，例如 2004 年《美国—中美洲—多米尼加 FTA》。

2. "共同"保护制度与"共同但有区别"保护制度

如果从为知识产权投资提供的制度安排的类型来分类，国际投资条约知识产权保护制度可以分为"共同"保护制度和"共同但有区别"保护制度。"共同"保护制度是指将知识产权纳入投资范畴后，不再做例外或特别规定，对知识产权投资和其他形式的投资适用相同的投资保护规则。采取此种保护模式的主要有英国、法国、德国、意大利等欧洲国家。"共同但有区别"保护制度是指不仅将知识产权纳入投资范畴，而且对知识产权投资予以特别关照，为其提供特殊制度安排，包括规定专项条款和例外条款等。④ 美国、日本、加拿大等国通常采用这种保护模式。例如美国 2012 年 BIT 范本⑤第 6 条第 5 款规定，征收与补偿条

---

① Draft MAI Negotiating Text，available at http://www. oecd. org/daf/mai/pdf/ng/ng987r1e. pdf，last accessed on 3 February 2021.

② Report to the Negotiating Group on Intellectual Property，1997，DAFFE/MAI(97)13.

③ 参见刘笋：《国际投资保护的国际法制：若干重要法律问题研究》，法律出版社 2002 年版，第 76 页。

④ 参见何艳：《投资条约知识产权保护的制度构建与历史演进》，载《大连海事大学学报（社会科学版）》2017 年第 5 期，第 31 页。

⑤ 2012 U. S. Model Bilateral Investment Treaty，available at https://ustr. gov/sites/default/files/BIT％20text％20for％20ACIEP％20Meeting. pdf，last accessed on 5 February 2021.

款不适用于与知识产权有关的强制许可的颁发或知识产权的撤销、限制或创设,只要此类颁发、撤销、限制或创设符合 TRIPS;第 8 条第 1 款(f)项和(h)项规定,缔约一方不得在缔约另一方投资者的设立、取得、扩大、管理、经营、运营、出售或其他处置方面强加或强制执行任何要求或承诺,包括转让特定技术、生产工艺或其他专有知识、购买、使用或禁止购买、使用特定技术等;第 8 条第 3 款(b)(i)项规定,前述第 1 款(f)项和(h)项不适用于根据 TRIPS 第 31 条实施的授权使用,以及根据 TRIPS 第 39 条要求披露专有信息;第 14 条第 4 款规定,国民待遇和最惠国待遇不适用于构成 TRIPS 第 3 条和第 4 条例外的任何措施。

当前,国际投资条约中知识产权保护模式正从"共同"保护制度向"共同但有区别"保护制度转变。各国逐渐意识到知识产权投资不同于其他形式的投资,具有特殊的经济、政治和社会价值,其间还涉及与传统知识产权国际保护制度的协调问题。国际投资法领域的最新缔约实践,例如 2012 年《中国—加拿大 BIT》[①]、2012 年《中国、日本及韩国关于促进、便利及保护投资的协定》[②]、2017 年《欧盟与加拿大全面经济贸易协定》(Comprehensive Economic and Trade Agreement between Canada and the European Union,以下简称 CETA)[③]、2020 年《中欧全面投资协定》(China-EU Comprehensive Agreement on Investment,以下简称中欧 CAI)[④]、2020 年《区域全面经济伙伴关系协定》(Regional Comprehensive Economic Partnership Agreement,以下简称 RCEP)[⑤]、2020 年《中国—新西兰 FTA》[⑥]等,都对知识产权保护提供特殊制度安排。

---

① 2012 年《中国—加拿大 BIT》第 8 条第 4 款、第 10 条第 2 款。
② 2012 年《中国、日本及韩国关于促进、便利及保护投资的协定》第 9 条。
③ CETA 第 8.12 条。
④ 中欧 CAI(截至 2021 年 3 月欧盟方面披露版本,最终版本尚待双方签署及批准)第二章"投资自由化"第 3 条、第三章"监管框架"第 2 节第 5 条和第 3 节第 2.3 条。
⑤ RCEP 第 6 条第 3 款、第 13 条第 4 款。
⑥ 2020 年《中国—新西兰 FTA》第 145 条第 5 款。

（三）国际投资条约知识产权保护制度的特征

1. 国际投资条约知识产权保护制度的包容性

目前，国际贸易和知识产权领域都已经组建了权威性多边组织，分别是 WTO 和 WIPO，协调各成员国的贸易政策和知识产权保护政策，但是投资领域尚未建立类似的权威管理机构。所以，后 WTO 时代的国际经济立法呈现出与 WTO 法律体系通约的特点。[①] 国际投资条约中的知识产权保护规则亦与知识产权条约、贸易条约中知识产权保护规则相挂钩，从而实现知识产权国际立法的规范整合。这种整合的具体方式可以分为显性包容模式和隐性包容模式。

关于显性包容模式。其一，直接在投资条约文本中写明，缔约各方在履行投资条约义务的同时，也应履行国际知识产权条约项下义务。例如 2012 年《中国、日本及韩国关于促进、便利及保护投资的协定》第 9 条第 2 款规定，本协定的实施不得减损缔约各方加入的知识产权国际保护条约项下的权利和义务。其二，直接以国际知识产权条约作为参考系，判断东道国政府行为是否违反投资条约。例如 2012 年《中国—加拿大 BIT》第 10 条第 2 款、2020 年 RCEP 第 13 条第 4 款规定，符合 TRIPS 的对知识产权实施的强制许可、撤销、限制或创设，不违反征收条款。其三，直接认可国际知识产权条约中的例外规定。例如 2020 年中欧 CAI 第 7 条第 4 款规定，缔约方给予缔约另一方投资者及涵盖投资的国民待遇和最惠国待遇，不适用于构成 TRIPS 第 3 条和第 4 条例外的任何措施。TRIPS 第 3 条至第 5 条对此有具体规定。

关于隐性包容模式。其一，通过国内法实现国际知识产权条约与国际投资条约的连结。例如 2020 年中欧 CAI 第三章第二节第 5 条第 3 款规定，缔约各方应确保其行政程序符合国内法，包括保护机密商业信息或在行政诉讼过程中获得的根据缔约方法律视为机密的其他信

[①] Claire R. Kelly, Power, Linkage and Accommodation: The WTO as an International Actor and Its Influence on Other Actors and Regimes, *Berkeley Journal of International Law*, Vol. 24(1), 2006, pp. 90 - 92.

息。这里的"国内法"的内涵应是国际知识产权条约缔约国已将相关规则转化为国内法①之后的具体内容。譬如 TRIPS 第 39 条规定,自然人和法人应有可能防止其合法控制的机密商业信息在未经其同意的情况下以违反诚实商业行为的方式向他人披露,或被他人取得或使用。其二,通过 FTAs 的知识产权章节实现国际知识产权条约与国际投资条约的连结。例如 2020 年《美墨加协定》(United States-Mexico-Canada Agreement,以下简称 USMCA)同时规定有第十四章"投资章节"和第二十章"知识产权章节"。USMCA 投资章节第 14.8 条第 6 款规定,符合知识产权章节的对知识产权的强制许可、撤销、限制或创设,不违反征收条款。而 USMCA 知识产权章节又与国际知识产权条约具有实质性联系。例如第 20.38 条第 2 款规定,符合《巴黎公约》第 5 条 A 款和 TRIPS 的专利撤销行为具有法律效力。

2. 国际投资条约知识产权保护制度的独特性

第一,在国际投资条约知识产权保护制度中,知识产权保护关系系不平等主体间的关系,即权利主体是将知识产权用于投资的投资者,义务主体是东道国政府,而在传统知识产权国际保护制度中,知识产权保护关系系平等主体间的关系,即主权国家互相负有权利和义务,将知识产权国际保护规则转化为国内法,进而对国际货物贸易、服务贸易中的知识产权要素实施保护。

第二,在国际投资条约知识产权保护制度中,没有直接规定知识产权的实体性保护标准,而是利用投资条约框架内的投资待遇条款实施保护。此外,国际投资条约自出现伊始就是为了保护投资者权益,因此国际投资条约知识产权保护制度旨在为知识产权投资关系预先搭建可预见的法律框架,包括东道国国内知识产权法、投资法等,进而激励外商投资。而在传统知识产权国际保护制度中,条约谈判和缔结的重点都是知识产权的权利范围、效力等实体性保护标准。

---

① 根据 TRIPS 第 66 条第 1 款之规定,截至 2005 年,最不发达国家也应业已完成将 TRIPS 转化为国内法的工作。

　　第三,在国际投资条约知识产权保护制度中,知识产权人既是专有权人,也是投资条约保护的投资者。当知识产权构成涵盖投资而受到投资条约保护时,知识产权人第一次在国际救济层面拥有诉权,并且可以不经东道国同意,将东道国政府作为被申请人提请国际投资仲裁。而在传统知识产权国际保护制度中,知识产权人在国际救济层面不享有诉权,WTO 争端解决机制是 SSDS 机制,只有国家才是适格的诉讼主体。

　　总体来看,国际投资条约知识产权保护制度与传统知识产权国际保护制度具有紧密的关联性,但存在本质差异。由此也形成了国际知识产权法、国际贸易法和国际投资法在"知识产权"议题上的碎片化格局,可能引发体制冲突和竞争,甚至造成国际投资条约和国际知识产权条约竞合保护困境,打破传统知识产权国际保护制度所追求的利益平衡。① 因为一旦将知识产权视为资产,等于将知识产权的价值与货币等同。这与知识产权成果商品化是截然不同的。商品化并不意味着知识产权的唯一功能是获得财富,而资产化是将知识产权作为积累财富的工具,愈加偏离了激励创新的价值目标。②

　　这一担忧并非"杞人忧天",近年来发生的一系列国际投资仲裁争端就是现实例证。③ 知识产权人正积极利用 ISDS 机制迫使东道国修改或放弃基于社会公共利益而实施的知识产权政策、措施等,试图在

---

① 徐树:《国际投资条约下知识产权保护的困境及其应对》,载《法学》2019 年第 5 期,第 102 页。

② Rochelle Cooper Dreyfuss and Susy Frankel, From Incentive to Commodity to Asset: How International Law is Reconceptualizing Intellectual Property, *Michigan Journal of International Law*, Vol. 36,2015, pp. 113 - 114.

③ 例如 Apotex Inc. v. The Government of the United States of America, ICSID Case No. UNCT/10/2, June 2013. Philip Morris Asia Limited v. The Commonwealth of Australia, PCA Case No. 2012 - 12, December 2015. Philip Morris Brands Sàrl, Philip Morris Products S. A. and Abal Hermanos S. A. v. Oriental Republic of Uruguay, ICSID Case No. ARB/10/7, July 2016. Eli Lilly and Company v. The Government of Canada, ICSID Case No. UNCT/14/2, March 2017. Bridgestone Licensing Services, Inc. and Bridgestone Americas, Inc. v. Republic of Panama, ICSID Case No. ARB/16/34, August 2020. Theodore David Einarsson, Harold Paul Einarsson and Russell John Einarsson v. Canada, Pending.

WTO 之外执行 TRIPS 等知识产权条约，无一不反映出国际投资条约知识产权制度正在重新定义知识产权，并且逐渐侵蚀知识产权规则体系的价值基础。鉴于此，如何在国际投资体制内合理平衡各方利益、整合知识产权国际保护规则，并且有效应对 ISDS 机制正当性危机，是本书的研究重点。

第二节　国际投资条约知识产权保护制度的现代转型

国际投资条约知识产权保护制度的形成与发展历程已逾百年。早在 20 世纪初缔结的《友好、通商和航海条约》(Friendship, Commerce and Navigation Treaties，以下简称 FCNs)中，知识产权已经受到国际投资规则的保护。只是长期以来，人们忽视了在知识产权保护方面，国际投资法与国际知识产权法彼此重叠可能带来的理论和实践困境。直到近十年来，关涉东道国社会公共利益的知识产权投资争端不断涌现，人们才开始关注国际投资条约的知识产权保护功能。有学者将此情景评价为，国际投资条约及其仲裁机制的"沉睡功能"正被唤醒。[①]

如果仔细梳理这些知识产权投资仲裁案，我们可以发现知识产权人援引的国际投资条约最早可追溯到 20 世纪 90 年代的 BITs。然而，进入 21 世纪以来，国际投资条约正在经历新一轮变革。以 2012 年联合国贸易和发展委员会(United Nations Conference on Trade and Development，以下简称 UNCTAD)制订《可持续发展的投资政策框架》[②](Investment Policy Framework for Sustainable Development，以下简称 IPFSD)为背景，至少有 110 个国家重新审查了其国内、国际投资政策，制定了新的 BIT 范本，也批准了新一代投资条约。其中不乏

[①] See Bryan Mercurio, Awakening the Sleeping Giant: Intellectual Property Rights in International Investment Agreements, *Journal of International Economic Law*, Vol. 15 (3), 2012.

[②] UNCTAD, Investment Policy Framework for Sustainable Development, 2015.

纳入公共利益例外条款的实践,为政府管理外资提供"监管空间",①尝试缓解私人权利和公共目标之间的紧张关系。

基于此,我们有必要探析国际投资条约知识产权保护制度的现代转型过程,评估制度演进趋势对东道国监管权、社会公共利益等的实际和潜在影响,以便对未来设计知识产权投资保护模式提供合理借鉴。②

一、国际投资条约知识产权保护制度的三次转型

(一)第一次转型:从财产保护到投资保护

第一次转型主要通过 FCNs、BITs 和区域一体化投资条约完成,知识产权保护理念发生了从"权利"到"财产"再到"投资"的嬗变。

表 1　国际投资条约知识产权保护制度的第一次转型过程

首先,在大量 BITs 出现之前,将知识产权作为财产予以保护是美式 FCNs 的共同特征。1903 年《美国—中国 FCN》强调作者享有翻译或授权他人翻译其作品的专有权利,文学和艺术财产受到 FCN 的保护,享有国民待遇。此外,缔约一方国民、企业和组织在缔约另一方领土内依法取得的专利权、商标权亦受到 FCN 保护,并且享有国民待遇和最惠国待遇。如果上述专有权利受到侵害,缔约一方国民、企业和组织有权诉诸缔约另一方司法部门和行政部门,以维护其合法权益。③ 可见,这一时期 FCNs 知识产权保护内容主要涉及知识产权国

---

① UNCTAD, Taking Stock of IIA Reform: Recent Developments, available at https://unctad.org/system/files/official-document/diaepcbinf2019d5_en.pdf, last accessed on 10 February 2021.

② 参见张建邦:《国际投资条约知识产权保护制度的现代转型研究》,载《中国法学》2013 年第 4 期,第 64 页。

③ 1903 年《美国—中国 FCN》序言、第 6 条和第 9 条。

民待遇或最惠国待遇、知识产权获得与维持、知识产权侵权及救济等。

到 20 世纪 40 年代，为重建战后世界经济秩序，确保持续的繁荣与和平，美国开始推行更为务实的国际新政，即在自由法治原则的指导下，在美国国内外充分促进就业。但由于各国经济在战争中的受损程度不同，许多国家缺乏足够的美元储备购买美国出口的产品。此时，促进国际资本流动、鼓励公共和私人投资成为必要。相应地，保护本国的海外投资成为了 20 世纪中期美式 FCNs 的重要内容。[①] 1948 年《美国—意大利 FCN》[②]、1949 年《美国—乌拉圭 FCN》[③]、1953 年《美国—日本 FCN》[④]、1956 年《美国—尼加拉瓜 FCN》[⑤]等，都凸显出投资保护功能。其中对知识产权投资的保护主要体现为"绝对待遇标准"：其一，缔约一方不得实施歧视性措施损害缔约另一方投资者对其技术和知识产权享有的合法专有权利；其二，缔约一方不得以歧视性的方式阻碍缔约另一方投资者公平合理地获取其经济发展所需的技术、工艺等。[⑥]

其次，20 世纪中后期，以美国、西欧国家为代表的发达经济体推动缔结 BITs。世界上第一个 BIT——1959 年《德国—巴基斯坦 BIT》第8 条投资定义条款，已将知识产权纳入投资范畴实施保护。该条第 1款(a)项规定，投资应包括以外汇、货物、财产权、专利和技术知识等资产形式在缔约另一方领土内进行投资的资本，以及利用投资收益的再投资。这种基于资产形式的投资定义条款，不仅囊括了专利和技术，特许权使用费也可以作为投资资金。美国对外签订的第一个 BIT——1982 年《美国—巴拿马 BIT》第 1 条投资定义条款，该条第 4 款规定了更详细的非穷尽性资产清单，包括有形资产和无形资产(例如权利，包

---

① Robert R. Wilson, *United States Commercial Treaties and International Law*, The Hauser Press, 1960, p. 8.

② 1948 年《美国—意大利 FCN》补充协定第 1 条。

③ 1949 年《美国—乌拉圭 FCN》第 4 条。

④ 1953 年《美国—日本 FCN》第 5 条。

⑤ 1956 年《美国—尼加拉瓜 FCN》第 6.3 条。

⑥ Kenneth J. Vandevelde, *The First Bilateral Investment Treaties: U. S. Postwar Friendship, Commerce, and Navigation Treaties*, Oxford University Press, 2017, p. 2,3,370.

括抵押权、留置权、质押权等）；知识产权和工业产权（包括版权、专利、商标、商号、工业设计、商业秘密、专有技术和商誉）；再投资的收益（包括版权费、技术援助费等）。由此，BITs 中原本适用于一般投资的投资待遇条款也适用于知识产权，属于上文所述的"共同"保护制度。

最后，20 世纪后期出现的区域一体化投资条约，大致整合了 BITs 中的知识产权保护内容。1965 年《在中非关税和经济联盟国家投资的共同公约》、1991 年《卡塔赫纳协定委员会第 292 号决议：安第斯跨国企业统一法典》等，[①]都是较有代表性的、专门涉及国际投资的区域一体化投资条约。这些条约为外国投资者在特定区域内的投资，建立了涉及工业产权和专有技术的统一投资政策框架。[②]

（二）第二次转型：以特殊例外规定补充一般保护规则

第二次转型主要通过 BITs 和 FTAs 完成，知识产权投资保护的特殊性和复杂性得到重视，陆续出现了为知识产权投资设置的特殊例外条款。

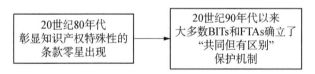

表 2　国际投资条约知识产权保护制度的第二次转型过程

20 世纪 70 年代，保护知识产权联合国际局正式更名为 WIPO。随后，WIPO 又加入联合国组织系统，成为联合国的一个专门机构。WIPO 管理的国际知识产权条约的数量日益增多，其国际影响力也不断提高。在"条约必须遵守原则"的约束下，国际投资条约在提供知识产权保护时，自然无法绕开这一与之交叉的知识产权国际保护制度。20 世纪 80 年代少数 BITs 中已经规定了因知识产权具有特殊性而设

---

① 参见袁东安：《国际投资学》，立信会计出版社 2003 年版，第 179 页。
② 参见张建邦：《国际投资条约知识产权保护制度的现代转型研究》，载《中国法学》2013 年第 4 期，第 65 页。

置的专门条款。例如 1988 年《中国—日本 BIT》序言第 2 条指出,"只要 1883 年《巴黎公约》或其后修订版本的规定在缔约双方之间有效时,本条约的任何规定不应解释为影响到缔约任何一方根据该公约的规定对缔约另一方所承担的义务。"到 20 世纪 90 年代后期,WIPO 和 WTO 并立的知识产权国际保护新体制,使《巴黎公约》《伯尔尼公约》及 TRIPS 等国际知识产权条约的效力显著提升。为协调传统知识产权国际保护制度和国际投资条约本身确立的保护制度,越来越多的 BITs 和 FTAs 对知识产权采取"共同但有区别"保护模式,单独为知识产权设计特殊例外条款,以期衔接和整合不同体制内的知识产权保护规则。主要体现在以下四个方面:

第一,非歧视待遇的例外。首先,非歧视待遇适用于知识产权,但不超出国际知识产权条约规定的国民待遇、最惠国待遇的范围。例如 1992 年《日本—土耳其 BIT》[①]、1998 年《日本—俄罗斯 BIT》[②]、1998 年《日本—巴基斯坦 BIT》[③];其次,非歧视待遇适用于知识产权,但不超出 FTAs 知识产权章节规定的国民待遇的范围。例如 1994 年 NAFTA[④];最后,非歧视待遇不适用于 WIPO 主持缔结的知识产权公约中关于知识产权获得或维持的程序。例如 1995 年《美国—阿尔巴尼亚 BIT》[⑤]、1996 年《美国—克罗地亚 BIT》[⑥]和 1999 年《美国—巴林 BIT》[⑦]。

第二,履行要求禁止。二战后,技术转让和援助是国际经济立法的重要议题之一。美国主导签订的 BITs 和 FTAs 一般订有履行要求禁止条款。例如 1994 年 NAFTA 中规定,一方面,缔约一方不得强制缔约另一方投资者向境内转让技术、生产工艺或其他专有知识,除非司法、行政部门或竞争主管机关为维护公平市场竞争秩序做出强制要

---

① 1992 年《日本—土耳其 BIT》第 15 条第 2 款。
② 1998 年《日本—俄罗斯 BIT》附件第 3 条。
③ 1998 年《日本—巴基斯坦 BIT》附件第 1 条。
④ NAFTA 第 1108 条第 5 款。
⑤ 1995 年《美国—阿尔巴尼亚 BIT》第 2 条第 2 款(b)项。
⑥ 1996 年《美国—克罗地亚 BIT》第 2 条第 2 款(b)项。
⑦ 1999 年《美国—巴林 BIT》第 2 条第 2 款(b)项。

求[1];另一方面,缔约一方不得强制缔约另一方投资者在境内开展R&D活动,并且以此作为投资准入条件[2]。

第三,透明度义务的例外。例如1994年《能源宪章条约》(The Energy Charter Treaty)规定,缔约一方对缔约另一方投资者负有透明度义务,应当以便于缔约各方和投资者了解的方式,及时公布生效的法律法规、司法判决和行政裁决等。但是在信息披露过程中,缔约各方应当保证不损害公共利益,以及不侵害投资者的合法商业秘密等知识产权。[3]

第四,征收的例外。在这方面,1994年NAFTA的实践最具代表性,并且已经具备国际投资条约知识产权保护制度第三次转型的特征。NAFTA第1110条"征收与补偿条款"第7款规定,符合NAFTA第17章"知识产权章节"的知识产权强制许可,或对知识产权的撤销、限制或创设,不构成征收。实际上,NAFTA知识产权章节要求缔约各方必须履行以下四项知识产权国际条约,即《保护唱片制作者的日内瓦公约》《伯尔尼公约》《巴黎公约》和《保护植物新品种国际公约》。因此,国际投资条约知识产权保护制度的第二次转型和第三次转型存在重叠,投资保护规则和多边知识产权保护规则的勾连逐渐紧密。

(三)第三次转型:将投资保护规则与知识产权保护规则挂钩

第三次转型仍然主要通过BITs和FTAs完成,在投资保护规范中参并传统知识产权国际保护制度中的知识产权保护规则,已经成为21世纪以来常见的投资条约缔约实践。

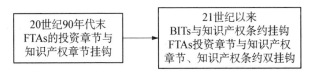

表3　国际投资条约知识产权保护制度的第三次转型过程

---

① NAFTA第1106条第1款(f)项。
② NAFTA第1106条第3款和第4款。
③ 1994年《能源宪章条约》第20条第2款。

首先,BITs 与知识产权条约挂钩的方式通常是不减损缔约双方参与的国际知识产权条约项下义务,包括 WIPO、WTO 管理的知识产权条约。例如 2002 年《韩国—日本 BIT》第 6 条规定,本条约的任何内容不得被解释为减损缔约双方参与的国际知识产权条约项下权利和义务,包括《WTO 协定》附件 1C 的 TRIPS 和 WIPO 主持缔结的知识产权条约;第 9 条第 1 款(f)项规定,禁止缔约一方强制缔约另一方投资者转让技术、生产工艺或其他专有知识,除非涉及竞争执法措施或者与 TRIPS 相符;第 9 条第 3 款规定,缔约各方对履行要求禁止条款的解释应当与《WTO 协定》附件 1A 的《与贸易有关的投资措施协定》(Agreement on Trade-Related Investment Measures,以下简称 TRIMS)[1]相符。

其次,与 BITs 相比,FTAs 与知识产权条约挂钩的方式更加多样化,具体表现为与 FTAs 知识产权章节的挂钩,以及与知识产权条约的挂钩。2002 年《美国—智利 FTA》、2003 年《美国—新加坡 FTA》、2004 年《美国—澳大利亚 FTA》等均有类似规定:第一,缔约一方不得在缔约另一方投资者的设立、取得、扩大、管理、经营、运营、出售或其他处置方面,强制投资者转让特定技术、生产工艺或其他专有知识,除非属于根据 TRIPS 第 31 条或本条约知识产权章节"专利条款"授权的知识产权使用,或是符合 TRIPS 第 39 条的专有信息披露[2];第二,征收与补偿条款不适用于符合 TRIPS 的知识产权强制许可,或符合本条约知识产权章节的对知识产权的撤销、限制或创设[3]。此外,还有部分投资条约引入了 GATT1994 第 20 条和第 21 条、《服务贸易总协定》(General Agreement on Trade in Services,简称 GATS)[4]第 14 条和第 14 条之二、TRIPS 第 73 条规定的一般例外和安全例外。例如 2007 年《日本—印度尼西亚经济伙伴关系协定》。

---

① Agreement on Trade-Related Investment Measures,1994,1868 U. N. T. S. 186.

② 2002 年《美国—智利 FTA》第 10.5 条第 3 款(b)(i)项;2003 年《美国—新加坡 FTA》第 15.8 条第 3 款(b)(i)项;2004 年《美国—澳大利亚 FTA》第 11.9 条第 3 款(b)(i)项。

③ 2002 年《美国—智利 FTA》第 10.9 条第 5 款;2003 年《美国—新加坡 FTA》第 15.6 条第 5 款;2004 年《美国—澳大利亚 FTA》第 11.7 条第 5 款。

④ General Agreement on Trade in Services,1994,1869 U. N. T. S. 183.

最后,晚近缔结的国际投资条约同样沿袭了上述挂钩制度,例如 2012 年美国 BIT 范本、2012 年《中国—加拿大 BIT》、2017 年 CETA、2018 年《全面与进步跨太平洋伙伴关系协定》(Comprehensive and Progressive Agreement for Trans-Pacific Partnership,以下简称 CPTPP)、2020 年 USMCA 以及 2020 年 RCEP,等等。这些条约基本以国际知识产权条约中的知识产权保护承诺限制投资保护规则的适用,试图为东道国保留外资监管空间,维持传统知识产权国际保护框架的灵活性,防止投资仲裁庭对国际投资条约的任意扩大解释。

二、国际投资条约知识产权保护制度转型的内在动因

国际投资条约知识产权保护制度大致经历了上述三次转型,以美日欧为代表的发达国家,将投资条约视作在 WIPO、WTO 体制外强化知识产权保护的工具。但是,这一制度之所以能够发生演进并且带来广泛影响,也与时代背景、国际经济立法需求和发达国家的战略推动密不可分。可以说,分析国际投资条约知识产权保护制度转型的内在动因,有利于我们对该制度今后的走向作出预判。

(一)知识经济的内在需求

信息化时代,没有人能够忽略知识产权这类无形资产为现代市场经济创造的巨大价值。在国际经贸领域,知识产权保护的核心原则是促进竞争和吸引外资。[1] 外国投资者可以利用知识产权的排他性,让知识产权成为企业战略资产,在市场中发挥杠杆作用。在知识密集型和技术密集型产业中更是如此,无形资产的投资比重已经超过有形资产。[2] 传统

---

[1] Antony Taubman, Rethinking TRIPS: Adequate Remuneration for Non-Voluntary Patent Licensing, *Journal of International Economic Law*, Vol. 11(4), 2008, p. 934.

[2] Carsten Fink, Carlos A. Primo Braga, How Stronger Protection of Intellectual Property Rights Affects International Trade Flows, in Carsten Fink and Keith E. Maskus eds., *Intellectual Property and Development: Lessons from Recent Economic Research*, The World Bank and Oxford University Press, 2005, pp. 95 – 145.

知识产权国际保护制度仅为各国知识产权立法设置了最低保护要求,因知识产权保护标准不一致而引发的国际经贸纠纷屡见不鲜。[①] 因此,东道国知识产权保护水平的高低、东道国知识产权保护法治环境的优劣、东道国知识产权执法力度的强弱,都是投资者进行投资风险评估并且做出投资决策的重要考量因素。知识产权保护不力,将打击投资者的投资信心,进而形成投资壁垒,影响投资自由化、便利化。[②] 为顺应这一保护需求,实现资源合理配置,维持投资者依赖知识产权获得的市场优势地位,国际投资条约知识产权保护制度开始升级转型,从"投资要素"的角度实施知识产权保护,构建具有稳定性、可预见性的法律框架和法治保护格局。

发展中国家的广阔市场、丰富资源和廉价劳动力吸引发达国家外资不断涌入,[③]而以知识产权投资为主要内容的国际直接投资活动,更是为发展中国家带来先进技术,引致国内产业体系、经济体系的优化升级。[④] 当技术许可和以技术为基础的 R&D 活动成为重要投资形式,发达国家担心发展中国家"搭便车",利用外资监管权强制要求投资者向境内转让技术、生产工艺或其他专有知识,进而降低本国 R&D 成本,凭借价低质优的信息产品对发达国家的技术优势地位造成威胁。[⑤] 20世纪 80、90 年代以来,国际投资条约中开始出现履行要求禁止条款,并且专门列明禁止缔约一方强制缔约另一方投资者实施技术转让或开展 R&D 活动,就是对这一现实问题的回应。

---

① See Carols M. Correa and Jorge E. Viñuales, Intellectual Property Rights as Protected Investment: How open are the Gates?, *Journal of International Economic Law*, Vol. 19(1),2016, p. 105.

② See Keith E. Maskus, *Intellectual Property Rights in the Global Economy*, Institute for International Economics, 2000, p. 119.

③ Peter K. Yu, Intellectual Property, Economic Development, and the China Puzzle, in Daniel Gervais, *Intellectual Property, Trade and Development-Strategies to Optimize Economic Development in a TRIPS Plus Er*a, Oxford University Press, 2007, p. 177.

④ See Mikhaelle Schiappacasse, Intellectual Property Rights in China: Technology Transfers and Economic Development, *Buffalo Intellectual Property Law Journal*, Vol. 3,2003, p. 172.

⑤ See Rami M. Olwan, *Intellectual Property and Development: Theory and Practice*, Springer, 2013, pp. 131 – 133.

当前,创新已然成为全球经济一大基本支柱。21世纪初,OECD于2007年发布的《科学、技术和工业记分牌》显示,在大多数OECD成员国中,知识产权投资占国民生产总值的比例正逐步上升,而机器设备、厂房等实物投资的占比呈现下降趋势。[①] 近年来,这一发展态势有所加剧,并且充分体现在所谓的"数字转型"(digital transformation)中。移动通信、云计算、物联网、人工智能和大数据分析等技术被广泛应用于现代经济的各个领域。2017年OECD《科学、技术和工业记分牌》表明,全球企业R&D活动高度集中。世界R&D排名前2000位的公司总部集中于少数几个经济体,主要是美国、日本和中国。这些企业是数字技术研发行业的领导者,拥有全球约75%的信息通讯技术专利,55%的信息通讯技术外观设计,以及75%的人工智能同族专利。[②] 这种从传统工业经济向知识经济的转型,离不开各国知识产权法、投资法和贸易法以及国际知识产权法、投资法和贸易法等提供机制保障。因此,国际投资条约知识产权保护制度也在这一宏大背景中,实现了自我升级改造。

(二)经济一体化和国际经济立法整合

20世纪中期以来,国际经济一体化程度不断加深,国际贸易活动和国际投资活动之间的关系更加错综复杂,并且彼此交织、相互融合。相应地,国际贸易条约体制、国际投资条约体制、国际知识产权条约体制等,林立于国际法规范体系之中。2006年,联合国国际法委员会在《国际法不成体系问题:国际法多样化和扩展引起的困难》报告中就使用了"treaty regime"一词,中文官方翻译为"条约体制"。[③]

[①] OECD, Science, Technology and Industry Scoreboard 2007, available at https://doi.org/10.1787/sti_scoreboard-2007-en, last accessed on 20 February 2021.

[②] OECD, Science, Technology and Industry Scoreboard 2017, available at https://doi.org/10.1787/9789264268821-en, last accessed on 20 February 2021.

[③] See International Law Commission, Fragmentation of International Law: Difficulties arising from the Diversification and Expansion of International Law, UN Doc. A/CN.4/L.682,13 April 2006, paras. 255. 中文官方翻译参见联合国国际法委员会研究组报告:《国际法不成体系问题:国际法多样化和扩展引起的困难》,报告编号UN Doc. A/CN.4/L.682,2006年4月13日,第255段。

由于国际社会缺乏一个总的立法机构,国际法的多样化及其扩展是以不协调的方式进行的,其重点往往在于解决缔约国关注的某些特定问题,而非实现全面的、如同法律一般的管理。[①] 由此产生的高度专业化、专门化、板块化的不同条约体制,[②]构成了国际法碎片化发展图景的一部分,也带来了类型多样的条约冲突。就知识产权保护问题而言,其一,在不同语境下的同一知识产权争议既可能是贸易问题,也可能是投资问题;既可能是人权问题,也可能是技术控制问题;其二,对法律问题的答复取决于所问的对象及其所属的规则体系。[③] 如此极易引发不同条约体制间的条约冲突。

为回应多元社会不同行为体的价值追求和利益偏好,每个条约体制都有其独特的内生逻辑和运行模式,即同一条约体制中的条约旨在实现共同的目标和宗旨,条约规则彼此关联、均指向同一"主题事项",有专门的法律适用机构或行政管理者负责解释和适用本体制内的条约。[④] 例如,投资条约体制是由双边、区域和多边投资条约形成的规则体系,以促进投资为目标、宗旨,将保护外国投资作为共同的"主题事项",主要由国际投资仲裁庭解释和适用投资条约。[⑤] 因此,同一条约

[①] International Law Commission, Fragmentation of International Law: Difficulties arising from the Diversification and Expansion of International Law, Report of the Study Group of the International Law Commission, UN Doc. A/CN. 4/L. 702,18 July 2006, paras. 4 - 5.

[②] International Law Commission, Fragmentation of International Law: Difficulties arising from the Diversification and Expansion of International Law, Report of the Study Group of the International Law Commission, UN Doc. A/CN. 4/L. 682,13 April 2006, para. 255.

[③] International Law Commission, Fragmentation of International Law: Difficulties arising from the Diversification and Expansion of International Law, Report of the Study Group of the International Law Commission, UN Doc. A/CN. 4/L. 682, 13 April 2006, para. 483.

[④] International Law Commission, Fragmentation of International Law: Difficulties arising from the Diversification and Expansion of International Law, Report of the Study Group of the International Law Commission, UN Doc. A/CN. 4/L. 682, 13 April 2006, paras. 8, 280, 323. See also Andreas Fischer-Lescano and Gunther Teubner, Regime-Collisions: The Vain Search for Legal Unity in the Fragmentation of Global Law, *Michigan Journal of International Law*, Vol. 25,2004, p. 1011.

[⑤] Jonathan Bonnitcha, Lauge N. Skovgaard Poulsen and et al. , *The Political Economy of the Investment Treaty Regime*, Oxford University Press, 2017, pp. 3 - 5.

体制内的条约冲突主要是规范性冲突①,可以在缔约时通过"相互迁就"的方式尽力避免;在冲突发生后运用"协调解释"的方法予以调和。而不同条约体制间的条约冲突,则在更大程度上表现为体制本身所依赖的目标或价值观念之间的冲突,是必然存在并且难以克服的。但尽管如此,"条约必须遵守原则"是一项古老的、公认的国际法原则,故而无论是作为"立法者"的国家还是国际争端解决机构的裁判者②,都应当尽力破解这一"条约遵守"困境,否则将破坏国际社会行为体对缔约国遵守条约的合理预期,③减损国际法的综合效力,也不利于营造良好的国际法治环境。

有鉴于此,在国际经济立法层面,"条约规范整合"和"条约体制协调"受到国际社会的重视,用于解决国际法碎片化问题。这种做法应用于知识产权国际保护领域,主要表现为 WTO 主导的传统知识产权国际保护制度与国际投资条约知识产权保护制度挂钩。WTO 的建立有着划时代的意义,是人类法治文明的结晶。WTO 不仅承担协调各成员国贸易政策的职能,而且设有 DSB 处理 WTO 法律争议、解释和适用 WTO 法律规则,经"反向协商一致"通过的专家组报告或上诉机构报告对争端各方具有法律效力。④ WTO 在国际关系中扮演重要角色,而 WTO "叛逃者"将付出沉重代价,例如败诉方不执行 DSB 建议和裁决,胜诉方可以经 DSB 授权实施中止关税减让或贸易制裁措施,包括跨行业和跨协定的交叉报复等。⑤ 因此,在后 WTO 时代的国际权威分配中,WTO 贸易条约体制对其他国际条约体制产生支配性影响,其他国际法律制度通常与 WTO 制度通约。国际投资条约亦是如此,在

---

① 规范性冲突是指两种规则或原则对同一问题有不同的处理方式。

② Henning Grosse Ruse-Khan, A Conflict-of-Laws Approach to Competing Rationalities in International Law: the Case of Plain Packaging between Intellectual Property, Trade, Investment and Health, *Journal of Private International Law*, Vol. 9, 2013, p. 312.

③ 参见廖诗评:《条约冲突的基本问题及其解决方法》,载《法学家》2010 年第 1 期,第 145 页。

④ See Claire R. Kelly, Realist Theory and Real Constraint, *Virginia Journal of International Law*, Vol. 44, 2004, pp. 581 – 587.

⑤ See Kenneth W. Abbott, Robert O. Keohane and et al., The Concept of Legalization, *International Organization*, Vol. 54(3), 2000, pp. 401 – 419.

"知识产权"议题上,一般规定以 TRIPS 等知识产权条约或 FTAs 知识产权章节为优先或例外。

(三) 发达国家"论坛转换"和"体制迁移"策略

在 TRIPS 达成之前,知识产权国际保护问题和国际贸易问题分别由知识产权条约体制和国际贸易条约体制加以处理,两者处于并行状态,并无直接关联。发达国家不满意 WIPO 知识产权国际保护制度的"软弱"以及过分关照发展中国家利益,成功运用"论坛转换"战略,横向转移(horizontal forum shift)到 WTO 论坛中讨论知识产权保护标准及执法问题。自 TRIPS 生效后,TRIPS 在知识产权国际保护和国际贸易条约体制之间确立了实体性、程序性规范一体化的"棘齿机制"[1],使知识产权国际保护直接与贸易问题挂钩,更加直接、明确地"与贸易有关"。可惜的是,除了 2015 年《信息技术协定》扩围谈判就产品范围达成协议,以及 2017 年 TRIPS 修正案生效,WTO 自乌拉圭回合结束后几乎没有新进展。

GATT 时期先后组织了八轮多边贸易谈判,以反映最新现实情况。可是多哈回合谈判的停滞导致 WTO 无法适应新时代、新挑战和新利益诉求。发达国家只能转移战场,暂时搁置多边贸易谈判,再次利用"论坛转换"的方式,纵向转移论坛(vertical forum shift)至多边层面以下,即在双边、区域和诸边贸易协定中推行符合本国利益的经贸政策,制定和执行高水平的知识产权保护标准。[2] 尤其是美国,在 20 世纪 90 年末采取"双轨"政策,其缔结 FTAs 的步伐不断加快,把区域经济合作列为战略重点事项。[3] 与横向论坛转换相比,自上而下的纵向论坛转换更有利于强国实现本国利益诉求,也进一步加剧了南北国家

---

[1] 参见吴汉东:《"一带一路"战略下知识产权保护的中国选择》,载《人民论坛》2017 年第 3 期,第 94 页。

[2] See Susan K. Sell, TRIPS Was Never Enough: Vertical Forum Shifting, FTAS, ACTA, and TTP, *Journal of Intellectual Property Law*, Vol. 18(2), 2011, pp. 450 - 451.

[3] 参见李罗莎:《中国走向全球化:亲历开放战略与经贸政策研究》,新华出版社 2018 年版,第 126 页。

国际话语权的不对等。发达国家凭借 FTAs 本身具有的连锁效应、集合效应、强制效应、模仿效应、解释效应以及服从效应，①要求 FTAs 缔约各方执行超 TRIPS 条款并且予以推广，FTAs 就如同滚雪球一般不断扩大影响力，从而对多边条约的谈判和缔结产生实质性影响。《反假冒贸易协定》（Anti-Counterfeiting Trade Agreement，以下简称 ACTA）和《跨太平洋伙伴关系协定》（Trans-Pacific Partnership Agreement，以下简称 TPP）就是范例，②这些条约同时涵括贸易、投资和知识产权等议题。

就 ACTA 而言，美国连同欧盟、日本以及其他已经与美国缔结 FTAs 的贸易伙伴，针对 TRIPS 执法部分进行谈判，意图大幅提高知识产权执法力度，在侵权认定标准、民事救济和刑事处罚程序等方面都更偏向保护知识产权人的专有利益。ACTA 还设有专章讨论"制度安排"，成立委员会并且设立秘书处，赋予其解释条约和监督条约执行的职能，在 WIPO、WTO 并立的基础上，又增加了一个新的超国家特设机构。ACTA 看似是发达国家之间的"准多边"贸易协定，但是 ACTA 采取邀请制，这对被协定排除在外的发展中国家来说，如何在国际知识产权体系中维护本国利益有了更多的不确定性。③ 就 TPP④ 而言，TPP 的谈判基础是新西兰、新加坡、文莱和智利四个亚太地区小型经济体签订的 FTA。美国加入 TPP 谈判后，不满足于 ACTA 中的知识产权保护水平单独安排"知识产权"一章，其中有关药品专利保护规则更是达到历史最高标准。⑤

---

① See Morin, Jean-Frédéric. Multilateralizing TRIPS-plus Agreements: Is the US Strategy a Failure?, *The Journal of World Intellectual Property*, 2009, Vol. 12(3), pp. 175 – 197.

② 参见李顺德：《自由贸易协定（FTA）与知识产权国际环境》，载《知识产权》2013 年第 10 期，第 22 页—第 23 页。

③ 参见马忠法、李依琳：《后 TRIPS 协议时代美国知识产权国际保护诉求之变及其影响》，载《河北法学》2020 年第 8 期，第 51 页—第 52 页。

④ 2017 年特朗普政府宣布退出了 TPP，CPTPP 在知识产权标准方面略有放宽，为政府保留了更多的自主空间。

⑤ 参见［美］德博拉·埃尔姆斯：《国际经贸治理重大议题（2018 年报）》，张磊译，对外经济贸易大学出版社 2018 年版，第 65 页。

如果说从 TRIPS 到 ACTA 再到 TPP,是发达国家在贸易体制内的论坛转换,那么在 BITs 和 FTAs 投资章节维护跨国企业知识产权投资利益,是发达国家实施的"体制迁移"策略。国际体制通常由大国依靠自身强大实力建立,具有相对独立的运行机制、制度功能和价值。① 从国际贸易体制到国际投资体制,主要通过签订国际投资条约建立起的投资体制先天地偏向保护投资者,国际投资条约通常在序言部分明确,本条约旨在保护和促进投资,这显然符合发达国家的需求。他们将知识产权议题从原本已在私权保护和社会福祉之间建立起平衡的规则体系,转移到一个新的、欠缺前述平衡关系的规则体系中,把知识产权国家保护水平推向新台阶。值得注意的是,在 FTAs 中同时处理贸易、投资和知识产权问题,将不同议题串联起来,发达国家的论坛转换策略和体制迁移策略可以同步发挥效用,实现利益互补和交换,②在最大程度上服务于发达国家知识霸权战略。

三、国际投资条约知识产权保护制度转型的发展趋向

利益平衡原则是知识产权国际立法的核心原则。国际投资条约知识产权保护制度在现代转型过程中,同样遇到如何在保护私人权利与维护公共利益之间做出合理安排的棘手问题。尤其在发达国家被投资者诉至投资仲裁庭时,也促使其反思一味提高知识产权保护水平,却忽视东道国应有的外资监管空间,引发的利益失衡危机。

(一)一体化取向和市场化导向

20 世纪 80、90 年代以来,全球经济一体化趋势不断加强。各领域

① 参见薛虹:《十字路口的国际知识产权法》,法律出版社 2012 年版,第 39 页。
② 参见[美]罗伯特·基欧汉:《霸权之后:世界政治经济中的合作与纷争》,苏长和等译,上海人民出版社 2001 年版,第 73 页、第 111 页。

经济活动的"条形"融合①反映到法律中,主要表现为国际经济立法一体化取向。国际投资条约知识产权保护制度的第二次转型,就发生在这样的背景之下。一方面,FTAs 在对一般货物贸易问题做出规定的同时,也在条约中一并处理投资促进、知识产权保护等关联议题。这种"套餐式"缔约手段方便强国通过"议题交易"的方式,迫使谈判实力相对较弱的一方做出妥协和让步,接受本不愿意接受的协议文本。另一方面,BITs 和 FTAs 与知识产权条约的挂钩,又将涉及同一议题的不同条约串联在一起,将弱势的实体性规则吸收进强势实体、程序规则体系,提升知识产权保护领域的国际法律义务标准,并且保障软法性法律文件的有效实施。可以说,无论是同一条约内的议题整合,还是不同条约间的相互连结,都是国际经济立法一体化进程的必然结果,顺应了现代国际经济发展趋势。

此外,国际投资条约知识产权保护制度的第二、三次转型有着市场经济的烙印。1989 年,美国国际经济研究所连同世界银行、国际货币基金组织、美洲开发银行以及若干拉美国家经济学家,在华盛顿召开研讨会,就拉美国家经济改革问题达成"华盛顿共识"。华盛顿共识的主要内容包括促进贸易自由化、鼓励国际直接投资、放松市场监管以及保护私人财产权等,②体现了新自由主义思潮对国家经贸政策的影响,反映了新自由主义已经成为集政治、经济和文化等功能于一体的政策工具。③ 新自由主义萌芽于 19 世纪末 20 世纪初,主要继承了以亚当·斯密为代表的资产阶级古典自由主义经济理论,并且以反对和抵制凯恩斯主义为主要特征,是适应资本主义向国际金融资本垄断阶段过渡的一种理论主张和思想体系。④ 20 世纪 80 年代末期以来,这一理论推

① 参见徐崇利:《经济一体化与当代国际经济法的发展》,载《法律科学》2002 年第 5 期,第 116 页。
② See Richard Peet, *Geography of Power*: *Making Global Economic Policy*, Zed Books, 2007, pp. 111 - 112.
③ 参见马远之:《世界六百年与中国六十年:从重商主义到新结构主义》,广东人民出版社 2015 年版,第 448 页—第 449 页。
④ 参见吴仁华:《社会思潮十讲》,福建教育出版社 2014 年版,第 104 页。

动国际投资条约的迅猛发展，建立起新自由主义国际投资法体制，旨在创造自由市场、构建法治框架来保护海外投资。其中凝聚的自由化、市场化、私有化和全球化等核心价值，迎合发达国家寻求知识产权强保护的愿望。国际投资条约知识产权保护制度也从对知识产权的限制，转向对知识产权的积极保护和利用。在市场经济原理的指导下，国际投资条约知识产权保护制度与 WTO 体制挂钩，在具体制度安排上也遵循市场机制，呈现市场化导向。

（二）TRIPS-plus 性质

后 TRIPS 时代，以美欧为主导的发达国家迅速缔结 BITs，双边、区域 FTAs 和双边、其余及多边知识产权条约，意在偏离或者超出TRIPS 确立的知识产权保护标准和义务范围，统称为 TRIPS-plus 协定。[1] 第一类 TRIPS-plus 协定，提高知识产权人享受的知识产权保护水平，包括扩宽知识产权保护的内涵和外延、延长知识产权最低保护期限、做出力度更强的知识产权执法承诺、强制加入国际知识产权条约等。[2] 第二类 TRIPS-plus 协定，压缩 TRIPS 赋予 WTO 成员国的政策自主空间，削弱对知识产权的限制和例外规定，打破传统知识产权保护制度中脆弱的利益平衡关系。[3] 例如，增加对强制许可的反限制、禁止或限制平行进口知识产品、施加禁止履行要求、给予知识产权人绝对待遇等。这些协定帮助发达国家实现知识产权利益，但是克减了发展中国家在传统知识、遗传资源、地理标志、民间文学艺术等传统资源知识

---

① 据 UNCTAD 统计，仅在 2007 年，已有超过 50% 的投资条约纳入了 TRIPS-plus 性质的规定。See UNCTAD, Intellectual Property Provisions in International Investment Arrangements，UNCTAD/WEB/ITE/IIA/2007/1.

② 参见张建邦：《"TRIPS-递增"协定的发展与后 TRIPS 时代的知识产权国际保护秩序》，载《西南政法大学学报》2008 年第 2 期，第 18 页。See also Bryan Mercurio, TRIPs-Plus Provisions in FTAs: Recent Trends, in Lorand Bartels and Frederico Ortino ed., *Regional Trade Agreements and the WTO Legal System*, Oxford University Press, 2006, p. 215.

③ 参见张建邦：《WTO 发展中成员在 TRIPS-plus 协定下的知识产权保护义务研究》，载《武大国际法评论》2009 年第 1 期，第 59 页。

产权保护方面的既有利益,①对国际知识产权制度产生深刻影响。

就国际投资条约而言,国际投资条约知识产权保护制度经历第二、三次转型后,产生了约束 WTO 成员国在 TRIPS 框架内拥有的自主权和选择权、扩大知识产权保护义务范围的 TRIPS-plus 效果,具有 TRIPS-plus 性质,应属上述第二类 TRIPS-plus 协定。国际投资条约不规定知识产权的实体性保护标准,而是通过对知识产权人投资利益的保护间接地实现知识产权保护目标。在实体保护方面,譬如公平公正待遇条款。美国、加拿大等国缔结的 BITs 和 FTAs 经常将公平公正待遇与国际最低待遇标准挂钩,规定针对"公平公正待遇"以及"充分保护与安全"而言,东道国不需要提供国际最低待遇标准之外的待遇。这导致仲裁庭将依赖国际最低待遇标准解释公平公正待遇,②由此 TRIPS 或 WIPO 管理的知识产权条约中包含的"国际最低标准"很可能会对仲裁庭的解释产生指导作用,成为投资条约下可适用的法律。再譬如履行要求禁止条款。TRIPS、TRIMS 均未明确禁止强制技术转让,但是国际投资条约知识产权保护制度的第二次转型,就已经出现了履行要求禁止条款,规范东道国不得强制要求外资转让技术、生产工艺等专有知识,无疑扩大了东道国知识产权保护的义务范围。在程序保护方面,知识产权人在投资条约框架下具有独特的优势地位。知识产权人可以借助投资者身份,利用 ISDS 机制直接向东道国索赔。国际投资仲裁机制让知识产权人获得了 TRIPS 框架下未曾享有的诉讼主动权,直接挑战东道国基于维护社会公共利益实施的知识产权政策,削减 WTO 成员国的外资监管空间。③

---

① 参见古祖雪、揭捷:《"TRIPS-plus"协定:特征、影响与我国的对策》,载《求索》2008 年第 8 期,第 137 页。

② 参见林燕萍、朱玥:《论国际投资协定中的公平公正待遇——以国际投资仲裁实践为视角》,载《上海对外经贸大学学报》2020 年第 3 期,第 80 页。

③ See Ermias T. Biadgleng, IP Rights under Investment Agreements: The TRIPs-plus Implications for Enforcement and Protection of Public Interest, South Centre, Research Papers No. 8, August 2006, available at https://www. southcentre. int/wp-content/uploads/2013/05/RP8_TRIPs-Plus-Implications_EN. pdf, last accessed on 26 February 2021.

（三）公共利益例外条款复兴

TRIPS-plus 协定削弱了传统知识产权国际保护制度给予发展中国家和最不发达国家的"灵活性"和"特殊与差别待遇"。随之而来的是,利益天平明显偏向知识产权人一方,引致投资者权利和东道国外资监管权之间的紧张关系。有学者指出这是新自由主义的固有缺陷,国际投资法范式有必要向"嵌入式自由主义"发生转变。[①] 由此,投资保护与东道国社会可持续发展的关系问题进入国际投资法视野。[②] 为重新平衡知识产权人利益和东道国社会公共利益,曾一度被忽视甚至被取消的公共利益例外条款,再次回到国际投资条约文本中,体现了国际社会对公共健康、环境保护、劳工及人权保护问题的关切。

国际投资条约知识产权保护制度的第三次转型,明显带有利益平衡色彩,试图将利益天平向东道国方面牵引,重视知识产权国际立法的核心趣旨,即通过鼓励创新增进社会福祉。其一,符合 TRIPS 的知识产权强制许可,或对知识产权的撤销、限制和创设,不构成征收。而 TRIPS 第 8 条做出的原则性规定可以为各国基于社会公共利益实施的强制许可提供正当性基础,即各国在制定或修改其法律和法规时,可采用对保护公共健康、促进对其社会经济和技术发展至关重要部门的公共利益所必需的措施。TRIPS 第 31 条之二规定,在面临公共健康危机且医药生产能力不足的情况下,豁免强制许可的国内供应限制,具备生产能力的缔约国不仅可以强制本国企业在国内销售药品,也可以将药物出口至有需求的成员境内;[③]其二,引入一般例外条款。例如 2012 年《中国—加拿大 BIT》第 33 条规定,本条约不适用于与文化产

---

① 参见漆彤、余茜:《从新自由主义到嵌入式自由主义——晚近国际投资法的范式转移》,载《国际关系与国际法学刊》2014 年第 1 期,第 207 页。

② See Steffen Hindelang and Markus Krajewski ed., *Shifting Paradigms in International Investment Law: More Balanced, Less Isolated, Increasing Diversified*, Oxford University Press, 2016, p. 5.

③ 商务部:《世界贸易组织〈TRIPS 协定〉修正案正式生效》,载商务部官网:http://sms. mofcom. gov. cn/article/cbw/201703/20170302538527. shtml, 2022 年 2 月 27 日访问。

业相关的措施,不得被理解为阻止缔约方采取或维持与保护生命健康、可耗尽自然资源等所必要的措施,不得被理解为阻止缔约方基于审慎原因采取或维持的合理措施;其三,纳入安全例外条款。例如 2005 年《中国—葡萄牙 BIT》议定书第 3 条规定,因公共安全和秩序、公众健康或道德而采取的措施,不构成对国民待遇和最惠国待遇的违反;2006年《中国—印度 BIT》第 14 条规定,本条约不妨碍东道国为保护其基本安全利益,或在极端紧急情况下,以合法、合理、非歧视的方式采取相关措施。

　　上述基于维护社会公共利益设置的例外或特别规定,均是为了保留缔约方在其领土内享有的监管权,以及为实现正当政策目标,例如公共健康、环境、社会公益、保护和促进文化多样性,而采取措施的自主空间。有学者将此评价为,在 21 世纪经济全球化与可持续发展这个矛盾运动的大背景下,国际投资法兴起第三波发展浪潮。[①] 国际投资条约知识产权保护制度经历第三次转型后,也更加明显地展现出利益平衡取向,表达对社会公共利益的必要关切。

---

① 王彦志:《经济全球化、可持续发展与国际投资法的第三波》,载《国际经济法学刊》2006
　年第 3 期,第 182 页。

第二章 国际投资条约知识产权 保护制度的理论分析

国际投资条约本身不包含知识产权保护规则,但是宽泛模糊的投资待遇条款给了知识产权人机会。当知识产权被纳入投资范畴,构成国际投资条约保护的"涵盖投资"时,作为投资者的知识产权人可以利用投资待遇条款,引入和扩张知识产权规则,将知识产权争端诉诸投资仲裁。可见,国际投资条约及其仲裁机制为知识产权人寻求知识产权保护提供了崭新路径。

国际投资条约知识产权保护制度在经历三次转型之后,基本上以"共同但有区别"保护制度的形式呈现,其与传统知识产权国际保护制度的连结和挂钩也更加密切。这不可避免地引发体制竞争和冲突,造成国际投资条约与知识产权条约的竞合保护困境,需要予以高度重视。

本章将从理论层面分析国际投资条约知识产权保护制度的运行方式,剖析国际投资条约缘何能够实现知识产权保护,怎样在实体保护和程序保护两大方面实现知识产权保护,以便探寻产生竞合保护困境的理论根源,把握在国际投资体制内重塑知识产权保护与限制之间平衡关系的着力点。

第一节 国际投资条约保护知识产权的逻辑起点

自1959年《德国—巴基斯坦BIT》将知识产权纳入投资范畴,通过投资待遇条款对知识产权施加保护开始,绝大多数国际投资条约均在投资定义条款规定,知识产权可以作为投资形式之一。尽管不同投资条约的具体纳入方式各异,知识产权符合投资定义是知识产权得以享受投资条约保护的"入门"条件,投资定义条款相当于连接知识产权与国际投资体制的桥梁和纽带。[①] 值得注意的是,若知识产权要真正同其他形式的投资一样,能够适用投资条约中的实体性规则和程序性规则,不仅投资的具体内涵应包含知识产权,知识产权还需满足额外条件以构成"涵盖投资"。

一、知识产权符合"投资"的定义

无论是 BITs 还是 FTAs 投资章节中的投资定义条款,通常从投入"资产"和设立"企业"两大路径定义投资,前者系广义定义模式,后者系狭义定义模式。[②] 当前,资产式定义方法是投资条约的主流做法,其中既有投资定义条款基于开放式资产清单定义投资。也有的投资条约采取封闭式列举的方式,限定可以用于投资的知识产权类型。

分言之,以"资产"为基础的投资定义条款大致可以分为三类。第一类,规定投资包含知识产权,并且穷尽列举知识产权种类。BITs 倾向于使用此种定义方法,以便于在发生投资争端时尽可能减少争端方在条约理解方面的分歧,也约束仲裁庭对投资条约的解释,确保投资条约在具体适用上的一致性、可预见性和稳定性。[③] 例如英国 1991 年 BIT 范本的投资定义条款规定,"投资是指各种资产,尤其是……(iv)知识产权、商誉、工艺流程和专有技术。"晚近,捷克 2016 年 BIT 范本、荷兰 2019 年 BIT 范本和意大利 2020 年 BIT 范本等,均采纳封闭列举的形式。第二类,规定投资包含知识产权,并且非穷尽列举知识产权种

---

① Carols M. Correa and Jorge E. Viñuales, Intellectual Property Rights as Protected Investment: How open are the Gates?, *Journal of International Economic Law*, Vol. 19(1), 2016, p. 92.

② 参见贾丽娜:《国际"投资"定义中的知识产权范畴探究》,载《私法》2018 年第 1 期,第 162 页。

③ See Christoph Schreuer, Loretta Malintoppi and et al., *The ICSID Convention: A Commentary*, Cambridge University Press, 2009, p. 140.

类。例如,德国 2008 年 BIT 范本的投资定义条款规定,"投资是缔约一方投资者在缔约另一方境内直接或间接投入的各种资产,包括……(d)知识产权,尤其是著作权及与著作权有关的邻接权、专利、实用新型、工业设计、商标、植物新品种等。"2009 年更新的《德国—巴基斯坦 BIT》依然沿袭这一做法,开放列举可用于投资的知识产权类型。第三类,仅提及知识产权或无形资产等词,不作具体列举。美国、加拿大等国缔结的 BITs 和 FTAs 多采用这一模式。例如美国 2012 年 BIT 范本、2017 年 CETA、2020 年 USMCA 等条约均规定,①投资的具体形式包括知识产权。加拿大 2004 年 BIT 范本的投资定义条款甚至没有提及知识产权,仅使用无形资产一词。从后续文本中有关知识产权的例外规定可以推导出,知识产权属于投资定义条款所述的无形资产。

以"企业"为基础的投资定义条款较为少见。这种定义方式要求投资者在东道国建立或收购企业才能拥有投资者权利,与传统意义上外国直接投资的内涵相一致。南部非洲发展共同体 2012 年 BIT 范本指出,投资定义条款既很关键,又极具争议。本条约有三种定义方法可供选择,包括以企业为基础、以封闭式资产清单为基础和以开放式资产清单为基础,其涵盖的投资范围逐渐扩大,各有利弊。印度 2015 年 BIT 范本的投资定义条款规定,"投资是指缔约一方投资者根据东道国法律秉承组建、组织和经营的企业及企业资产。企业可以拥有以下资产……(f)著作权、专有技术和工业产权(例如专利、商标、工业设计和商号)。"

与基于资产的投资定义模式相比,基于企业的投资定义模式为投资的成功建立设置了更多要求,可以最大限度地减少投资者利用国际投资条约质疑东道国外资管制措施的风险。但尽管如此,为了吸引和激励外国投资,大多数国际投资条约采用宽泛的、以资产为基础的定义

---

① 这些投资条约的"投资定义"条款虽以资产式定义为基础,但同时也包含了企业式定义的款项。例如,"investment" means every asset that an investor owns or controls,..., Forms that an investment may take include:(a) an enterprise;(b) shares, stock, and other forms of equity participation in an enterprise;...,(f) intellectual property rights;...

方式,尽可能地为投资提供便利和保护。[1]

二、作为"投资"的知识产权获得东道国法律承认

(一)投资定义条款与东道国法律

尽管知识产权已普遍被国际投资条约纳入投资范畴,也不意味着知识产权必然享受条约保护。鉴于知识产权具有地域性,投资者能否利用知识产权开展相关投资活动,须首先根据东道国法律获得相应的专有权利。为保障东道国外资监管权,并且防止条约规定的知识产权种类超出本国知识产权法律的保护范围,不当侵蚀本国知识产权立法的自主空间,不少国家选择在缔结投资条约时就明确,投资系缔约一方投资者依照缔约另一方的法律和法规在缔约另一方领土内所投入的各种财产,或特别指明知识产权应当为东道国法律和法规所认可。例如比利时—卢森堡经济联盟 2019 年 BIT 范本规定,"涵盖投资是指缔约一方投资者在缔约另一方领土内,根据其投资时现行有效法律做出的投资。这种投资为缔约一方投资者直接或间接拥有或控制,并且在本条约生效时业已存在,或在本条约生效后做出或获得。"

原则上,知识产权条约仅要求各缔约国按照本国知识产权法律保护公民(包括外国公民)的作品、发明创造、具有显著性的标识等。那么,同国际知识产权条约一样,BITs 和 FTAs 投资章节也不应承担创设私权的功能,而是应当通过合理设计投资待遇标准,保护依据东道国国内法获得或维持的知识产权。[2] 换言之,即便投资定义条款已经涵盖某种"新型"知识产权,只要东道国法律尚未承认,或者投资者不能根

---

[1] 参见朱文龙:《国际投资领域投资定义的发展及对中国的启示》,载《东方法学》2014 年第 2 期,第 153 页—第 154 页。

[2] See Tania Voon, Andrew D. Mitchell and et al., Intellectual Property Rights in International Investment Agreements: Striving for Coherence in National and International Law, in Chin. Lim and Bryan Mercurio ed., *International Economic Law After the Crisis: A Tale of Fragmented Disciplines*, Cambridge University Press, 2015, pp. 386 - 387.

据东道国法律合法地获得知识产权,东道国都无需承担投资条约义务保护此项知识产权投资。

或许有人会质疑投资定义条款所述的东道国"法律"应当包含东道国的冲突法规范。由此,虽然东道国实体法不承认某项知识产权,但是通过冲突规范的指引,仍然有可能适用另一国实体法使知识产权得以获得法律认可。[①] 这种情况多半发生于版权领域,例如根据《伯尔尼公约》第 7 条第 8 款,东道国冲突法采纳"来源国原则",规定依据来源国法律判断版权的存续期间。然而,在比较版权保护期限的同时,东道国法律和来源国(投资者母国)法律可以基于互惠原则实现转换。假设根据东道国《版权法》,某项版权在东道国已经超过保护期限,此时,仲裁庭将根据冲突规范适用来源国法律,判断是否存在版权投资。可见,东道国实体法仍然具有决定性作用。此外,大多数国家在知识产权保护问题上都采纳"保护国原则",其冲突法也选择"被请求保护地"作为知识产权归属和内容、知识产权侵权责任等冲突规范的连结点。此时,冲突规范只会指引仲裁庭依然适用东道国实体法判断知识产权是否存在。

又或许有人会指出投资定义条款如若没有提及东道国法律,那么在确定涵盖投资的具体内容方面,东道国法律并非扮演关键性角色。相反,VCLT 第 31 条第 3 款(c)项规定的体系整合原则,是一把开启国际法这座大厦的"万能钥匙"。根据体系整合原则,我们可以援引对投资条约缔约方具有约束力的知识产权条约,例如《巴黎公约》《伯尔尼公约》和 TRIPS 等,解释投资定义条款中的"知识产权"一词。但是,上述论述无法否认知识产权的地域性,知识产权条约也都强调知识产权的这一特征,故而缺少东道国法律的承认,任何形式的私人经济权利都只是虚无的概念。[②]

---

① See Simon Klopschinski, *The Protection of Intellectual Property Rights under International Investment Treaties*, Carl Heymanns Verlag, 2011, pp. 194 – 201.

② Monique Sasson, *Substantive Law in Investment Treaty Arbitration: The Unsettled Relationship between International and Municipal Law*, Kluwer Law International, 2010, p. 66.

　　国际投资仲裁实践也普遍认可东道国法律在界定和规制投资者合法权利方面,具有关键性作用。在"William Nagel 诉捷克案"①中,1990 年《捷克—英国 BIT》投资定义条款将投资定义为资产,并且通过举例的方式阐明投资的具体内涵。仲裁庭指出,联系上下文理解投资定义条款,可以认为投资定义条款所述的"投资"和"资产"是指对持有人具有经济价值的权利和主张。这就必然与东道国国内法产生联系,因为在很大程度上是由国内法决定无形资产的经济价值存在与否。换言之,价值并非源于其自然意义上的品质,而是法律创设了该项权利并且给予保护。"EnCana 公司诉厄瓜多尔案"仲裁庭也持相同观点,认为在涉及无形资产征收的情况下,要存在某种投资或收益可供征收,受影响的权利必须获得厄瓜多尔法律的承认。② 在"MTD 公司诉智利案"中,仲裁庭认为,判定东道国是否违背国际义务的依据理应是国际法。若是为了确定不履行国际义务的事实,则有必要考虑国内法。③ 虽然"MTD 公司诉智利案"最终被提交 ICSID 特设裁决撤销委员会,但是委员会同意仲裁庭关于国内法与国际法各自作用的阐述,指出在考虑外国投资合同对公平公正待遇的影响时,仲裁庭面临一个"混合问题":依据智利法律解释合同;依据国际法判断违反合同是否构成对投资条约项下公平公正待遇的违反。④ 在 NAFTA 仲裁机制下的"Bayview Irrigation District 诉墨西哥案"中,争端方围绕美国投资者是否基于水权在墨西哥境内进行投资的问题发生争议。仲裁庭认为,是否存在一项投资显然应由墨西哥法律决定。⑤

---

① William Nagel v. The Czech Republic, SCC Case No. 049/2002, Award, September 2003.
② EnCana Corporation v. Republic of Ecuador, LCIA Case No. UN3481, UNCITRAL, February 2006, Award, para. 184.
③ MTD Equity Sdn. Bhd. and MTD Chile S. A. v. Republic of Chile, ICSID Case No. ARB/01/7, May 2004, Award, paras. 86 - 87.
④ MTD Equity Sdn. Bhd. and MTD Chile S. A. v. Republic of Chile, ICSID Case No. ARB/01/7, March 2007, Decision on Annulment, para. 75.
⑤ Bayview Irrigation District et al. v. United Mexican States, ICSID Case No. ARB(AF)/ 05/1, Award, June 2007, paras. 98 - 112.

(二) 涉知识产权投资仲裁争端与东道国法律

在涉知识产权投资仲裁争端中,东道国知识产权法扮演重要角色,仲裁庭据以解决知识产权的存在、范围以及权利归属问题。[①] 尽管一国知识产权法律可能是为了履行 TRIPS 设定的最低保护标准而制定的,但毋庸置疑的是,知识产权国内立法创设知识产权、界定知识产权的存在,以及规定专有权的控制范围。[②]

以"Philip Morris 公司诉乌拉圭案"为例。该案仲裁庭指出,本案适用 1988 年《瑞士—乌拉圭 BIT》,辅之以可能适用的其他国际法规则。仲裁庭的任务是确定乌拉圭政府是否违反《瑞士—乌拉圭 BIT》项下义务。与此同时,乌拉圭法律在以下两个方面发挥作用:乌拉圭《商标法》规定了 Philip Morris 公司的权利、义务范围;乌拉圭国内法律框架与其对投资者作出的承诺的具体内容有关,Philip Morris 公司声称乌拉圭政府实施两项控烟措施,未能向其提供稳定的国内法律框架,违反了乌拉圭在 BIT 中的承诺。[③] 随后,仲裁庭进一步探讨了国内法和国际法在涉知识产权投资争端中的不同分工。乌拉圭法律用于界定 Philip Morris 公司在乌拉圭境内是否拥有商标权。虽然乌拉圭法律对商标权的限制或撤销与乌拉圭是否违反 BIT 相关,但是乌拉圭政府是否履行 BIT 项下条约义务取决于 BIT,乌拉圭法律只是仲裁庭需要考虑的相关因素。[④] 这一推理表明,知识产权通常是由国内法创设或根据国内法授予的一项专有权利,而诸如 BITs 和其他可适用的国际法规则,不仅决定是否存在一项"合格投资"或"涵盖投资",而且还决定是

---

① Simon Klopschinski, Public Policy Considerations in Intellectual Property-Related International Investment Arbitration, in Christophe Geiger ed. , *Research Handbook on Intellectual Property and Investment Law*, Edward Elgar Publishing, 2019, p. 34.

② John G. Sprankling, The Emergence of International Property Law, *North Carolina Law Review*, Vol. 90, 2012, p. 464.

③ Philip Morris Products S. A. and Abal Hermanos S. A. v. Oriental Republic of Uruguay, ICSID Case No. ARB/10/7, July 2016, Final Award, para. 177.

④ Philip Morris Products S. A. and Abal Hermanos S. A. v. Oriental Republic of Uruguay, ICSID Case No. ARB/10/7, July 2016, Final Award, paras. 178 – 179.

否发生了违反 BITs 的行为。

在"Bridgestone 公司诉巴拿马案"中,仲裁庭认为,尽管 2012 年《美国—巴拿马贸易促进协定》第 10.29 条投资定义条款,在(f)项列明知识产权属于可用于投资的资产形式之一时,没有明确要求此类知识产权需要得到东道国法律承认。但是毫无疑问,此处的"知识产权"必须是受巴拿马法律保护的权利,否则不能称之为知识产权,也不能称之为资产。[①] 此外,第 10.29 条(g)项规定根据国内法授予的许可证、授权及类似权利可用于投资。该项脚注明确了许可、授权、商业特许权等是否构成投资取决于东道国法律。

无论是国际投资法本身,抑或是国际贸易法,均无法创设有资格获得投资保护的知识产权。因此,在涉知识产权的投资纠纷中,仲裁庭根据国家(或地区)知识产权法裁定,投资者向东道国境内直接或间接投入的知识产权是否存在、其范围为何、其所有权归属于何人。换言之,知识产权属于私权,基于知识产权形成的各种法律关系基本上由私法调整。由此,理解知识产权的私权属性、地域性特征,是在涉知识产权投资仲裁争端中,确定案涉资产能否受到投资条约保护、是否构成"涵盖投资"的第一步。

三、作为"投资"的知识产权具有投资属性

当国际投资条约的投资定义条款明确,缔约一方投资者可以通过在缔约另一方境内投入知识产权这一无形资产进行投资,并且根据东道国法律获得和维持该项知识产权时,并不意味着知识产权必然受到投资条约保护。投资者声称其拥有的作为投资的知识产权还必须具有投资属性,用以区分"与贸易有关的"知识产权和"与投资有关的"知识产权。

---

① Bridgestone Licensing Services, Inc. and Bridgestone Americas, Inc. v. Republic of Panama, ICSID Case No. ARB/16/34, December 2017, Decision on Expedited Objections, para. 155,178.

（一）ICSID 管辖权条款与投资属性

大多数国家在国际投资条约中约定，如果争议自任一争端方要求友好解决之日起合理期限内未能解决，则无条件同意应投资者要求将该争议提交 ICSID 进行仲裁或调解。《ICSID 公约》①（又称《华盛顿公约》）第 25 条第 1 款规定，本中心的管辖适用于缔约国（或缔约国派驻中心的任何机构）和另一缔约国国民之间，直接因投资而产生的任何法律争议，该项争议经双方书面同意提交给中心。此种同意一经作出，任何一方不得单方面撤销。因此，在涉知识产权国际投资争端中，仲裁庭得依据 ICSID 管辖权条款裁定其是否具有管辖权，即案涉知识产权是否属于第 25 条第 1 款中的"投资"。

可是，《ICSID 公约》没有明确界定何为"投资"。Christoph Schreuer 教授在《ICSID 公约评注中》归纳了以下五项判断标准：1. 存续期间；2. 规律性的收益和回报；3. 风险承担；4. 投资者的实质性投入；5. 在实践意义上有助于东道国发展。② 然而这只是学理上的讨论，已决投资仲裁案件表明，仲裁庭在确定是否存在一项投资进而确立仲裁庭管辖权时，并未全盘适用这五项标准。当缺少某项要素时，仲裁庭仍然裁定案涉资产具有投资属性，构成投资，继而认为仲裁庭享有管辖权。③

从另一角度看，由于《ICSID》没有明确定义投资，这给实践留下了灵活性空间。大量国际投资仲裁实践界定和发展了投资的内涵，最常

---

① Convention on the settlement of investment disputes between States and nationals of other States, 1965,575 U. N. T. S. 159.

② See Christoph Schreuer, and Loretta Malintoppi and et al. , *The ICSID Convention: A Commentary*, Cambridge University Press, 2009, pp. 128 - 129.

③ Malaysian Historical Salvors, SDN, BHD v. The Government of Malaysia, ICSID Case No. ARB/05/10, May 2007, Award on Jurisdiction, para. 106; See also Tania Voon, Andrew D. Mitchell and et al. , Intellectual Property Rights in International Investment Agreements: Striving for Coherence in National and International Law, in Chin. Lim and Bryan Mercurio ed. , *International Economic Law After the Crisis: A Tale of Fragmented Disciplines*, Cambridge University Press, 2015, pp. 387 - 388.

被援引的仲裁先例是"Salini 公司等诉摩洛哥案",[①]又称"Salini 标准"。这套标准主要包含四大要素,它不是具有强制约束力的指南,只是帮助仲裁庭确定是否存在一项投资。仲裁庭可以侧重或忽略某一要素,或者根据案涉投资条约,或综合全案基本情况作出具体判断。

1. 投入(contribution)

投入是指投资者必须向东道国境内投入金钱、资产或其他资源。在"Consortium Groupement L. E. S. I. -DIPENTA 诉阿尔及利亚案"中,仲裁庭认为外国投资者必须以追求经济效益为目标有所支出,可能的形式包括财务承诺、贷款、材料、工作或服务,只要它们具有经济价值。除非投资者在东道国境内投入一定财产,并且产生经济收益,否则不可能存在投资。[②] 同理,知识产权被广泛应用于经济活动,包括国际直接投资,也涉及"投入"问题。

众所周知,诸如专利、商标、版权等知识产权通常需要通过投入大量资金和其他资源予以开发、利用并且在特定区域内获得保护。例如,外国投资者在东道国申请注册商标后,将该注册商标放置于产品上进入流通领域、为增加产品销量开展推广活动、采取必要措施防止商标侵权、从事 R&D 活动提升产品质量等,都需要投入大量资本。如果外国投资者仅在东道国持有某项知识产权,例如注册商标,却没有开展一项或多项经济活动来促使知识产权产生经济效益,那么就不满足"投入"的标准,该知识产权不具有投资属性。

2. 存续期间(duration)

存续期间指投资者在东道国的投入必须持续一段时间,通常是二至五年。在"Joy Mining Machinery 公司诉埃及案"中,仲裁庭指出,案涉合同是标准的销售合同,Joy Mining Machinery 公司早已支付了全部货款,不属于持续性投入,因此 Joy Mining Machinery 公司在埃及不

---

① Salini Costruttori S. p. A. and Italstrade S. p. A. v. Kingdom of Morocco, ICSID Case No. ARB/00/4, July 2001, Decision on Jurisdiction, para. 52.

② Consortium Groupement L. E. S. I. -DIPENTA v. République algérienne démocratique et populaire, ICSID Case No. ARB/03/08, January 2005, Award, para. 14.

存在投资。①

就知识产权而言,投资者在东道国境内直接或间接投入知识产权这一无形资产,基本满足"存续期间"这一要素。当投资者根据东道国法律获得某项知识产权后,将在一定年限内维持该项专有权并且受到东道国法律保护。一般而言,专利是 20 年,版权是作者有生之年加 50 年,商标和商业秘密可以申请延长保护期限。由此,知识产权将在很长一段时间内支撑投资者开展经济活动,符合"存续期间"的要求。

3. 风险(risk)

风险是指投资者必须承担一定风险。在"Malaysian Historical Salvors 公司诉马来西亚案"中,仲裁庭认为打捞合同通常基于"无发现无酬劳"的理念而订立,不能收回因进行搜查、打捞等必要活动而支出的资金是 Malaysian Historical Salvors 公司理应承担的风险。若要构成《ICSID 公约》第 25 条第 1 款所述投资,必须具有超出正常商业风险范围的风险。② 举例而言,外国投资者在东道国投资了道路建设项目,投资者后续能否从与该项目相关的经济活动中收回投资成本甚至盈利,是典型的投资风险。

知识产权的开发、利用往往具有一定风险性,诸如包含知识产权的产品或服务等是否会在市场上取得商业成功,以及第三方是否会侵害知识产权、降低知识产权的资产价值和市场潜力。如果外国投资者在东道国持有一项知识产权,就存在上述风险:东道国可能拒绝提供制裁机制惩治知识产权侵权行为,知识产权投资及其相关活动也可能受到东道国政府的监管和限制。可以说,知识产权投资者承担的风险更类似于一项长期投资项目带来的风险,不同于一次性商业销售交易中买方是否向卖方付款的短期风险。

---

① Joy Mining Machinery Limited v. Arab Republic of Egypt, ICSID Case No. ARB/03/11, August 2004, Award on Jurisdiction, paras. 62 - 63.
② Malaysian Historical Salvors, SDN, BHD v. The Government of Malaysia, ICSID Case No. ARB/05/10, April 2009, Award on Jurisdiction, para. 112.

4. 为东道国经济发展作出贡献（contribution to the economic development of the host state）

为东道国经济发展作出贡献是最具争议的一项"Salini 标准"。所谓的"贡献"可以是增加东道国税收收入、创造就业机会、促进运输和分销网络的发展、提高东道国人民生活水平，等等。《ICSID 公约》序言部分指出，考虑到经济发展需要国际合作，以及国际私人投资在其中的重要作用……，缔结本条约。但是近年来，国际投资仲裁实践一般不再依赖这一要素界定是否存在投资。例如"Victor Pey Casado 等诉智利案"仲裁庭认为，虽然《ICSID 公约》序言提及外国投资对东道国经济发展作出贡献，但是这一论述是基于投资的结果或影响提出的，而非投资的条件。正如某些仲裁庭指出，该要素实际上已经包含在前三项要素中。[①]

此外，"Philip Morris 公司诉乌拉圭案"仲裁庭认为，评估投资是否有助于东道国经济发展具有极强的主观性，仲裁庭很难作出客观的判断。[②] 尽管乌拉圭政府提出，Philip Morris 公司在乌拉圭大量销售包含其注册商标的烟草制品，直接提高了乌拉圭在公共健康事项上的财政支出，对乌拉圭经济发展造成了负面影响，因此不构成投资。[③] 仲裁庭不赞同乌拉圭政府的观点，指出针对《ICSID 公约》第 25 条第 1 款提及的"投资"一词，如果按其通常含义，联系条约上下文，并且参照条约的目的和宗旨加以解释，应当赋予其广泛的内涵。仲裁庭最终裁定，没有证据表明 Philip Morris 公司在乌拉圭的长期实质性活动不具有投资属性。[④]

[①] Victor Pey Casado and President Allende Foundation v. Republic of Chile, ICSID Case No. ARB/98/2, May 2008, Award, para. 232.

[②] Philip Morris Products S. A. and Abal Hermanos S. A. v. Oriental Republic of Uruguay, ICSID Case No. ARB/10/7, July 2013, Decision on Jurisdiction, para. 207.

[③] Philip Morris Products S. A. and Abal Hermanos S. A. v. Oriental Republic of Uruguay, ICSID Case No. ARB/10/7, July 2013, Decision on Jurisdiction, paras. 178 - 182.

[④] Philip Morris Products S. A. and Abal Hermanos S. A. v. Oriental Republic of Uruguay, ICSID Case No. ARB/10/7, July 2013, Decision on Jurisdiction, paras. 202 - 209.

(二) 投资定义条款与投资属性

在管辖权阶段,为避免条约解释权落入仲裁庭手中,不少缔约国在国际投资条约的投资定义条款明确,投资者向东道国境内投入的各种资产(包括知识产权)应当具备投资属性。

多数国际投资条约采纳"四要素"标准,即存续期间、资产投入、预期收益和风险承担。我国在以往缔约实践中,很少在投资定义条款界定投资的特征,但在晚近缔结的 FTAs 中,开始就"投资属性"提出要求。例如,2020 年 RCEP 的投资定义条款规定,"投资指一个投资者直接或间接,拥有或控制的,具有投资特征的各种资产,此类特征包括承诺资本或其他资源的投入、收益或利润的期待或风险的承担。"

一部分国际投资条约也采纳"三要素"标准,即资产投入、预期收益和风险承担,例如美国 2012 年 BIT 范本。2020 年 USMCA 的投资定义条款沿用了"三要素"标准,规定"投资应当具备的特征包括资本或其他资源的投入、对收益或利润的预期以及风险承担。"我国于 2012 年与加拿大签订的《中国—加拿大 BIT》同样认可了"三要素"标准。

只有少数国际投资条约采纳"五要素"标准,即存续期间、资产投入、预期收益风险承担和有助于东道国经济发展。典型代表是印度 2015 年 BIT 范本。

总体来看,"Salini 标准"基本上得到了国际投资条约缔约实践的认可,所谓的"投资特征"或"投资属性"一般包括存续期间、资产投入、预期收益和风险承担。而有助于东道国经济发展这一要素,逐渐淡出历史舞台,其重要性不及其他要素。

综上所述,当投资者根据东道国法律合法获得和维持一项知识产权,并且将其投入东道国市场,并且满足存续期间、预期收益、风险承担等要求时,知识产权构成了国际投资条约保护的投资,也可称之为涵盖投资。由此,知识产权人便打开了国际投资体制的"大门",国际投资条约及其仲裁机制将发挥实质性作用。

第二节　国际投资条约保护知识产权的实体规则

如果说知识产权的"投资适格性"问题取决于国际投资条约的投资定义条款,那么构成"涵盖投资"的知识产权能够享受的条约保护水平、形式、具体内容等,则取决于国际投资条约的实体性规则,即投资待遇条款。如上文所述,国际投资条约知识产权保护制度在经历三次现代转型后,投资待遇条款开始与知识产权国际保护规则彼此挂钩,呈现TRIPS-plus 趋势。

理论上,国际投资条约为知识产权人提供了一条寻求知识产权国际保护的全新路径,可以援引投资待遇条款直接适用和执行国际知识产权条约规则,质疑东道国没有履行国际知识产权条约项下义务。这不仅改变了国际知识产权法一般需"转化适用"的法律适用模式,也让东道国开始担心其外资监管空间受限,尤其是社会公共利益受损。对此,有必要探析投资条约实体性规则通过与知识产权条约的显性或隐性连结,实现知识产权保护的理论进路,主要包括国民待遇条款、最惠国待遇条款、公平公正待遇条款、保护伞条款、履行要求禁止条款以及征收条款。[1]

一、非歧视待遇条款

为保证投资者的投资及与投资有关的活动免受东道国的歧视性待遇,几乎所有国际投资条约都纳入了非歧视待遇条款。该条款被视为是国际投资法的基石。[2] 尽管不同条约文本在表述上可能存在差异,

---

[1] 参见田晓萍:《国际投资协定中知识产权保护的路径及法律效果》,载《政法论丛》2016 年第 1 期,第 98 页;徐树:《国际投资条约下知识产权保护的困境及其应对》,载《法学》2019 年第 5 期,第 93 页;何艳:《美国投资协定中的知识产权保护问题研究》,载《知识产权》2013 年第 9 期,第 90 页—第 96 页。

[2] See Andrew Newcombe and Lluis Paradell, *Law and Practice of Investment Treaties. Standards of Treatment*, Kluwer Law International, 2009, p. 149.

但这种给予外国投资者及涵盖投资的非歧视待遇始终是相比较而言的,属于相对待遇标准:不得低于给予本国投资者及其投资的待遇,即国民待遇(national treatment);不得低于给予任何第三国(非缔约方的第三国)投资者及其投资的待遇,即最惠国待遇(most-favoured-nation treatment)。

(一) 国民待遇条款

国民待遇条款是国际投资条约的核心条款之一,旨在为外国投资者及其在东道国市场中的竞争对手,创造公平的竞争环境。[1] 历史上第一个BIT(1959年《德国—巴基斯坦BIT》)第1条第2款规定,"任一缔约方投资者在另一缔约方领土内的投资,不得因投资所有权归属于对方的自然人或法人,或受其控制,而受到任何歧视性待遇。除非在本条约生效时的现行法律和据此制定的规则和条例另有规定。"可见,国民待遇条款的立法初衷是不希望东道国仅基于国籍因素而对外国投资者实施歧视性待遇。其后,许多国家缔结BITs时亦纳入国民待遇条款,但是直至20世纪70年代,有关国民待遇的缔约实践仍然不甚统一。有的BITs要求东道国向外国投资者提供公平公正待遇,并且将公平公正待遇解释为在任何情况下都不低于国民待遇;有的BITs要求东道国向外国投资者提供其给予本国国民的安全和保护。20世纪80、90年代的BITs逐渐形成并固定了国民待遇条款订立模式,国民待遇也不再与公平公正待遇同款而列,取消了二者在逻辑上的必然联系。[2]

1. 国民待遇条款的界定

典型的欧式国民待遇条款规定为:任一缔约方给予另一缔约方投资者在管理、维持、使用和享有或处置其领土内投资方面的待遇,不得

---

① Rudolf Dolzer and Christoph Schreuer, *Principles of International Investment Law*, Oxford University Press, 2012, p. 198.

② Kenneth J. Vandevelde, *Bilateral Investment Treaties: History, Policy and Interpretation*, Oxford University Press, 2010, pp. 373 – 376.

低于(less favourable than)给予其国内投资者的待遇。[①] 典型的美式国民待遇待遇规定为:任一缔约方给予另一缔约方投资者在设立、购买、扩大、管理、经营、运营和销售或其他处置其领土内投资方面的待遇,不得低于在类似情形(like situations[②]or like circumstances[③])下给予本国投资者的待遇。可见,其一,国民待遇可以区分为"准入后国民待遇"和"准入前国民待遇"。在新自由主义思潮的影响下,采准入前国民待遇模式的国际投资条约已经突破了其传统功能,从投资促进转向投资自由化,保证东道国投资市场充分开放,符合资本输出国利益。其二,作为相对待遇标准,需要将比较的对象放置于"类似情形"下。NAFTA 仲裁机制下的众多判例通常从以下三个方面讨论"可比性"问题:1. 申请人与本国投资者是否来自同一经济或商业部门;2. 申请人的产品或服务与本国投资者的产品或服务之间,是否存在竞争关系;3. 申请人指控的东道国歧视性行为,是否出于维护公共利益的需要。[④] 其三,"低于"本国国民的歧视待遇必须构成事实上(de facto)的歧视,东道国因国籍等原因而产生的歧视意图并非违反国民待遇的必要条件。[⑤]

2. 国民待遇条款保护知识产权的理论路径

国民待遇原则是国际知识产权法的基本原则之一。TRIPS 为与知识产权条约相衔接,公约第 3 条"国民待遇"规定,"每一成员给予其

---

① 英国 1991 年 BIT 范本第 3 条第 2 款;德国 1991 年 BIT 范本第 3 条第 1 款;英国 2008 年 BIT 范本第 3 条第 2 款。

② 美国 1994 年 BIT 范本第 3 条第 1 款。

③ NAFTA 第 1102 条第 1 款;美国 2012 年 BIT 范本第 3 条第 1 款;USMCA 第 14.4 条。

④ S. D. Myers, Inc. v. Government of Canada, UNCITRAL, November 2000, Partial Award, para. 250. Pope & Talbot Inc. v. The Government of Canada, UNCITRAL, April 2001, Award on the Merits of Phase 2, paras. 75 – 78. Methanex Corporation v. United States of America, UNCITRAL, August 2005, Final Award of the Tribunal on Jurisdiction and Merits, paras. 13,17,19,34. Archer Daniels Midland Company and Tate & Lyle Ingredients Americas, Inc. v. The United Mexican States, ICSID Case No. ARB (AF)/04/5, November 2007, Award, para. 201.

⑤ Corn Products International, Inc. v. United Mexican States, ICSID Case No. ARB (AF)/04/1, January 2008, Decision on Responsibility, para. 220. International Thunderbird Gaming Corporation v. The United Mexican States, UNCITRAL, January 2006, Award, para. 177.

他成员国国民的待遇不得低于给予本国国民的待遇,但该待遇不减损《巴黎公约》《伯尔尼公约》《保护表演者、录音制品制作者和广播组织罗马公约》(以下简称《罗马公约》)或《关于集成电路的知识产权条约》中的例外规定。"可见,传统知识产权国际保护制度在国民待遇方面,设定了诸多例外。这与国际投资条约知识产权保护制度形成鲜明对比,多数国际投资条约中的国民待遇条款,没有提及有关知识产权的例外情形。

由此,当知识产权构成涵盖投资,投资条约缔约方均属WTO成员国时,知识产权人可以同时享有两大国际保护制度框架内的国民待遇,可以利用"多渊源等效规范"的相关性,要求东道国履行更多条约义务。例如,第一,部分国际投资条约将国民待遇标准的适用延伸至准入前阶段,意味着在知识产权的获得方面,知识产权人可以主张与东道国国民拥有同样的法律平台,而知识产权条约中的国民待遇只给予附着在货物或服务上的、已经依法获得的知识产权;第二,如果国际投资条约的国民待遇条款没有就知识产权设定例外,知识产权人可以利用投资条约削弱知识产权条约中例外规则的有效性;第三,如果国际投资条约的国民待遇条款规定"国民待遇不适用于TRIPS所规定的义务例外或减损情形",[①]知识产权人可能主张东道国行为不符合TRIPS中的例外规则,继而在ISDS框架下直接援引和执行TRIPS。

(二) 最惠国待遇条款

与国民待遇标准相似,最惠国待遇标准也属于相对待遇标准,其参照标准是东道国给予非缔约方第三国投资者及其投资的待遇,从侧面体现了主权平等原则。长期以来,尽管最惠国待遇条款在国际经济关系中发挥重要作用,自FCNs时代起就成为条约的基础性规则之一,[②]但是习

---

① 美国2012年BIT范本第14条第4款。

② August Reinisch, Most Favoured Nation Treatment, in Marc Bungenberg, Jorn Griebel and et al. ed., *International Investment Law — A Handbook*, Hart Publishing, 2015, pp. 810 – 811.

惯国际法不要求主权国家履行最惠国义务。[①]

1. 最惠国待遇条款的界定

早在 1964 年,联合国国际法委员会就提出了"最惠国专题",并且于 1967 年正式列入工作方案,将专题命名为:《条约法中的最惠国条款》。[②] 1978 年,委员会通过了《关于最惠国条款专题的条款草案》,[③]最惠国条款定义如下,"授与国给予受惠国或与之有确定关系的人或事的待遇不低于授与国给予第三国或与之有同于上述关系的人或事的待遇。"最惠国待遇权的前提是,载有最惠国条款的条约是确立授予国与受惠国司法联系的基础条约。换言之,受惠国享有最惠国待遇的权利只能来源于授与国与受惠国条约中的最惠国条款,而不能来源于授与国与第三国之间的条约。[④] 条款草案还郑重声明适用最惠国条款时遵循同类原则(*ejusdem generis* principle)。在这方面,委员会广泛援引 GATT 关于"同类产品"概念的实践和判例,[⑤]阐明其对同类原则的理解:第一,受惠国仅获得最惠国条款的主题事项范围之内的权利;第二,与"受惠国有确定关系的人或事",应当和"与第三国有确定关系的人或事"属于同一类型;第三,"与受惠国之间的确定关系"在性质上必须和"与第三国之间的确定关系"相同。[⑥] 可惜的是,大会没有召开会议,将条约草案发展为公约。此后,最惠国条款的适用范围逐渐缩小至国际经济法领域,特别是贸易和投资领域。

在国际投资法领域,最惠国待遇已成为 BITs 和 FTAs 投资章节

[①] Rudolf Dolzer and Christoph Schreuer, *Principles of International Investment Law*, Oxford University Press, 2012, p. 206.

[②] See International Law Commission, Final Report of the Study Group on the Most-Favoured-Nation Clause, UN Doc. A/70/10,2015, para. 1.

[③] Draft Articles on Most-Favoured-Nation Clauses with Commentaries, Yearbook of the International Law Commission, 1978, Vol. II, Part Two.

[④] See International Law Commission, Final Report of the Study Group on the Most-Favoured-Nation Clause, UN Doc. A/70/10,2015, para. 14.

[⑤] See International Law Commission, Final Report of the Study Group on the Most-Favoured-Nation Clause, UN Doc. A/70/10,2015, paras. 15 – 16.

[⑥] Draft Articles on Most-Favoured-Nation Clauses with Commentaries, art. 9 and art. 10.

的一项重要条款,而这两种条约形式在 1978 年条款草案拟定时几乎不存在。同国民待遇条款一样,最惠国待遇条款在投资条约中的表述也各不相同,大致包括六类:第一,最惠国待遇是给予投资者及其投资的待遇;[①]第二,最惠国待遇条款适用于本条约约束的所有事项;[②]第三,对投资的管理、维持、使用和处置等方面适用最惠国待遇,[③]也有的投资条约将范围扩大至投资准入前阶段,即对投资的设立也适用最惠国待遇;[④]第四,提供公平公正待遇,应不低于给予任何第三国投资者投资和与投资有关的活动的待遇;[⑤]第五,最惠国待遇只提供给予对照的投资者或投资处于"类似情形"[⑥]或"相似情况"[⑦]的投资者或投资;第六,在本国领土范围内提供最惠国待遇。[⑧] 国际投资条约中的最惠国条款通常也规定了不适用最惠国待遇的例外情况。最常见的例外包括:公共健康、秩序、道德和国家安全例外,税收例外,区域经济安排的例外,等等。[⑨]

可见,有关最惠国待遇条款的解释依然涉及"可比性"问题,以及东道国不给予最惠国待遇是否有正当抗辩理由。因与国民待遇条款相似,此处不再赘述。但需要指出的是,"低于"第三国国民的歧视待遇不仅包括事实上的歧视,也包括法律上(de jure)的歧视。这意味着,即便第三国投资者及其投资在实际上没有享受更优惠的待遇,只要投资条约的任一缔约方在其与第三国签订的投资条约中做出优惠承诺,也落入最惠国待遇的适用范围。[⑩]

---

① 德国 1991 年 BIT 范本第 3 条第 2 款,大多数投资条约也均采此类规定。

② 1991 年《阿根廷—西班牙 BIT》第 4 条。

③ 英国 1991 年 BIT 范本第 3 条第 2 款。

④ NAFTA 第 1103 条;USMCA 第 14.5 条;2012 年《中国—加拿大 BIT》第 5 条。

⑤ 1994 年《中国—秘鲁 BIT》第 3 条第 2 款。

⑥ 美国 2012 年 BIT 范本第 4 条第 1 款。

⑦ 1992 年《约旦—土库曼斯坦 BIT》第 2 条第 1 款。

⑧ 1996 年《约旦—意大利 BIT》。

⑨ OECD, Most-Favoured-Nation Treatment in International Investment Law, in A Changing Landscape: A Companion Volume to International Investment Perspectives, OECD Publishing, https://doi.org/10.1787/9789264011656-5-en.

⑩ August Reinisch, Most Favoured Nation Treatment, in Marc Bungenberg, Jorn Griebel and et al. ed., *International Investment Law — A Handbook*, Hart Publishing, 2015, pp. 813 - 814.

2. 最惠国待遇条款保护知识产权的理论路径

TRIPS 是首个纳入最惠国待遇条款的知识产权公约。原先,最惠国待遇曾被 GATT 作为多边贸易体系的核心原则,包含两个方面的重要内容:其一,缔约一方给予缔约另一方的"好处、优惠、特权和豁免"必须给予所有缔约方;其二,无条件给予最惠国待遇。WTO 取代 GATT 后,将最惠国待遇的适用范围从货物贸易扩大到了与贸易有关的知识产权领域。TRIPS 第 4 条为最惠国待遇的适用规定了例外情形,以实现与既存知识产权公约的衔接,但没有提及区域贸易协定的例外。

在错综复杂的条约网络中,最惠国待遇条款具有独特功能,它能够将 BITs 的"双边承诺"转化为"多边承诺",确保不同国籍的投资者在东道国享受同等待遇、拥有平等的竞争条件,协调不同投资条约项下的投资保护标准。① 由此,当知识产权人在东道国实施知识产权投资,投资条约缔约方均属 WTO 成员国时,知识产权人可以利用最惠国待遇条款,在实践中不断要求获得更有利、更优惠的投资待遇。举例而言,第一,可能借助更宽泛的投资定义条款,主张其持有的知识产权构成涵盖投资;第二,如果最惠国待遇条款就知识产权设定例外,则可能主张东道国采取的外资监管措施不符合 TRIPS 或 FTAs 知识产权章节等涵括的例外规则。从而在国际投资仲裁中援引和执行知识产权条约,要求获得 TRIPS-plus 性质的保护,突破同类原则的限制;第三,即便基础条约本身未规定某项投资待遇标准,知识产权人也能够主张享有相应的投资待遇。或者基础条约对知识产权投资保护施加一定限制,知识产权人可能依据最惠国待遇条款,要求扩大保护范围;第四,寻求更优的争端解决机制处理涉知识产权投资争端。

需要特别指出的是,其一,在投资定义方面,"HICEE 公司诉斯洛

① 参见徐树:《最惠国待遇条款"失控"了吗？——论国际投资条约保护的"双边主义"与"多边化"》,载《武大国际法评论》2013 年第 6 期,第 256 页。

伐克案""法国兴业银行诉多米尼加案"仲裁庭均指出,除非缔约国明确表示最惠国待遇条款适用于投资界定,否则只有受基础条约保护的投资者及其投资,才能凭借最惠国待遇条款引入东道国给予第三国投资者及其投资的优惠待遇。① 其二,在程序性事项方面,自"Maffezini 诉西班牙案"开始,最惠国待遇是否适用于程序性事项的问题,进入了国际投资仲裁庭的视野。该案仲裁庭指出,基础条约中的最惠国待遇条款使用了"所有事项"这一表述,因而其适用范围可以推定至争端解决事项,而且《西班牙—智利 BIT》相较于《西班牙—阿根廷 BIT》在是否要求国内诉讼期限的程序性事项上更加"优惠",②符合同类原则且具有"可比性"。也有仲裁庭针对最惠国待遇条款可以适用于程序性事项,提出了质疑。③ "Telenor 公司诉匈牙利案"仲裁庭认为,"在没有相反意思表示或上下文的情形下,'投资得到的待遇应不低于给予任何第三国投资者所做投资的待遇'的一般含义是,投资者在投资方面的实质性权利不低于东道国与第三国之间投资条约规定的权利,没有理由在解释上述用语时也加上程序性权利。"④因此,为避免投资者"挑选条约",并且约束仲裁庭任意扩大解释,晚近也开始出现明确最惠国待遇条款不适用于争端解决机制的缔约实践,⑤或者指明在其他国际投资条约和其他贸易协定中的实体义务,本身并不属于最惠国待遇的"待遇",除非缔约方已经根据相关条款采取了措施。⑥

---

① HICEE B. V. v. The Slovak Republic, UNCITRAL, PCA Case No. 2009 - 11, May 2011, Partial Award, para. 149. Société Générale In respect of DR Energy Holdings Limited and Empresa Distribuidora de Electricidad del Este, S. A. v. The Dominican Republic, UNCITRAL, LCIA Case No. UN 7927, September 2008, Award on Preliminary Objections to Jurisdiction, para. 41.

② Emilio Agustín Maffezini v. The Kingdom of Spain, ICSID Case No. ARB/97/7, 25 January 2000, Decision on Jurisdiction, para. 39.

③ Vladimir Berschader and Moïse Berschader v. The Russian Federation, SCC Case No. 080/2004, April 2006, Award, para. 179.

④ Telenor Mobile Communications A. S. v. The Republic of Hungary, ICSID Case No. ARB/04/15, September 2006, Award, para. 92.

⑤ 2012 年《中国—加拿大 BIT》第 5 条第 3 款。

⑥ CETA 第 8.7 条。

二、公平公正待遇条款

公平公正待遇(fair and equitable treatment)是一项绝对待遇标准,几乎所有的 BITs 和 FTAs 投资章节都含有公平公正待遇条款。或在序言部分提出"为保证投资环境的稳定性并且在最大限度上有效利用经济资源,缔约方同意给予投资公正与公平的待遇";[1]或直接规定"根据普遍接受的国际法规则,缔约一方将始终给予另一方投资者在其境内的投资以公平和公正待遇,提供全面保护与安全";[2]或与其他待遇标准相联系。例如,其一,与国民待遇、最惠国待遇标准的联系:"给予在其领土内的缔约另一方的投资公正与公平的待遇,不应低于给予本国投资者的投资的待遇,或不应低于最惠国的投资的待遇。"[3]其二,与国际最低待遇标准(minimum standard of treatment)的联系:"缔约一方应给予另一缔约方投资者公平公正待遇以及充分的保护与安全;[4]为进一步明确,前款所述待遇系习惯国际法下的外国人最低待遇标准。东道国不需要提供国际最低待遇标准之外的或额外的待遇;[5]违反本条约其他规定或者其他国际公约,不属于对国际最低待遇标准的违反。"[6]

有学者这样评价公平公正待遇条款:含义模糊不清、条约普遍作笼统性规定、极具弹性。[7] 由此,我们也不难理解为何公平公正待遇成为国际投资条约中最具争议的条款,在国际投资仲裁实践中也经常被外国投资者援引,且胜诉率较高。2021 年 1 月,UNCTAD 发布了《回顾 2019 年 ISDS

---

① 1990 年《中国—土耳其 BIT》序言第 3 段。
② 2007 年《中国—法国 BIT》第 3 条第 1 款;2020 年《中国—新西兰 FTA》第 143 条第 1 款。
③ 1998 年《中国—也门 BIT》第 3 条第 1 款。
④ NAFTA 第 1105 条第 1 款;USMCA 第 14.6 条第 1 款。
⑤ USMCA 第 14.6 条第 2 款。
⑥ USMCA 第 14.6 条第 3 款。
⑦ Jeswald W. Salacuse, *The Law of Investment Treaties*, Oxford University Press, 2012, p. 221.

裁决:国际投资条约改革问题》的报告。根据 UNCTAD 统计,在 2019 年已决案件中,仲裁庭最常认定东道国违反了公平公正待遇条款。[①]

(一) 公平公正待遇条款的界定

由于公平公正待遇具有抽象、宽泛、模糊的性质,国际投资仲裁庭对公平公正待遇的解释不尽相同,但都在论证公平公正待遇内容时提及最低待遇标准,只是对二者关系的理解存在明显分歧。究其原因,公平公正待遇条款的设置过于简单,仅规定东道国必须给予投资者公平公正待遇,却未能明确何为公平公正待遇,无法给予仲裁庭明确指导,导致仲裁庭在界定公平公正待遇的内涵方面有较大自由裁量权。仲裁庭一般采取两种方法界定公平公正待遇的内涵:其一,根据仲裁先例,得出公平公正待遇等同于国际最低待遇标准的结论后,转而对国际最低待遇标准进行解释;其二,根据 VCLT 第 31、32 条习惯国际法规则,从条约文本出发解释公平公正待遇,并且为进一步明确公平公正待遇的内容,根据仲裁先例归纳出公平公正待遇的构成要素。笔者赞同第二种方法,理由如下:[②]

首先,根据《国际法院规约》第 38 条,国际条约和国际习惯是国际法的主要渊源,司法判例仅是辅助性资料。仲裁庭不应脱离条约本身,无视缔约双方的真实意愿。如果条约文本没有明确将公平公正待遇与国际最低待遇标准等同,仲裁庭不能盲目依赖最低待遇标准来界定公平公正待遇,而应当基于条约文本适用 VCLT 第 31、32 条来解释公平公正待遇。其次,在国际投资仲裁实践中,仲裁先例对如何解释公平公正待遇有重要参考价值,有助于进一步明确公平公正待遇的具体内涵。但是,仲裁庭在援引仲裁先例时应注意:一方面,仲裁先例并无强制拘

---

① UNCTAD, Review of ISDS Decisions in 2019: Selected IIA Reform Issues, 27 Jan 2021, available at https://investmentpolicy. unctad. org/publications/1241/review-of-isds-decisions-in-2019-selected-iia-reform-issues, last accessed on 12 April 2021.

② 林燕萍、朱玥:《论国际投资协定中的公平公正待遇——以国际投资仲裁实践为视角》,载《上海对外经贸大学学报》2020 年第 3 期,第 76 页—第 77 页。

束力,对后案只有说服的效力;①另一方面,仲裁庭有义务进行细致的个案分析,仅援引与本案具有相关性的仲裁先例,以促进法治发展,提高投资者和东道国对于裁决结果的可预测性。② 再次,除了美式投资条约外,已鲜少有国际投资条约将公平公正待遇与国际最低待遇标准挂钩。大量的新近国际投资仲裁实践表明,公平公正待遇正逐渐成为一项独立自主的外资待遇标准。③ 如果仲裁庭仍然将目光停留在十几年前,并且不加以区分地援引与案涉条约规则、具体案情有明显差异的仲裁先例,最终得出公平公正待遇等同于国际最低待遇标准的结论是禁不起推敲的。最后,公平公正待遇具有演进性的特点,它不会被赋予一个确定的、清晰的定义,需要遵循条约解释方法并且结合具体案情对其进行灵活解释。这恰恰是公平公正待遇的优点,因为在实践中无法抽象地去预期投资者会遭受何种损害,独立自主的公平公正待遇有利于在个案中实现实体正义,进而平衡东道国和投资者的利益。

近年来,大量的国际投资仲裁裁决已经大致勾勒出了公平公正待遇的具体适用情形,主要包括不得拒绝司法、保护合理期待、非专断与非歧视待遇、透明度要求、提供稳定和可预见的法律框架以及免受东道国的胁迫和骚扰。④ 晚近国际投资条约缔约实践,也开始赋予公平公正待遇一定含义,以"封闭式列举＋兜底性规定"模式,描述违反公平公正待遇的情形,例如 CETA 规定:"违反公平公正待遇义务的情形包括:在刑事、民事或行政诉讼中拒绝司法;根本违反正当程序;明显任意

① 参见徐崇利:《公平与公正待遇标准:国际投资法中的"帝王条款"?》,载《现代法学》2008年第5期;张建:《国际投资仲裁中的公正公平待遇及其适用》,载《大连海事大学学报(社会科学版)》2016年第3期。

② KT Asia Investment Group B. V. v. Republic of Kazakhstan, ICSID Case No. ARB/09/8, October 2013, Award, para. 83. 该案在 ICSID 仲裁庭适用仲裁先例时,最常被援引。

③ UNCTAD, Fair and Equitable Treatment, UNCTAD Series on Issues in International Investment Agreements, 1999. See also Francis Mann, British Treaties for the Promotion and Protection of Investments, *British Yearbook of International Law*, 1981, Vol. 52(1), pp. 241 – 254.

④ Crystallex International Corporation v. Venezuela, ICSID Case No. ARB(AF)/11/12, April 2016, Award, para. 539. 林燕萍、朱玥:《论国际投资协定中的公平公正待遇——以国际投资仲裁实践为视角》,载《上海对外经贸大学学报》2020年第3期,第83页—第84页。

专断;基于明显不当理由的针对性歧视;虐待投资者,包括胁迫、强制和骚扰。缔约方应当定期审查公平公正待遇义务的内容。此外,投资法庭在判断东道国是否违反公平公正待遇义务时,可以考虑缔约方是否向投资者作出特定陈述以诱使投资者产生合理期待,并且投资者据此决定作出或维持其投资。充分的保护与安全是指保障投资者及涵盖投资的人身和财产安全。"[1]

(二)公平公正待遇条款保护知识产权的理论路径

不同于国民待遇标准、最惠国待遇标准,从法理基础和规制逻辑上看,TRIPS 规定的公平公正待遇与国际投资法视阈下的公平公正待遇标准有本质差异。TRIPS 第 41 条第 2 款所体现的公平公正待遇规则,仅针对知识产权的执行程序,要求程序不应过分繁琐、不应耗费高昂成本、不应设定不合理时限或造成无理迟延。可见,TRIPS 体现公平公正待遇的规则仅因此,公平公正待遇条款保护知识产权的方式,不再遵循与知识产权条约相衔接的路径,而是从补充的角度,要求东道国履行更高水平的投资保护义务。当知识产权人在东道国实施知识产权投资时,主要可能从合理期待、拒绝司法、透明度要求等公平公正待遇要素出发,挑战东道国实施的知识产权政策或相关措施。

第一,保护投资者合理期待在公平公正待遇中具有重要地位,被仲裁庭认可次数最多。这种期待在投资者作出投资决定之初就已建立,并且来源于东道国商业环境、立法与行政框架、东道国对投资者作出的具体承诺等。[2] 东道国经济政策的变化、东道国违背其对投资者作出的具体承诺等,都会损害投资者的合理期待。[3] 除此之外,也有

---

[1] CETA 第 8.10 条。

[2] Murphy Exploration & Production Company v. Ecuador, PCA Case No 2012 - 16, May 2016, Award, para. 247; See also Termosolar B. V. v. Spain, ICSID Case No ARB/13/31, June 2018, Award, paras. 532 - 533.

[3] Masdar Solar & Wind Cooperatief U. A. v. Kingdom of Spain, ICSID Case No. ARB/14/1, May 2018, Award, para. 552; ADF Group Inc. v. United States, ICSID Case No. ARB(AF)/00/l, January 2003, Award, para. 189.

仲裁庭指出东道国实行专断与歧视待遇、以缺乏透明度的方式改变投资者长期依赖的法律框架,同样损害了投资者的合理期待,违反公平公正待遇,[1]这体现了近年来仲裁庭在不断拓宽合理期待的内容,愈加重视保护投资者的合理期待。[2] 知识产权人可能主张东道国违反 TRIPS、对知识产权实施管制措施等不符合投资者的合理期待。

第二,不得拒绝司法是公平公正待遇的核心要素之一。仲裁庭一般对拒绝司法作广义解释,认为除了与司法机关的作为和不作为相关之外,行政机关的行为也可能构成拒绝司法。具体判断标准是:如果东道国的行为没有给投资者留有进一步补救或上诉的空间,即投资者已经用尽当地救济,那么该行为构成拒绝司法。[3] 此外,无正当理由拖延审理,[4]未给予投资者提起诉讼、行政复议、听证等正当程序,[5]不公正的判决结果[6]也构成拒绝司法。由此,知识产权人可能主张东道国法院作出的知识产权判决有违正当程序,违反了公平公正待遇义务。

第三,透明度要求与东道国对外投资法律框架紧密相关。仲裁庭在考察东道国行为是否满足透明度要求时,主要关注东道国在做出任何可能对投资者产生影响的决策之前,是否已经告知投资者,使其知晓决策背后的目的和理由。简言之,东道国政府与投资者之间的信息交

---

① Saluka Investments BV v. Czech Republic, UNCITRAL, March 2006, Partial Award, para. 306.

② 林燕萍、朱玥:《论国际投资协定中的公平公正待遇——以国际投资仲裁实践为视角》,载《上海对外经贸大学学报》2020 年第 3 期,第 85 页。

③ Corona Materials LLC v. Dominican Republic, ICSID Case No ARB(AF)/14/3, May 2016, Award, para. 248.

④ Pey Casado and Foundation President Allende v. Chile, ICSID Case No ARB/98/2, September 2016, Award, para. 225.

⑤ Corona Materials LLC v. Dominican Republic, ICSID Case No ARB(AF)/14/3, May 2016, Award, para. 248; Mondev International Ltd. v. United States, ICSID Case No. ARB(AF)/99/2, October 2002, Final Award, para. 225 - 226.

⑥ Mondev International Ltd. v. United States, ICSID Case No ARB(AF)/99/2, October 2002, Final Award, para. 91.

换应当及时、充分、透明。[1] 此外,东道国提供的这些法律规定不能包含任何令人疑惑或不确定的信息。[2] 对此,知识产权人可能主张东道国修改知识产权法律,或者作出影响知识产权投资的决策之前,未能保证投资者已经充分知晓,导致知识产权人制定或改变投资规划缺乏参考依据。

三、保护伞条款

保护伞条款(umbrella clause)是国际投资条约中确保东道国履行其对外国投资者所作承诺的规则。因其能够将东道国承担的投资合同义务或向投资者作出特定承诺,引入投资条约的保护范围,而被称为保护伞条款。[3] 历史上第一个 BIT(1959 年《德国—巴基斯坦 BIT》)第 7条第 2 款规定,"缔约一方应遵守其对缔约另一方的国民或法人的投资可能承担的任何其他义务。"尔后,这一规定被大量投资条约效仿,[4]成为典型的保护伞条款。此外,也有投资条约在此基础上进一步细化,以限制保护伞条款的适用。例如 1995 年《法国—香港 BIT》第 3 条规定,"在不违反本条约规定的前提下,任一缔约方应遵守其与另一缔约方投资者就投资所作出的任何特别承诺,即便比本条约更优惠。"2011 年《中国—乌兹别克斯坦 BIT》第 13 条规定,"1. 如果缔约一方的立法或缔约双方之间现存或其后设立的国际义务使缔约一方投资者的投资享受比本协定更优惠的待遇,则以该待遇为优先。2. 缔约任何一方应遵守其以协议、合约或合同形式与缔约另一方投资者就投资所做出的书

---

[1] 林燕萍、朱玥:《论国际投资协定中的公平公正待遇——以国际投资仲裁实践为视角》,载《上海对外经贸大学学报》2020 年第 3 期,第 85 页。

[2] Metalclad Corporation v. The United Mexican States, ICSID Case No. ARB(AF)/97/1, August 2000, Award, para. 76.

[3] Katia Yannaca-Small, Interpretation of the Umbrella Clause in Investment Agreements, OECD Working Papers on International Investment, 2006/03, OECD Publishing. http://dx. doi. org/10. 1787/415453814578, pp. 7 - 8.

[4] 英国 1991 年 BIT 范本第 2 条第 2 款、《能源宪章条约》第 10 条第 1 款、瑞士 1995 年 BIT范本第 10 条第 2 款、芬兰 2001 年 BIT 范本第 12 条第 2 款,等等。

面承诺。3.尽管有第2款的规定,缔约一方违反在商事性质的合同下所承担的义务不构成对本协定的违反。"

（一）保护伞条款的界定

尽管上述保护伞条款的措辞并不统一,但其核心要义均为东道国必须遵守其对外国投资者作出的承诺,是"有约必守原则"的具体体现。[1] 保护伞条款将投资合同义务上升为条约义务,投资者得以在国际投资仲裁中处理投资合同争议。这一潜在功能直到2003年"SGS公司诉巴基斯坦案"[2]的出现,才引起广泛重视,保护伞条款的解释和适用问题成为争议焦点。

1. 限缩解释

以"SGS公司诉巴基斯坦案""Toto公司诉黎巴嫩案"[3]为代表的一派仲裁庭,倾向于对保护伞条款作限缩解释。围绕保护伞条款能否将纯合同诉求上升为条约诉求的问题,"SGS公司诉巴基斯坦案"仲裁庭指出,鉴于本案系第一个需要审查保护伞条款效力的案件,没有任何仲裁先例可以参考,本庭只得依照1995年《巴基斯坦—瑞士BIT》第11条[4]用语之通常含义,联系上下文并且结合条约的目的和宗旨,予以解释。可见,仲裁庭虽未明确提及VCLT第31条,但也遵循了该条体现的习惯国际法下的条约解释路径。

首先,从条约文本上看,东道国所作"承诺"并不限于通过投资合同

---

① Thomas W. Walde, The "Umbrella Clause" in Investment Arbitration: A Comment on Original Intentions and Recent Cases, *Journal of World Investment & Trade*, Vol. 6 (2),2005, p. 185.

② SGS Société Générale de Surveillance S. A. v. Islamic Republic of Pakistan, ICSID Case No. ARB/01/13, August 2003.

③ "SGS公司诉巴基斯坦案"裁决作出后受到了广泛批评,一时间没有相关仲裁实践支持该案仲裁庭的观点,直到Toto案出现。See Toto Costruzioni Generali S. p. A. v. The Republic of Lebanon, ICSID Case No. ARB/07/12, June 2012, Decision on Jurisdiction, paras. 187-202.

④ 1995年《巴基斯坦—瑞士BIT》第11条:任一缔约方应在任何时候保证遵守其所作出的与另一缔约国投资者的投资有关的承诺。

作出的承诺,也可能包括通过东道国国内法或其他单方措施作出的承诺,条款本身未明确合同诉求可以"自动"上升为条约诉求。其次,从国际法原理上看,违反一国与另一国投资者所订立的合同并不自动构成对国际法的违反。再次,从缔约意图上看,如果赞同"保护伞条款"能将合同诉求上升为条约诉求,可能给东道国造成沉重履约负担。因此,申请人应承担举证责任,提出"明晰且有说服力"的证据,证明瑞士和巴基斯坦在缔结条约时具有将合同诉求上升为条约诉求的共同意图。然而,巴基斯坦对此予以明确否认,SGS 公司不能代表瑞士、也未提出其他证据,故而基于现有证据,无法认定条约缔约方具有这一共同意图。最后,从条款位置看,在《巴基斯坦—瑞士 BIT》中,第 11 条"保护伞条款"与其他实体性待遇条款(第 3 条至第 7 条)彼此分离,列于代位求偿条款(第 8 条)及争端解决条款(第 9 条与第 10 条)之后,可见"保护伞条款"并未为条约缔约方设定实体义务,遑论替代其他实体性规则,使合同诉求直接上升为条约诉求。①

此外,仲裁庭援引"Loewen 公司等诉美国案"②称,对于保护伞条款,应采用"遇有疑义、从轻解释"的审慎解释方法,即在条约规定较为模糊、容易产生疑义的情况下,应采用使条约义务的承担方负担较轻义务的解释方法。与此同时,仲裁庭并不排除在例外情形下(如东道国拒绝司法),可能允许合同诉求上升为条约诉求,也不否认东道国可以在条约中同意将合同诉求转化为条约诉求。但就本案而言,由于缺乏明晰且有说服力的证据来证明瑞士和巴基斯坦具有这一缔约意图,仲裁庭驳回申请人的主张,裁定对合同请求不具有管辖权。③

---

① SGS Société Générale de Surveillance S. A. v. Islamic Republic of Pakistan, ICSID Case No. ARB/01/13, August 2003, Decision of the Tribunal on Objections to Jurisdiction, paras. 166 – 170.

② Loewen Group, Inc. and Raymond L. Loewen v. United States of America, ICSID Case No. ARB(AF)/98/3, June 2003, Award, paras. 160 – 164.

③ SGS Société Générale de Surveillance S. A. v. Islamic Republic of Pakistan, ICSID Case No. ARB/01/13, August 2003, Decision of the Tribunal on Objections to Jurisdiction, paras. 171 – 174.

2. 扩张解释

以"SGS 公司诉菲律宾案"[①]"Noble Ventures 公司诉罗马尼亚案"[②]为代表的一派仲裁庭，倾向于对保护伞条款作扩张解释，宽泛地理解保护伞条款的含义，赋予其充分的法律效力。"SGS 公司诉菲律宾案"仲裁庭驳斥了"SGS 公司诉巴基斯坦案"仲裁庭的观点，认为宽泛解释保护伞条款不会造成投资合同争议的泛滥，在一定程度上支持保护伞条款属于"上升条款"或"镜像条款"，可以将合同诉求上升为条约诉求：即（1）为实现《菲律宾—瑞士 BIT》[③]的投资促进和保护之目的，应当对保护伞条款作扩张解释，"SGS 公司诉巴基斯坦案"限制解释保护伞条款的推理不能令人信服；（2）保护伞条款涵盖的需要东道国遵守的义务是与具体投资有关的所有义务，但并非任何一般意义上的法律义务，义务范围由合同决定；（3）保护伞条款不会将合同法问题转变成条约法问题，合同准据法仍然是菲律宾法律，而非国际条约；（4）保护伞条款的价值在于在投资保护方面贯彻法治原则，如果东道国违反其就特定投资所作承诺，包括在投资合同中的承诺，则构成对保护伞条款的违反，仲裁庭享有管辖权。[④]

随后，"Eureko 公司诉波兰案"仲裁庭指出，1992《荷兰—波兰 BIT》[⑤]保护伞条款中"应当遵守"是命令式的、绝对的、"任何"义务是宽泛的，不局限于特定类型的义务，包含东道国对投资者承担的所有义务。根据 VCLT 第 31 条，在前述通常含义的基础上，还应考察条约的目的和宗旨。《荷兰—波兰 BIT》旨在促进和相互保护投资，而保护伞

---

① SGS Société Générale de Surveillance S. A. v. Republic of the Philippines, ICSID Case No. ARB/02/6, January 2004.

② Noble Ventures, Inc. v. Romania, ICSID Case No. ARB/01/11, October 2005.

③ 1997 年《菲律宾—瑞士 BIT》第 10 条第 2 款规定：任一缔约方应遵守其对另一缔约方投资者在其领土上的具体投资所承担的任何义务。

④ SGS Société Générale de Surveillance S. A. v. Republic of the Philippines, ICSID Case No. ARB/02/6, January 2004, Decision of the Tribunal on Objections to Jurisdiction, paras. 116 - 135.

⑤ 1992 年《荷兰—波兰 BIT》第 3 条第 5 款：任一缔约方应遵守其对另一缔约方投资者的投资可能承担的任何义务。

条款就是保障这一目标最终得以实现的具体规则之一。国际常设法院和国际法院的众多判例表明,解释条约应尽量使其有效,而非无效。本庭赞同"SGS 公司诉菲律宾案"的观点,波兰违反合同义务构成对保护伞条款的违反;[①]"SGS 公司诉巴拉圭案"仲裁庭认为,1992 年《巴拉圭—瑞士 BIT》保护伞条款[②]要求缔约国遵守承诺。很显然,巴拉圭未能履行合同义务等同于没有遵守承诺,因此违反了保护伞条款。[③]

(二) 保护伞条款保护知识产权的理论路径

仲裁庭对保护伞条款的解释存在明显分歧,尤其"SGS 公司诉巴基斯坦案""SGS 公司诉菲律宾案"和"SGS 公司诉巴拉圭案",三案系同一申请人基于高度相似的事实、投资权利起诉不同东道国的案件,裁决结果却不一致,构成 ISDS 机制正当性危机的缩影之一。[④] 近年来,不少仲裁庭[⑤]都对保护伞条款作扩张解释,东道国不遵守其对外国投资者的投资承担的义务,违反保护伞条款。也有仲裁庭采折中路径,既未完全排除保护伞条款在合同违约方面的适用,又对扩张解释设置了限制条件,通过区分合同性质(商事合同和非商事合同),[⑥]或者区分东

---

① Eureko B. V. v. Republic of Poland, August 2005, Partial Award, paras. 246 - 260.

② 1992 年《巴拉圭—瑞士 BIT》第 11 条:任一缔约方应在任何时候保证遵守其所作出的与另一缔约国投资者的投资有关的承诺。

③ SGS Société Générale de Surveillance S. A. v. The Republic of Paraguay, ICSID Case No. ARB/07/29, February 2010, Decision on Jurisdiction, para. 91,168.

④ 具体请详见本书第三章第三节的论述,此处不展开。

⑤ LG&E Energy Corp., LG&E Capital Corp., and LG&E International, Inc. v. Argentine Republic, ICSID Case No. ARB/02/1, October 2006, Decision on Liability, paras. 164 - 175; Siemens A. G. v. The Argentine Republic, ICSID Case No. ARB/02/8, January 2007, Award, paras. 196 - 206; Duke Energy Electroquil Partners & Electroquil S. A. v. Republic of Ecuador, ICSID Case No. ARB/04/19, August 2008, Award, paras. 314 - 325; Limited Liability Company Amto v. Ukraine, SCC Case No. 080/2005, March 2008, Award, paras. 109 - 112.

⑥ El Paso Energy International Company v. The Argentine Republic, ICSID Case No. ARB/03/15, April 2006, Decision on Jurisdiction, paras. 72 - 77; Pan American Energy LLC and BP Argentina Exploration Company v. The Argentine Republic, ICSID Case No. ARB/03/13, July 2006, Decision on Preliminary Objections, para. 108.

道国违反合同的背后原因和行为性质(商事行为和主权行为)[1],平衡投资者和东道国利益。当然,仲裁庭对保护伞条款的解释仍然要以具体条约文本为准,缔约国可以自主约定保护伞条款的适用范围,完全有可能同时涵盖纯粹的商事合同和国家合同。[2]

当知识产权构成涵盖投资,知识产权人可以利用保护伞条款要求东道国遵守其与投资有关的承诺,甚至主张《巴黎公约》《伯尔尼公约》和 TRIPS 等知识产权条约也属于东道国所作承诺。他们试图用"条约请求"掩盖纯粹"合同请求"的不确定性,从表面上看同属条约法问题,进而希望得到仲裁庭的支持。"Philip Morris 亚洲公司诉澳大利亚案"[3]就是一例。[4] 由此,保护伞条款与知识产权条约彼此呼应,知识产权人将保护伞条款中"承诺"的内涵扩展至东道国在知识产权条约中所作承诺,有机会在国际投资仲裁中援引和执行知识产权条约。

四、履行要求禁止条款

履行要求(performance requirement)即东道国施加给外国投资者的特定义务,并且以此作为获得外资权利或优惠待遇的条件,有时又被称为"业绩要求"。履行要求属于各国国内投资政策范畴,用以引导和管理外资,在实施方面有坚实的法律依据,[5]符合国家经济主权原则、发展权原则[6],因此在很长一段时间内并未被国际投资条约所禁止。

---

[1] CMS Gas Transmission Company v. The Republic of Argentina, ICSID Case No. ARB/01/8, May 2005, Award, para. 299; Sempra Energy International v. The Argentine Republic, ICSID Case No. ARB/02/16, September 2007, Award, paras. 305 – 314.

[2] Rudolf Dolzer and Christoph Schreuer, *Principles of International Investment Law*, Oxford University Press, 2012, pp. 174 – 175.

[3] Philip Morris Asia Limited v. The Commonwealth of Australia, PCA Case No. 2012 – 12, November 2011, Notive of Arbitration, paras. 7. 15 – 7. 17.

[4] 具体请详见本书第三章第一节的论述,此处不展开。

[5] 参见刘笋:《投资条约中的"履行要求禁止规则"》,载《武汉大学学报》2001 年第 6 期,第739 页。

[6] M. Sornaraja, *The International Law on Foreign Investment*, Cambridge University Press, 2010, p. 271.

例如,法国《货币与金融法》第 R.153 - 9 条规定,外国投资者应该具备保证供应安全,开展持续性 R&D 及商业活动,履行公共采购义务,或涉公共安全、国防、军火或危险品合同义务的资质。[1] 这属于与外资权利相关的履行要求,然而在更多情况下,履行要求作为享有某种投资激励的非强制性条件而存在。例如美国各州政府为了吸引外资,通常与外国投资者签订经济发展协议,如果外国投资者能在当地市场创造更多就业机会,政府将帮助投资者获得合适商业地块、在一定期限内减免税收等投资优惠。[2] 但是,随着国际投资自由化程度不断提高,履行要求成为新型投资壁垒。实施履行要求的东道国往往将该要求作为投资优惠条件,这不可避免地带来了国家间的底线竞争(race to the bottom)。[3] 各国为了吸引外资展开"竞标战",从长远角度看反而会削减外国直接投资带来的经济效益。[4] 在美国、日本和加拿大等国的极力推动下,国际投资条约开始纳入履行要求禁止条款。

(一) 履行要求禁止条款的界定

自 20 世纪 80 年代以来,美式 BITs 广泛订有履行要求禁止条款,包括美国与发展中国家签订的 BITs 也逐渐接受这一条款对东道国外资监管权的严苛约束和限制。1986 年《美国—喀麦隆 BIT》第 2 条第 6 款规定,任一缔约方不得就另一缔约方国民或法人的投资进行设立、扩大或维持方面施加以下履行要求:出口生产的货物;购买领土内的货物

---

① Code monétaire et financier, Version en vigueur au 16 mai 2014, ReplierPartie réglementaire (Articles D112 - 1 à D766 - 6 - 2), Section 3: Dispositions communes, art. R153 - 9.

② Fred L. Morrison, U. S. Report, in Wenhua Shan ed., *The Legal Protection of Foreign Investment: A Comparative Study*, Hart Publishing, 2012, pp. 706 - 707.

③ Philip De Man and Jan Wouters, Improving the Framework of Negotiations on International Investment Agreements, in Olivier De Schutter, Johan Swinnen and et al. ed., *Foreign Direct Investment and Human Development: The Law and Economics of International Investment Agreements*, Routledge, 2013, p. 282.

④ Americo Beviglia Zampetti and Torbjörn Fredriksson, The Development Dimension of Investment Negotiations in the WTO, *Journal of World Investment & Trade*, Vol. 4 (3), 2003, p. 442.

或服务;或者其他类似要求。这是美式 BITs 中典型的履行要求禁止条款,采用非穷尽性列举的方式,为后来扩展履行要求的内涵保留空间。

"华盛顿共识"倡导放松对外资的管制,推行自由主义经济发展模式。与国际投资自由化进程相背离的履行要求,遭到发达国家的反对。20 世纪 90 年代,履行要求禁止条款中出现了更多种类的限制或禁止性措施。NAFTA 第 1106 条就缔约方或非缔约方投资者的投资进行设立、取得、扩大、管理、经营、运营、出售或其他处置方面,规定了十余项受不同程度规制的履行要求,具有层次性。[①] 首先,绝对禁止的履行要求[②]包括:1. 当地成分要求;2. 当地采购要求;3. 贸易平衡要求;4. 销售限制。其次,附优惠条件允许施加的履行要求[③](不得强制执行)包括:1. 出口业绩要求;2. 健康、安全和环境友好型技术使用要求;3. 技术转让要求。最后,允许施加的履行要求主要包括:1. 在其领土内确定生产地点;2. 提供服务;3. 培训或雇佣员工;4. 建设或扩大特定设施;5. 开展 R&D 活动;6. 一缔约方法院、行政法庭或主管部门根据该缔约方的竞争法律和法规实施或强加技术转让要求,以救济一项经司法或行政程序认定的限制竞争行为;7. 为保护人类、动物和植物生命健康,或可用竭的生物或非生物自然资源,以非任意专断或正当方式实施的环境措施。美国 2004 年 BIT 范本中的履行要求禁止条款[④]和 NAFTA 基本一致。

NAFTA 的缔结对乌拉圭回合《与贸易有关的投资措施协定》[⑤](Agreement on Trade-Related Investment Measures,以下简称 TRIMs)的谈判产生了重要影响。经过各方的角力,TRIMS 明确禁止在货物贸易领域,WTO 成员国实施与国民待遇原则不相符的当地成分要求和贸易平衡要求,以及与取消数量限制原则不相符的贸易平衡

---

① 参见刘艳:《论发展权视角下履行要求条款的构建》,载《武大国际法评论》2016 年第 1 期,第 317 页—第 319 页。

② 绝对禁止的履行要求是指即便以获得投资优惠为条件也不能采取的措施。

③ 附优惠条件允许施加的履行要求,也即附条件的禁止,是指只有当相关投资措施作为获得或继续获得投资优惠条件时才可以实施,但不得强制执行。

④ 美国 2004 年 BIT 范本第 8 条。

⑤ Agreement on Trade-Related Investment Measures,1994,1868 U. T. N. S. 186.

要求、进口用汇限制以及国内销售要求。但是，TRIMS 未能超越 GATT 达成一项侧重于外国直接投资的全面协议，①将履行要求禁止局限于货物贸易领域。因此，发达国家并未止步于 TRIMS，而是利用 TRIMS 的灵活性，继续在 BITs 和 FTAs 中细化履行要求禁止条款。

美国 2012 年 BIT 范本中的履行要求禁止条款②在 2004 年 BIT 范本的基础上扩大限制，新增一项禁止性履行要求，③即第 1 款(h)项：购买、使用其领土内的缔约方或缔约方人员的技术，或给予缔约方或缔约方人员的技术优惠，或阻止在其领土内从事前述活动，以便基于国籍因素保护本国投资者及其投资或该缔约方或缔约方人员的技术。此外，新增一项例外规定，即第 3 款(b)(i)项：允许缔约方依照 TRIPS 第 31 条授权使用一项知识产权，或在 TRIPS 第 39 条范围内以符合该条规定的方式要求披露专有信息。

USMCA 进一步拓宽履行要求禁止条款的适用范围。首先，新增一项禁止性履行要求(技术许可干预)，④即第 14.10 条第 1 款(i)项：缔约方不得利用非司法性质的政府职权直接干预许可合同，规定一定比率或金额的特许费。此种合同包括在施加或强制执行该要求时业已存在的任何许可合同，或投资者与缔约方领土内的人自由达成的任何未来的许可合同。其次，删除了一项附优惠条件允许施加的履行要求，即购买、使用其领土内的缔约方或缔约方人员的技术，或给予缔约方或缔约方人员的技术优惠，或阻止在其领土内从事前述活动。这意味着该项投资措施已然转变为绝对禁止性的履行要求。此外，USMCA 注重从平衡投资者和东道国利益的角度，使履行要求的实施更加合理化。第 14.10 条第 3 款(d)项至(g)项规定，1. 出口业绩要求、当地成分要求、当地采购要求，不适用于关于出口促进和对外援助项目的货物或服

---

① Paul Civello, The TRIMs Agreement: A Failed Attempt at Investment Liberalization, *Minnesota Journal of International Law*, Vol. 8, 1999, p. 126.

② 美国 2012 年 BIT 范本第 8 条。

③ 属于附优惠条件允许施加的履行要求。

④ 属于附优惠条件允许施加的履行要求。

务的资质要求;2.当地成分要求、当地采购要求、技术转让要求、销售限制、技术采购/优惠要求、技术许可干预,不适用于政府采购;3.当地成分要求和当地采购要求不适用于进口缔约方实施的为享受优惠关税或优惠配额所需而对货物成分施加的要求;4.技术采购/优惠要求和技术许可干预不得被解释为阻止缔约方采取或维持旨在保护合法公共利益的措施,只要未以任意专断或不正当的方式采取这些措施,或未变相限制国际贸易或投资。

(二)履行要求禁止条款保护知识产权的理论路径

履行要求禁止条款愈加向精巧、精细化方向发展。晚近,有些国际投资条约中的履行要求禁止条款已经具有"TRIMS-plus 性质",不再简单地援引 TRIMS 作为条款具体内容,[①]抑或条约本身没有直接制定履行要求禁止条款,同为 WTO 成员国的投资条约缔约方默认遵循 TRIMS 的相关规定。[②] 这种 TRIMS-plus 条款所列举的履行要求种类多样,并且可以区分为不得施加或强制执行的履行要求、不作为获得或继续获得优惠而遵守的履行要求,以及禁止性履行要求的例外。其中,技术转让要求、技术采购/优惠要求、技术许可干预等投资措施,既不属于 TRIMS 的规制范围,也不为 TRIPS[③] 等知识产权条约所明确禁止。相反,在历史上有很长一段时间,发展中国家凭借技术履行要求缩小与发达国家的技术实力差距,提升国家创新能力,[④]促进本国经济发展。[⑤] 因此,履行

---

① 例如 2012 年《中国—加拿大 BIT》第 9 条"业绩要求"规定:缔约双方重申其在历经不时修改的世界贸易组织《与贸易有关的投资措施协定》(TRIMs)项下的义务。TRIMs 的第二条及其附录纳入本协定并作为本协定的组成部分。

② 例如 2003 年《中国—德国 BIT》、2004 年《中国—芬兰 BIT》、2007 年《中国—法国 BIT》等。

③ TRIPS 第 66 条第 2 款甚至还支持向最不发达国家的技术转让,即发达国家成员应鼓励其领土内的企业和组织,促进和鼓励向最不发达国家成员转让技术,以使这些成员创立一个良好和可行的技术基础。

④ Erdener Kaynak, Transfer of Technology from Developed to Developing Countries: Some Insight from Turkey, in A. Coskun Samli, *Technology Transfer: Geographic, Economic, Cultural, and Technical Dimensions*, Quorum Books, 1985, p. 155.

⑤ Geoffrey Kransdorf, Intellectual Property, Trade and Technology Transfer Law: The United States and Mexico, *Boston College Third World Law Journal*, Vol. 7(2), 1987, p. 279.

要求禁止条款在实现知识产权保护方面,采取了一条全新路径,即对知识产权条约的"超越"。无论技术转让要求是否产生扭曲国际贸易的效果,都被投资条约所禁止。可见,东道国需要承担更多的知识产权保护义务,故而也产生了 TRIPS-plus 效果,打破了对知识产权的限制和保护间的平衡。

另一方面,虽然部分国际投资条约规定,符合 TRIPS 第 31 条的专利强制许可、符合 TRIPS 第 39 条的披露专有信息等外资规制措施,不落入技术类履行要求禁止范畴;[1]也有投资条约履行要求禁止条款作兜底性规定,即本条不减损缔约方在 WTO 条约框架下的权利和义务,这同样隐含根据 TRIPS 享有地对知识产权进行限制的可能性。[2] 由此,当知识产权构成涵盖投资,知识产权人可能主张相关技术履行要求不符合 TRIPS 等条约规定的方式,进而在国际投资仲裁中援引和执行知识产权条约。

五、征收条款

征收(expropriation)本国或外国人财产通常以公共目的、非歧视和补偿等为条件,具有正当性,[3]并且得到国际社会的承认。基于国家对自然资源的永久性主权原则,联合国大会曾于 1962 年通过决议,明确认可一主权国家有权以重要公共事业、安全或国家利益等为根据,进行征收或实行国有化,并且应给予适当补偿。如因补偿问题引发争执,则应尽量诉诸国内法院。但如经主权国家及其他当事各方同意,得以公断或国际裁判办法解决争端。[4]

---

① 除了美国 2004 年 BIT 范本第 8 条、美国 2012 年 BIT 范本第 8 条、USMCA 第 14.10 条外,CPTPP 第 9.10 条、RCEP 投资章节第 6 条等也作此类规定。
② CETA 第 8.5 条。
③ Robert Jennings and Arthur Watts, *Oppenheim's International Law*, Oxford University Press, 1992, p. 919.
④ Permanent Sovereignty over Natural Resources, General Assembly Resolution 1803 (XVII), U. N. Doc. A/52/7,17 U. N. G. A. O. R. 15(1962), para. 4.

外国直接投资必然涉及外国人资产在东道国境内的投入，国际投资法自然需要回应外国投资者对自身资产可能遭遇征收的担忧，以保障投资者合法权益，并且协调南北国家关于征收补偿标准的分歧：资本输出国主张充分、及时和有效的补偿，而广大发展中国家主张适当补偿。①

（一）征收条款的界定

在保护外国人财产方面，有关外国人待遇的习惯国际法规则及 FCNs 曾经发挥重要作用。② 自 20 世纪下半叶开始，BITs 和 FTAs 投资章节开始纳入征收条款，以规制东道国的征收行为。尤其在 20 世纪 80 年代，发展中国家爆发债务危机后纷纷修改国内外资立法，同时在其对外签订的投资条约中增设征收条款，试图创造良好营商环境，鼓励外国投资。

在第一代 BITs 中就已经形成了典型的征收条款，例如 1992 年《西班牙—乌拉圭 BIT》第 7 条"征收和国有化条款"规定，"任一缔约方不得直接或间接地对另一缔约方投资者的投资实行国有化、征收或采取其他具有相同性质或效果的措施，除非具有公共目的、以非歧视方式和遵照正当程序进行，并且给予有效和充分的补偿。补偿金（包括利息）应可以自由转移，并且应当无迟延支付给受影响的投资者。"可见，征收可以区分为直接征收和间接征收，并且其内涵可以扩展至具有相同效果的其他措施；构成合法征收必须满足一定条件，包括公共目的、非歧视、正当程序以及充分有效补偿。

随着补偿标准的逐渐明晰，因征收条款没有明确征收的含义，争议焦点开始转向"何种措施才构成可补偿的征收"。③ 就直接征收而言，当东道国直接将私人财产所有权从外国投资者转移至政府或政府控制的第三方时，即为直接征收。但是，为了消除直接征收对外国直接投资

---

① Marc Bungenberg, Jorn Griebel and et al., ed. *International Investment Law: A Handbook*, Hart Publishing, 2015, p. 962.

② Richard B. Lillich ed., *The Current Status of the Law of State Responsibility for Injuries to Aliens*, Cambridge University Press, 2017, pp. 244-249.

③ Rudolf Dolzer, Indirect Expropriations: New Developments?, *New York University Environmental Law Journal*, Vol. 11, 2003, p. 65.

的"阻吓"效果,越来越多的国家转而实施间接征收。[1] 间接征收的认定标准较为模糊,引发学界和实务界的热烈讨论。学界一般认为,间接征收是指东道国政府采取的干预外国投资者行使财产权的各种措施,使投资者丧失对投资的管理权,或迫使他们放弃自己的投资,或实际上剥夺了投资者的全部或大部分投资收益。[2] 有学者指出,没有征收的法令却出现了征收的结果,这就是典型的间接征收。[3] 而国际投资仲裁庭对间接征收的认定标准,经历了从"单一效果标准"到"单一目的标准"再到"兼采效果和目的标准"的嬗变,警察权理论[4](police power doctrine)也受到实践的重视。

最初,采"单一效果标准"的仲裁庭认为,只要东道国政府行为对投资的经济价值[5]、投资合理预期收益[6]或投资者对投资的控制权[7]造成负面影响或产生类似效果,就构成间接征收。采"单一目的标准"的仲裁庭主张,在认定间接征收时,东道国实施相关措施的目的是关键性因

---

[1] Anne K. Hoffmann, Indirect Expropriation, in August Reinisch ed., *Standards of Investment Protection*, Oxfrod University Press, 2008, p. 151.

[2] Christoph Schreuer, The Concept of Expropriation under the ECT and Other Investment Protection Treaties, in Clarisse Ribeiro ed., *Investment and the Energy Charter*, JurisNet LLC, 2006, p. 145. UNCTAD, Taking of Property, UNCTAD Series on Issues in International Investment Agreements, 2000, p. 4.

[3] W. Michael Reisman, Robert D. Sloane, Indirect Expropriation and Its Valuation in the BIT Generation, *British Yearbook of International Law*, Vol. 75, 2004, p. 115.

[4] 警察权是指主权国家固有的绝对权力,以保证法律对维护公共安全、秩序、健康、道德和正义是必要和适当的。作为政府的一项基本权力,立法机关不能代表政府放弃该项权力,也不能从政府手中剥夺该项权力。

[5] S. D. Myers, Inc. v. Government of Canada, UNCITRAL, November 2000, Partial Award, para. 283. Telenor Mobile Communications A. S. v. The Republic of Hungary, ICSID Case No. ARB/04/15, September 2006, Award, paras. 64 - 70. See also L. Y. Fortier and Stephen L. Drymer, Indirect Expropriation in the Law of International Investment: I Know It When I See It, or Caveat Investor, *ICSID Review-Foreign Investment Law Journal*, 2004, p. 305.

[6] Consortium RFCC v. Royaume du Maroc, ICSID Case No. ARB/00/6, December 2003, Award, para. 69.

[7] Metalclad Corporation v. The United Mexican States, ICSID Case No. ARB(AF)/97/1, August 2000, Award, para. 103. CMS Gas Transmission Company v. The Republic of Argentina, ICSID Case No. ARB/01/8, May 2005, Award, paras. 262 - 263.

素。如果东道国政府出于维护公共利益的目的,以非歧视方式或根据正当程序采取外资管制措施,则不构成征收。[①] 这表明公共利益、非歧视、正当程序等因素不再被用于确认征收是否合法,而被用于认定征收是否存在。对于此种激进式(radical)警察权理论,[②]"Vivendi 公司等诉阿根廷案"仲裁庭指出,如若仅凭公共目的来自动排除征收的存在,则征收条款将失去保护外国投资者及其投资的意义,凡为保护公共利益而采取的措施都无需提供补偿。[③]

上述两种路径各有利弊,国际投资仲裁实践出现了第三条折中路径,即兼采效果和目的标准,更具灵活性,体现了"温和式"(moderate)警察权理论。[④] 仲裁庭以行为产生的效果为主要根据,同时以行为目的为参考,认定是否存在征收。"Tecmed 公司诉墨西哥案"仲裁庭提出,除了考虑政府管制措施产生的负面经济效果(具有关键性作用),本庭还将考察该措施是否与受到保护的公共利益和依法给予投资的保护相称。[⑤] 换言之,这种标准主张在能实现管制目的和效果的前提下,国家应该以给投资者造成最小影响的方式行使警察权,[⑥]试图在保护投资者和维护东道国监管权之间找到平衡点,[⑦]得到了更多仲裁庭的支持。

---

① Methanex Corporation v. United States of America, UNCITRAL, August 2005, Final Award of the Tribunal on Jurisdiction and Merits, part. IV, para. 7. Saluka Investments BV v. Czech Republic, UNCITRAL, March 2006, Partial Award, para. 262.

② Ursula Kriebaum, Regulatory Takings: Balancing the Interests of the Investor and the State, *Journal of World Investment & Trade*, Vol. 8(5), 2007, p. 725.

③ Compañiá de Aguas del Aconquija S. A. and Vivendi Universal S. A. v. Argentine Republic, ICSID Case No. ARB/97/3, August 2007, Award, para. 7. 5. 21.

④ Ursula Kriebaum, Regulatory Takings: Balancing the Interests of the Investor and the State, *Journal of World Investment & Trade*, Vol. 8(5), 2007, p. 727.

⑤ Técnicas Medioambientales Tecmed, S. A. v. The United Mexican States, ICSID Case No. ARB (AF)/00/2, May 2003, Award, paras. 122.

⑥ 参见王小林:《可持续发展投资政策框架下间接征收的"治安权例外"》,载《学术论坛》2018 年第 6 期,第 47 页。

⑦ Azurix Corp. v. The Argentine Republic, ICSID Case No. ARB/01/12, July 2006, Award, paras. 310 - 312. LG&E Energy Corp., LG&E Capital Corp., and LG&E International, Inc. v. Argentine Republic, ICSID Case No. ARB/02/1, October 2006, Decision (转下页)

（二）征收条款实现知识产权保护的理论路径

就知识产权而言,东道国对专利药品实施的强制许可是否构成征收,成为核心问题之一。著名制药企业 Merck 公司公开谴责巴西对其专利药品颁发强制许可证的行为,构成对知识产权的征收。[①]然而,有学者经过统计发现印度、厄瓜多尔、印度尼西亚、泰国和马来西亚等国,近年来愈加倾向于利用 TRIPS 第31条赋予的灵活政策空间,实施知识产权强制许可。[②] 世界烟草巨头 Philip Morris 公司及其亚洲公司还分别控诉乌拉圭和澳大利亚政府实施的烟草平装措施,因实质上剥夺了其拥有的商标权以及使用商标累积的商誉,损害了商标的经济价值却又没有给予补偿,构成征收。[③] 此外,美国医药企业 Eli Lilly 公司质疑加拿大法院作出的专利无效判决构成间接征收。[④] 基于前述实践,我们可以从中抽象出一个问题:当知识产权构成涵盖投资,东道国对知识产权颁发强制许可证,或对知识产权的撤销、限制或创设,是否构成征收,进而违反了国际投资条约中的征收条款? 试想,如果仲裁庭采纳"单一效果标准",东道国损害知识产权经济价值的行为,极有可能被认定构成征收。然而,TRIPS 允许 WTO 成员国在满足相应条件时:

（接上页）on Liability，paras. 189. El Paso Energy International Company v. The Argentine Republic，ICSID Case No. ARB/03/15，October 2011，Award，para. 233. Philip Morris Brands Sàrl and ors v. Uruguay，Award，ICSID Case No. ARB/10/7，June 2016，Award，paras. 277 – 307.

① Merck & Co. , Inc. Statement on Brazilian Government's Decision To Issue Compulsory License for Efavirenz (STOCRIN)，4 May 2007，available at https://www. natap. org/2007/newsUpdates/050507_01. htm，last accessed on 15 April 2021. Vera Zolotaryova，Are We There Yet? Taking "TRIPS" to Brazil and Expanding Access to HIV/AIDS Medication，*Brooklyn Journal of International Law*，Vol. 33(3),2008，p. 1099.

② Reto Hilty and Liu Kung-Chung ed. , *Compulsory Licensing-Practical Experiences and Ways Forward*，Springers，2015.

③ Philip Morris Asia Limited v. The Commonwealth of Australia，PCA Case No. 2012 – 12，December 2015. Philip Morris Brands Sàrl, Philip Morris Products S. A. and Abal Hermanos S. A. v. Oriental Republic of Uruguay，ICSID Case No. ARB/10/7，July 2016.

④ Eli Lilly and Company v. The Government of Canada，ICSID Case No. UNCT/14/2，March 2017.

1. 对专利实施强制许可;[①]2. 对药品专利实施强制许可;[②]3. 根据《伯尔尼公约》规定对著作权实施强制许可;[③]4. 保护知识产权的同时施加一定限制;[④]5. 撤销或宣布一专利无效;[⑤]等等。这势必为投资条约缔约各方带来条约遵守困境。

为协调条约体制间的冲突,晚近,不少国际投资条约的征收条款[⑥]增设一项,即本条不得适用于与知识产权有关的强制许可的颁发或知识产权的撤销、限制或创设,只要此类颁发、撤销、限制或创设符合 FTAs 知识产权章节(如果条约本身同时包含投资章节和知识产权章节的 FTAs)和 TRIPS。这种"绑定"不仅对国际投资仲裁庭成员的专业度提出了更高要求,需要其综合运用国际贸易法、知识产权法,以及投资法知识,考察东道国行为是否符合 TRIPS 等知识产权规则,也悄然为知识产权人直接援引和适用知识产权条约开辟了道路。他们可以主张东道国对知识产权投资采取的管制措施不符合 TRIPS 或 FTAs 知识产权章节,从而构成征收,借此要求东道国履行知识产权条约义务。

第三节　国际投资条约保护知识产权的程序机制

当国际投资条约将知识产权纳入投资范畴,符合东道国知识产权法律并且具备投资属性或特征的知识产权,构成涵盖投资,受到投资条约体制的保护。这种保护主要由非歧视待遇条款、公平公正待遇条款、保护伞条款、履行要求禁止条款和征收条款提供制度供给,大幅提升知

---

① TRIPS 第 31 条。
② TRIPS 第 31 条之二。
③ TRIPS 第 2 条;《伯尔尼公约》附件。
④ TRIPS 第 7 条和第 8 条。
⑤ TRIPS 第 32 条。
⑥ 美国 2004 年 BIT 范本第 6 条第 5 款;美国 2012 年 BIT 范本第 6 条第 5 款;2012 年《中国—加拿大 BIT》第 10 条第 2 款;CETA 第 8.12 条第 5 款和第 6 款;RCEP 第 13 条第 4款;2020 年《中国—新西兰 FTA》第 145 条第 5 款;USMCA 第 14.8 条第 6 款。

识产权国际保护水平。而当东道国未能按照投资待遇条款提供保护时,投资条约中 ISDS 争端解决条款又赋予知识产权人以诉权,使其得以在国际救济层面解决因知识产权引发的投资争端,甚至挑战东道国行为与知识产权条约的相符性,获得寻求东道国国内救济、游说投资者母国诉诸 SSDS 机制和行使外交保护权无法实现的法律效果。

一、磋商与谈判

大部分 BITs 和双边 FTAs 倾向于将投资者与东道国政府直接进行磋商与谈判作为启动 ISDS 机制的前置程序。这种替代性纠纷解决方式(alternative dispute resolution,以下简称 ADR)在投资者与东道国政府之间建立沟通渠道,有助于消除彼此间的误解,经济、方便和快捷地解决国际投资争端。

典型的磋商与谈判条款规定为:在本条约项下,缔约一方投资者与缔约另一方应尽最大努力,以磋商和谈判的方式解决彼此间与投资直接相关的法律争端。[①] 为了尽速解决争端,一些投资条约还为磋商与谈判设置了期限,通常是 6 个月。[②] 例如 2020 年《中国—新西兰 FTA》第 153 条规定,除非争端方另行达成共识,如果自提出磋商与谈判要求之日起 6 个月内无法解决该争端,则应当根据投资者的选择,将争端提交至解决投资争端国际中心(ICSID)进行调解或仲裁;或者根据联合国国际贸易法委员会(UNCITRAL)规则进行仲裁。

此外,也有国际投资条约鼓励未能通过磋商与谈判解决争议的争端方尝试更多类型的 ADR 机制。譬如其一,美国 2012 年 BIT 范本第 23 条"磋商与谈判条款"规定:在争端方均接受的前提下,这种磋商与谈判可包括利用非约束性的第三方程序。印度 2015 年 BIT 范本第 15

---

① 美国 2004 年 BIT 范本第 23 条;美国 2012 年 BIT 范本第 23 条;2020 年《中国—新西兰 FTA》第 152 条。

② 2012 年《中国、日本及韩国关于促进、便利及保护投资的协定》第 17 条第 2 款;挪威 2015 年 BIT 范本第 14 条第 3 款;意大利 2020 年 BIT 范本第 13 条第 2 款。

条"将争议提交仲裁的先决条件"第 4 款规定:在收到争议通知后至少6 个月内,争议双方应尽最大努力通过有意义的磋商、谈判或其他第三方程序友好解决争议。此类磋商、谈判或其他争端解决程序的实施地点应为被诉方的首都;其二,比利时—卢森堡经济联盟 2019 年 BIT 范本第 19 条 C 款"调解"(mediation)规定:争端方可随时将争议合意提交调解解决。诉诸调解不影响本条规定的任何争端方的法律地位和权利,应受争端方合意选择的规则管辖。调解员由争端方协商任命,也可以请求 ICSID 秘书长任命调解员。争端方应努力在指定调解员后 60天内达成争议解决方案;其三,德国 2008 年 BIT 范本第 10 条第 1 款规定:一缔约方与另一缔约方投资者之间的投资争端应尽可能在争端方之间友好解决。为了促成友好解决,争端方可以选择同意根据 ICSID调停规则①提起调停(conciliation)程序。

二、投资者与国家间投资争端解决机制

如果磋商与谈判或者其他替代性纠纷解决方式,不能促使争端方合理解决投资争端,投资者可以直接以东道国作为被申请人将争议提交国际投资仲裁,主要包括 ICSID 仲裁或根据 UNCITRAL 仲裁规则进行的临时仲裁(*ad hoc* arbitration)。国际投资仲裁深受私人主体间惯常采用的商事仲裁的影响,呈现商事化的特征。这种商事化不仅静态地体现于相关投资条约与仲裁规则,而且动态地体现于投资争端解决全过程。②

(一) 管辖权与可受理性

管辖权是法院或裁判者受理诉讼、请愿或其他请求的权力。国际

---

①　ICSID Convention Conciliation Rules, available at https://icsid. worldbank. org/resources/rules-and-regulations/convention/conciliation-rules, last accessed on 16 April 2021.

②　蔡从燕:《国际投资仲裁的商事化与"去商事化"》,载《现代法学》2011 年第 1 期,第 153页—第 154 页。

法院在"科孚海峡案"中指出,任何国际法庭或仲裁庭确立并行使管辖权的基石是当事主体的"同意"。[1] 就国际投资仲裁而言,投资者和东道国提交仲裁的合意通常以三种方式呈现:其一,投资者与东道国订立的投资合同,通常包含仲裁条款;[2]其二,东道国(主要是资本输入国)国内立法表明国家愿意向外国投资者提供 ISDS 机制以解决投资争端。[3] 但是,只有在投资者书面同意,或主动提请国际投资仲裁,才能构成仲裁合意;[4]其三,东道国与投资者母国签订的国际投资条约通常订有争端解决条款,规定"缔约一方与缔约另一方投资者之间就投资产生的任何争议,应缔约另一方的投资者的请求,可以将争议提交仲裁。争议应依据《ICSID 公约》提交仲裁,除非争议双方同意依据UNCITRAL 或其他仲裁规则设立专设仲裁庭"。[5] 大多数国际投资仲裁案件都基于 BITs 或 FTAs 争端解决条款确立管辖权。[6] 值得注意的是,并非所有争端解决条款都针对"任何争议"达成仲裁合意,如果条约明确将涉知识产权争端排除在投资仲裁范围外,则仲裁庭不享有管辖权。例如 CETA 附件 8 - D 规定,"考虑到 ISDS 机制不是国内法院的上诉法庭,知识产权的存在和有效性问题交由双方国内法院裁决。缔约双方应在各自的国内法律框架内自由决定执行本协议中与知识产权有关条款的适当方法。"

管辖权关乎仲裁庭是否有资格审理整个案件,而可受理性取决于案件本身是否暂时性地存在某种情况,使得仲裁庭在某一特定阶段不

---

① Corfu Channel (United Kingdom of Great Britain and Northern Ireland v. Albania), Preliminary Objections, I. C. J. Reports 1948, p. 15.

② Duke Energy International Peru Investments No. 1 Ltd. v. Republic of Peru, ICSID Case No. ARB/03/28, February 2006, Decision on Jurisdiction, paras. 11 - 134.

③ Tradex Hellas S. A. v. Republic of Albania, ICSID Case No. ARB/94/2, December 1996, Decision on Jurisdiction, para. 54.

④ Biwater Gauff (Tanzania) Ltd. v. United Republic of Tanzania, ICSID Case No. ARB/05/22, Award, July 2008, paras. 326 - 337.

⑤ 2003 年《中国—德国 BIT》第 9 条。

⑥ Rudolf Dolzer and Christoph Schreuer, *Principles of International Investment Law*, Oxford University Press, 2012, p. 257.

适合审理特定诉求。① 可受理性问题既可能伴随管辖权异议提出，也可能在实体审理阶段予以处理。影响仲裁庭受理具体争议的情况主要涉及：第一，不满足程序上的先决条件。例如投资条约争端解决条款约定争端方将争议提交仲裁前，必须先进行磋商和谈判，②抑或要求投资者先行诉诸东道国国内法院。③ 第二，没有用尽当地救济。根据《ICSID 公约》第 26 条，缔约国可以要求以"用尽当地救济"作为其同意将投资争端提交仲裁的前置条件。因此，仲裁庭倾向认为只有投资条约争端解决条款明确要求"必须"(shall)用尽当地救济，没有用尽当地救济才影响案件的可受理性。④ 当然，东道国可以在投资条约中明示放弃此项要求。

（二）法律适用

管辖权与法律适用存在本质区别，有限的管辖权并不意味着在对这些条约的解释和适用过程中对法律适用范围的限制。虽然《ICSID 公约》第 25 条第 1 款将仲裁庭管辖权局限于缔约国和另一缔约国国民之间直接因投资而产生的法律争端，但是《ICSID 公约》第 42 条第 1 款规定，仲裁庭可以适用双方可能同意的任何法律规则解决争端。如不存在此种"选法"合意，仲裁庭应适用争端方国内法律（包括冲突法规则）以及其他可能适用的国际法规则。

有学者指出，在"条约必须遵守原则"的约束下，很可能出现仲裁庭

---

① Waste Management, Inc. v. United Mexican States, ICSID Case No. ARB(AF)/98/2, May 2000, Dissenting Opinion of Keith Highet, para. 58.

② Abaclat and Others v. Argentine Republic, ICSID Case No. ARB/07/5, August 2011, Decision on Jurisdiction and Admissibility, para. 496.

③ SGS Société Générale de Surveillance S. A. v. Republic of the Philippines, ICSID Case No. ARB/02/6, January 2004, Decision of the Tribunal on Objection to Jurisdiction, para. 154.

④ RosInvestCo UK Ltd. v. The Russian Federation, SCC Case No. V079/2005, October 2007, Award on Jurisdiction, paras. 150 - 156. Salini Impregilo S. p. A. v. Argentine Republic, ICSID Case No. ARB/15/39, February 2018, Decision on Jurisdiction and Admissibility, paras. 115 - 140.

需要适用与国际投资条约体制有交叉、重叠的其他国际条约。^① 如上文所述,当知识产权构成涵盖投资,知识产权人就有机会利用宽泛的投资待遇条款,或已明确与知识产权条约挂钩或连结的投资待遇条款,在国际投资仲裁中援引和适用知识产权条约。以 TRIPS 为例,如果知识产权人主张东道国实施的管制措施因违反 TRIPS 而违反投资条约,那么国际投资仲裁庭对东道国行为与 TRIPS 的相符性问题不具有管辖权,这属于 WTO 争端解决机构专属管辖范围,但是仲裁庭有权解释和适用 TRIPS,以便裁决东道国政府是否违反投资条约。此外,倘若投资者母国将东道国涉嫌违反 TRIPS 提交 DSB 处理,那么当 DSB 裁决与仲裁庭的判断不尽一致时,无疑将破坏国际法治秩序,国家也将陷入条约遵守困境。因此,根据 VCLT 第 31 条第 3 款(c)项确立的体系整合原则,仲裁庭适用知识产权条约时,对其中具体规则的考虑应仅限于此种目的,即为明晰投资待遇条款涵括的权利义务范围而解释和适用知识产权条约。

(三) 救济

《关于国家对国际不法行为的责任条款草案》^②第 34 条规定,国家对国际不法行为造成损害的补偿方式包括恢复原状、赔偿和抵偿。在国际投资仲裁中,如果东道国败诉,仲裁庭基本上均作出金钱赔偿判决,抵偿只在实践中发挥极次要的作用,当东道国违反投资条约的行为没有造成投资者所主张的经济损失时,仲裁庭裁定东道国以宣示性的方式加以"弥补"。^③ 恢复原状作为一种特定履行方式,几乎很少被运用于国际投资仲裁实践。

---

① August Reinisch, Most Favoured Nation Treatment, in Marc Bungenberg, Jorn Griebel and et al. ed., *International Investment Law — A Handbook*, Hart Publishing, 2015, p. 1381.

② Draft articles on Responsibility of States for Internationally Wrongful Acts with Commentaries, U. N. Doc. A/56/10(2001).

③ Biwater Gauff (Tanzania) Ltd. v. United Republic of Tanzania, ICSID Case No. ARB/05/22, July 2008, Award, p. 807.

　　关于赔偿金额的计算,国际常设法院曾在"Chorzów 工厂案"中指出,针对不法行为,国际法庭或仲裁庭采取补救措施的基本原则是:尽可能消除不法行为带来的负面影响,将遭受损失的一方还原至不法行为发生之前的状态。① 因此,国际投资仲裁庭在确定赔偿金额时,通常考虑投资者财产被剥夺或减损的经济价值,或者投资者的实际损失,包括成本以及预期收益。损害赔偿范围一般包含利息,但是不包含惩罚性赔偿和精神赔偿。此外,如果投资者因自身行为导致损失扩大的,在计算赔偿金额时应予以相应减去。②

　　据 UNCTAD 统计,ICSID 在 2017 年作出的 12 起金钱赔偿裁决中,赔偿金平均值为 5.04 亿美元,中位数是 2000 万美元。在与 Yukos 公司有关的三起仲裁案件中,仲裁庭裁定的赔偿金为 500 亿美元,达历史之最;③在 2018 年作出的 10 起金钱赔偿裁决中,赔偿金从 320 万美元到 20 亿美元不等;④在 2019 年作出的 14 起金钱赔偿裁决中,赔偿金从 1 千万美元到 84 亿美元不等。⑤ 显而易见,巨额金钱赔偿将激励知识产权人利用 ISDS 机制挑战东道国外资监管权,而高昂仲裁成本和较高败诉风险又将对东道国产生"寒蝉效应"。由此引发的私人利益与公共利益的冲突让国际投资仲裁机制面临正当性危机。

---

① Factory at Chorzów (Germany v. Poland), Merits, 1928 P. C. I. J. Series A, No. 17, p. 47.

② Rudolf Dolzer and Christoph Schreuer, *Principles of International Investment Law*, Oxford University Press, 2012, pp. 295 – 297.

③ UNCTAD, Investor-State Dispute Settlement: Review of Developments in 2017, June 2018, available at https://unctad. org/system/files/official-document/diaepcbinf2018d2 _en. pdf, last accessed on 16 April 2021.

④ UNCTAD, Review of ISDS Decisions in 2018: Selected IIA Reform Issues, July 2019, available at https://unctad. org/system/files/official-document/diaepcbinf2019d6 _ en. pdf, last accessed on 16 April 2021.

⑤ UNCTAD, Review of ISDS Decisions in 2019: Selected IIA Reform Issues, Jan 2021, available at https://investmentpolicy. unctad. org/publications/1241/review-of-isds-decisions-in-2019-selected-iia-reform-issues, last accessed on 16 April 2021.

第三章　国际投资条约知识产权
保护制度的实践考察

尽管知识产权被国际投资条约纳入投资范畴的历史已近百年,但是长期以来国际投资条约的知识产权规则"传导"功能并没有被发掘,其与传统知识产权国际保护制度之间错综复杂的联系也缺乏关注。直到近十年,数起试图利用投资条约在国际投资仲裁中直接执行知识产权条约,挑战东道国知识产权政策或与知识产权有关管制措施的仲裁案件的出现,让国际投资条约知识产权保护制度完成从幕后到台前的"华丽"转身,其为知识产权人提供的全新国际救济路径被真正应用于实践。

本章将聚焦涉东道国知识产权政策或相关措施的典型国际投资仲裁案例,从中提炼知识产权人的诉讼策略和法律主张,结合国际投资法、贸易法和知识产权法理论讨论知识产权人诉求的正当性和合法性问题,以便对今后知识产权人在国际投资体制中扩张权利边界、主张知识产权绝对保护的实践进路作出预判。

第一节　知识产权人的诉讼策略及法律主张

由于投资待遇条款本身的模糊性,其与知识产权条约的挂钩也较为简单,知识产权人从不同角度整合投资待遇条款与知识产权国际保护规则,利用 ISDS 机制以"组合拳"出击,主要涉及公平公正待遇条款、征收条款和保护伞条款。他们试图在国际投资仲裁实践中,剥离知识产权的社会功能,强化知识产权国际立法对知识产权的保护,弱化对知识产权的限制,将利益天平推向己方,打破传统知识产权国际保护制度既已建立的利益平衡。

一、知识产权申请属于投资

晚近,国际投资条约开始采纳"准入前国民待遇＋负面清单"新模式,这意味着国际投资条约知识产权保护制度发挥功能的时点,向前延伸至知识产权投资在东道国境内设立或取得之时。那么初步来看,外国投资者可以依据准入前国民待遇条款要求在知识产权"获取"问题上在获得与东道国国民相同的、非歧视待遇。尤其当 TRIPS 第 3 条国民待遇条款的脚注指明,"保护"应包括影响知识产权有效性、获取、范围、维持和执行的事项,以及影响本条约中特别提及的有关知识产权使用的事项,[①]知识产权人利用投资条约国民待遇条款挑战东道国违反TRIPS 义务的可能性有增无减。即便截至目前尚未有相关进入实体审理阶段的投资仲裁案件给出结论,但是已有投资者声称,在投资准入前阶段,尚未被东道国相关职能部门批准知识产权申请构成涵盖投资。可以说,知识产权申请是否属于投资是一个前置性问题,只有当知识产权申请属于投资,知识产权人才可能援引投资待遇条款主张投资利益保护。

(一)"Apotex 公司诉美国案"基本案情

加拿大制药企业 Apotex 公司致力于研发和生产仿制药品,其旗下的两款仿制药品左洛复(Zoloft,用于治疗抑郁症、强迫症、恐慌症、创伤后应激障碍等症状)和普伐他汀(Pravachol,用于降低胆固醇和预

---

① Agreement on Trade-Related Aspects of Intellectual Property Rights as Amended by the 2005 Protocol Amending the TRIPS Agreement, footnote (iii), available at https://www.wto.org/english/docs_e/legal_e/trips_e.htm#fntext-4, last accessed on 20 April 2021.

防心血管疾病)未获美国食品和药物管理局(U. S. Food and Drug Administration,以下简称 FDA)批准,无法上市销售。^① Apotex 公司分别于 2008 年 12 月和 2009 年 6 月向美国发出仲裁申请,其依据是 NAFTA 第 11 章 B 部分 ISDS 争端解决条款,主张美国违反 NAFTA 第 1102 条"国民待遇"、第 1105 条"最低待遇标准",以及第 1110 条"征收与补偿"。^②

根据美国《联邦食品、药品和化妆品法案》^③的规定,仿制药品上市须向 FDA 提交简化版新药申请(Abbreviated New Drug Application,简称 ANDA)。虽然无需重复正常新药申请(New Drug Application,简称 NDA)流程中有关对应专利药品安全性和有效性的说明,但是提交 ANDA 的仿制药品生产商需要证明其申请上市的仿制药与经 NDA 批准的专利药品具有生物等效性,含有相同的活性成分,属于同种剂型、剂量强度、给药途径和标签等。此外,为了激励制药公司递交 ANDA 使美国消费者能得以享受质优价廉的仿制药品,如果 ANDA 申请人能够证明原研药品专利已经到期或被宣告无效,或不会构成对原研药品专利的侵权,^④则首个提交 ANDA 的仿制药品企业可以获得 180 天的市场独占权。^⑤

其中,如果专利权人没有在仿制药品公司提交 ANDA 申请之日起 45 天内提起专利侵权诉讼,仿制药品公司有权对专利权人提起"宣示性判决"诉讼,由法院宣告不存在专利侵权。^⑥ 在本案中,由于案涉两

---

① Apotex Inc. v. The Government of the United States of America, ICSID Case No. UNCT/10/2, June 2013, Award, paras. 12 - 17.

② Apotex Inc. v. The Government of the United States of America, ICSID Case No. UNCT/10/2, December 2008 and June 2009, First and Second Notice of Arbitration, paras. 6 - 7.

③ 美国《联邦食品、药品和化妆品法案》经 1984 年《药品价格竞争和专利期限恢复法案》和 2003 年《医疗保险处方药、改进和现代化法案》修订。See Federal Food, Drug, and Cosmetic Act, 21 U. S. Code, Chapter 9.

④ Federal Food, Drug, and Cosmetic Act, 21 U. S. Code, §355(j)(2)(A).

⑤ Federal Food, Drug, and Cosmetic Act, 21 U. S. Code, §355(j)(5)(B).

⑥ Patents and Protection of Patent Rights, 35 U. S. Code, §271(e)(2)(A).

款原研药品的专利都尚未到期,针对美国 Pfizer 公司持有的专利药品左洛复,Apotex 公司于 2004 年 4 月向美国纽约州南区地方法院提起诉讼,①但法院以因原告不满足"对诉讼有合理预期"②(reasonable apprehension of suit)而不具有管辖权为由驳回起诉。随后 Apotex 继续向联邦巡回法院③、联邦最高法院④提起上诉,均未果;而针对美国 Bristol-Myers Squibb 公司持有的专利药品普伐他汀,Apotex 公司同样向美国纽约州南区地方法院提起诉讼,⑤法院裁定驳回起诉并且不可上诉。FDA 也表示只有在普伐他汀专利到期后,才会批准其仿制药品上市。于是,Apotex 公司又向美国哥伦比亚特区地方法院起诉 FDA,要求法院发布禁令救济,撤销 FDA 行政裁决。⑥ 但是,法院于 2006 年 4 月依旧判决驳回起诉。2006 年 6 月,美国哥伦比亚特区联邦巡回上诉法院确认了地区法院的裁定。⑦ 基于此,Apotex 公司认为 FDA 及上述法院错误地适用了美国法律,属于"非法的、不当的、任意专断的、歧视性的和不公正的"行为,导致其不能获得 180 天的市场独占权,无法如期上市销售仿制药品,遭受重大经济损失。⑧

(二)"Apotex 公司诉美国案"争议焦点

Apotex 公司根据 NAFTA 第 11 章以美国政府作为被申请人提请国际投资仲裁,认为其在美知识产权投资利益受损,要求美国政府给予赔偿。Apotex 公司认为,其一,NAFTA 第 1139 条"定义条款"对投资作广泛定义,其在美投入了上百万美元用于仿制药品研发以及上市申请,

---

① Apotex, Inc. v. Pfizer Inc. , 385 F. Supp. 2d 187,192 - 94 (S. D. N. Y. 2005).
② 仿制药品公司必须证明其有被原研专利药品公司提起专利侵权诉讼的风险。
③ Apotex, Inc. v. Pfizer Inc. , 159 F. App'x 1013,2005 WL 3457408 (Fed. Cir. 2005).
④ Apotex Inc. v. Pfizer, Inc. , 127 S. Ct. 379(2006).
⑤ Apotex Inc. v. Bristol-Myers-Squibb Co. , No. 04 - cv - 2922 (S. D. N. Y. 2004).
⑥ Apotex, Inc. v. FDA, No. Civ. A. 06 - 0627,2006 WL 1030151, at * 19 (D. D. C. 2006).
⑦ Apotex, Inc. v. FDA, 449 F. 3d 1249,1254 (D. C. Cir. 2006).
⑧ Apotex Inc. v. The Government of the United States of America, ICSID Case No. UNCT/10/2, June 2013, Award, paras. 82 - 134.

以便在美国获得经济利益,显然属于 NAFTA 保护的投资,即第 1139 条"投资"(g)项所述的"预期获得经济利益或用于其他商业目的的无形资产"。因此,Apotex 公司是适格投资者,仲裁庭对本案具有管辖权。①

美国政府向仲裁庭提出管辖权异议,声称 Apotex 公司应当承担举证责任证明其是 NAFTA 项下的投资者,在美投资构成 NAFTA 涵盖投资,但是其未予以证明。Apotex 公司是一家加拿大企业,在美国没有相关实体存在或活动,其对于左洛复和普伐他汀两款仿制药品的开发、制造、加工、实验、包装等都在美国境外进行。Apotex 公司仅是向美国出口货物的加拿大出口商,其向 FDA 提交 ANDA 获得上市许可等相关活动都不属于 NAFTA 第 11 章涵盖的投资活动,仲裁庭应当驳回 Apotex 公司的全部索赔请求。②

(三)"Apotex 公司诉美国案"仲裁庭观点

首先,仲裁庭回顾了 Apotex 公司仲裁申请的内容,开宗明义地指出 Apotex 公司有关仿制药品的开发和制造活动均未发生于美国境内,其在美国也无任何分支机构、不持有美国公司股份或债务利益、没有购入美国资产或建造设施或雇佣员工,因此不符合 NAFTA 第 11 章的规定。③

其次,围绕 ANDA 相关准备工作及 ANDA 本身是否构成投资的问题,仲裁庭指出,其一,尽管 Apotex 公司为了能在美国市场销售仿制药品而在 ANDA 方面作出了很多努力,包括投入大量资金和其他资源,但是无论是投资者还是出口商都需要开展有关 ANDA 的准备工作,因此相关准备工作不能证明 Apotex 公司在美国进行了投资。Apotex 公司也曾称:在仿制药品被其他美国公司出售之前,必须获得

① Apotex Inc. v. The Government of the United States of America, ICSID Case No. UNCT/10/2, June 2013, Award, para. 148.

② Apotex Inc. v. The Government of the United States of America, ICSID Case No. UNCT/10/2, June 2013, Award, para. 146.

③ Apotex Inc. v. The Government of the United States of America, ICSID Case No. UNCT/10/2, June 2013, Award, paras. 160 - 176.

FDA 批准。显然 Apotex 公司与美国公司签订货物买卖合同,不能构成投资,即使其因筹备 ANDA 在美境内花费了资金,也不能改变其行为的本质。其二,Apotex 公司认为 ANDA 材料长达数千页,其中的机密数据和信息构成受 NAFTA 投资章节所保护的"资产",作为申请人还可以向其他公司转让这一专有资产,以获得经济利益。仲裁庭认为 Apotex 公司提交的证据不足以将其与一般的向美国出口货物的出口商区分开来。虽然 ANDA 在特定情形下可能被定性为资产,但是结合 NAFTA 上下文及条约目的和宗旨来看,本案涉及的 ANDA 是一项可撤销的许可申请,以便出口货物在美国市场销售,并非用于投资的资产。此外,Apotex 公司指控美国违反 NAFTA 之时,FDA 仅暂时性地批准了左洛复和普伐他汀的上市申请,因此 ANDA 不属于 NAFTA 第1139 条(g)项所述资产,或者即便 ANDA 构成资产也并非用于商业目的的资产,Apotex 公司主张的唯一商业目的是向美国出口药品。ANDA 不是进出口许可证,更何况本案中的 ANDA 可能被 FDA 撤销,不具有经济价值,谈何被作为资产进行转让交易。其三,NAFTA 第 1139 条(h)项强调的是在东道国境内投入资本而产生的经济收益,Apotex 公司指定美国代理人和经销商、购买美国原材料或者付出相关美国法律服务费,都仅是普通出口业务的必要成本,无论如何都不能称之为投资。①

最后,鉴于 Apotex 公司在美国境内没有进行任何投资,自然也不具有投资者资格,不属于 NAFTA 第 1116 条规定的有权将投资争端提交 ISDS 仲裁解决的投资者。② 加之,即使假设 Apotex 公司在美有投资并且成为投资者,在 NAFTA 仲裁框架下因东道国司法行为而提起的投资仲裁,必须用尽当地救济,而 Apotex 公司仍然可以就禁令救济向联邦最高法院上诉。③ 根据 NAFTA 第 11 章成立的仲裁庭不是

① Apotex Inc. v. The Government of the United States of America, ICSID Case No. UNCT/10/2, June 2013, Award, paras. 177 - 241.

② Apotex Inc. v. The Government of the United States of America, ICSID Case No. UNCT/10/2, June 2013, Award, para. 243.

③ Apotex Inc. v. The Government of the United States of America, ICSID Case No. UNCT/10/2, June 2013, Award, para. 257.

超国家上诉法院,[1]其主张的美国法院司法行为违反 NAFTA 的仲裁请求都会被驳回。[2]

综上所述,仲裁庭最终裁定不具有管辖权,驳回了 Apotex 公司全部诉请。由于本案 Apotex 公司本质上是对美国出口药品的出口商,仲裁庭认定知识产权申请不构成投资,但是试想一投资者利用宽泛的投资定义条款,主张知识产权申请构成投资,仍具有实践空间。本案仲裁庭也给后续实践留白,没有绝对性地否认知识产权申请可能构成一项用于投资的"无形资产",还需个案认定。

二、东道国违反知识产权条约不符合投资者的合理期待

作为一项绝对待遇标准,公平公正待遇条款具有模糊性和演进性。一直以来,ISDS 仲裁实践和相关学术评注都在尝试界定公平公正待遇的内涵、划定公平公正待遇的外延。除非国际投资条约明确将公平公正待遇与国际最低待遇标准等同(例如 USMCA 第 14.6 条),仲裁庭都倾向于运用 VCLT 第 31 条、第 32 条规定的条约解释方法,参考仲裁先例并且结合具体案情,总结违反公平公正待遇的情形。[3] 其中,保护投资者合理期待是受认可程度最高的公平公正待遇要素。[4] 仲裁庭在裁定东道国政府行为是否违背投资者合理期待时,通常会考虑东道国涉公共利益事项方面的外资监管权,以平衡投资者利益和东道国社会公共利益。[5] 加之,知识产权兼具专有性和公共性,因此在利用公平

---

[1] Apotex Inc. v. The Government of the United States of America, ICSID Case No. UNCT/10/2, June 2013, Award, para. 278.

[2] Apotex Inc. v. The Government of the United States of America, ICSID Case No. UNCT/10/2, June 2013, Award, para. 298.

[3] 参见林燕萍、朱玥:《论国际投资协定中的公平公正待遇——以国际投资仲裁实践为视角》,载《上海对外经贸大学学报》2020 年第 3 期,第 76 页。

[4] Saluka Investments BV v. Czech Republic, UNCITRAL, March 2006, Partial Award, para. 301.

[5] Henning Grosse Ruse-Khan, *The Protection of Intellectual Property in International Law*, Oxford University Press, 2016, pp. 171–173.

公正待遇条款挑战东道国知识产权政策的仲裁案例中，必然涉及私人专有利益和公共利益的协调和平衡问题。

根据现有仲裁实践，[①]知识产权人无一例外地主张东道国遵守《巴黎公约》、PCT、TRIPS 等知识产权条约属于投资者合理期待的范畴，否则构成对公平公正待遇的违反。鉴于"Philip Morris 公司诉乌拉圭案"较为典型并且属于进入实体审理阶段的已决案件，本部分以该案为例，讨论知识产权人的诉讼策略。

（一）"Philip Morris 公司诉乌拉圭案"基本案情

2008 年 8 月 18 日，乌拉圭公共卫生部颁布第 514 号法令，该法令第 3 条要求一个注册烟草品牌在乌拉圭国内市场中只能使用一种外观，禁止烟草企业将同一商标品牌下投放市场销售的烟草制品有不同包装或外观变化，即"单一外观要求"（single presentation requirement）。2009 年 6 月 15 日，乌拉圭政府颁布第 287/009 号总统令，该法令要求烟草制品外包装的正面和背面"健康警告标识"的面积占比必须从 50％增加到 80％，剩下 20％用于展示商标、标识和其他信息，即"80/80 规则"（80/80 regulation）。[②]

Philip Morris 公司是世界烟草业巨头，在乌拉圭设有全资子公司 Abal 公司销售"万宝路（Marlboro）""嘉年华（Fiesta）""总理（Premier）"和"菲利普·莫里斯（Philip Morris）"等品牌香烟。在乌拉圭颁布第 514 号法令生效后，Abal 公司不得不撤下多个注册品牌所使用的不同外包装香烟，例如"万宝路—金""万宝路—蓝"和"万宝路—薄荷绿"等，否则将违反乌拉圭政府提出的单一外观要求。Philip Morris

---

[①] Philip Morris Asia Limited v. The Commonwealth of Australia, PCA Case No. 2012 - 12, December 2015. Philip Morris Brands Sàrl, Philip Morris Products S. A. and Abal Hermanos S. A. v. Oriental Republic of Uruguay, ICSID Case No. ARB/10/7, July 2016. Eli Lilly and Company v. The Government of Canada, ICSID Case No. UNCT/14/2, March 2017.

[②] Philip Morris Brands Sàrl and ors v. Uruguay, ICSID Case No. ARB/10/7, June 2016, Award, para. 9.

公司认为这一措施极大地影响了公司的价值和利益。而 80/80 规则剥夺了 Abal 公司展示、使用合法注册商标的权利,进一步损害了其在乌拉圭的知识产权投资利益。[①]

Philip Morris 公司于 2010 年 2 月根据 1991 年《瑞士—乌拉圭 BIT》第 10 条和《ICSID 公约》第 36 条,以乌拉圭政府作为被申请人,向 ICSID 投资仲裁庭提请仲裁。Philip Morris 公司主张乌拉圭实施的控烟措施,违反《瑞士—乌拉圭 BIT》第 3(1)条"投资使用和享受"、第 3(2)条"公平公正待遇和拒绝司法"、第 5 条"征收"和第 11 条"遵守承诺"。[②]

2013 年 7 月 2 日,仲裁庭裁定对该案具有管辖权。仲裁庭认为 Philip Morris 公司在乌拉圭的投资包括设立工厂,以商标使用权投资入股并且持有 Abal 公司 100% 股份。Philip Morris 公司在乌拉圭的商标构成《瑞士—乌拉圭 BIT》下的投资,其诉求也均以乌拉圭政府违反《瑞士—乌拉圭 BIT》为依据,故而仲裁庭驳回了乌拉圭政府的管辖权抗辩,确立了其对案件的管辖权。[③]

(二)"Philip Morris 公司诉乌拉圭案"争议焦点

围绕公平公正核心要素——合理期待,Philip Morris 公司指出:其一,尽管东道国有权为保护公共健康而调整国内立法,但这种变化必须符合投资者合理期待。乌拉圭实施单一外观要求和 80/80 规则两项法令,未能如 Philip Morris 公司所预期的那样向其提供一个稳定和可预见的国内法律框架,尤其是东道国根据国内法律尊重和保护私权。[④] 这种

---

① Philip Morris Brands Sàrl and ors v. Uruguay, ICSID Case No. ARB/10/7, June 2016, Award, paras. 10 - 11.

② Philip Morris Brands Sàrl and ors v. Uruguay, ICSID Case No. ARB/10/7, February 2010, Request for Arbitration, para. 94.

③ Philip Morris Brands Sàrl and ors v. Uruguay, ICSID Case No. ARB/10/7, July 2013, Decision on Jurisdiction, para. 236.

④ Philip Morris Brands Sàrl and ors v. Uruguay, ICSID Case No. ARB/10/7, February 2010, Request for Arbitration, para. 84.

期待来源于几十年来，Philip Morris 公司在乌拉圭不受侵扰地使用知识产权和品牌资产，创造了可观的品牌价值。乌拉圭政府也一直鼓励Abal 公司对烟草制品生产和营销的进一步投资。[①] 其二，两项法令是不公平、不公正的，违背乌拉圭承担的 TRIPS、《巴黎公约》项下条约义务，未能按知识产权条约要求保护 Philip Morris 公司持有的知识产权，不符合投资者的合理期待。[②]

乌拉圭政府认为，一方面，乌拉圭采取控烟措施的目的是保护公共健康，并且是以非专断、非歧视的方式实施的。在认定修改国内法律是否构成不公平、不公正待遇时，仲裁庭应当在投资者利益和东道国监管权之间寻求平衡。东道国不可能向外国投资者作出永远不改变其国内立法的承诺，外国投资者也不应无理地期待东道国国内法律框架永远一成不变。[③] 另一方面，作为《烟草控制框架公约》(Framework Convention on Tobacco Control，以下简称 FCTC)缔约国，乌拉圭根据 FCTC 第 11 条和第 13 条实施烟草平装措施，旨在降低因吸烟导致的死亡率，提高公众(尤其是年轻人)对烟草制品可能导致的健康风险的认知。[④]

(三)"Philip Morris 公司诉乌拉圭案"仲裁庭观点

首先，仲裁庭明确，根据 VCLT 第 31 条和第 32 条，应当综合考虑

---

① Philip Morris Brands Sàrl and ors v. Uruguay, ICSID Case No. ARB/10/7, June 2016, Award, para. 344.

② Philip Morris Brands Sàrl and ors v. Uruguay, ICSID Case No. ARB/10/7, February 2010, Request for Arbitration, para. 85.

③ Philip Morris Brands Sàrl and ors v. Uruguay, ICSID Case No. ARB/10/7, June 2016, Award, para. 375.

④ 这一观点得到了"法庭之友"(amicus curiae)的佐证。2015 年 2 月，世界卫生组织(World Health Organization，以下简称 WHO)以及 WHO 框架下 FCTC 秘书处根据《ICSID 仲裁规则》第 37(2)条，作为"法庭之友"向仲裁庭提交了书面文件，支持了乌拉圭政府的做法。大量证据表明，乌拉圭政府实施的一系列措施有利于保护公共健康，大面积的健康警告标识能够直观地告知消费者烟草制品的消费风险并且实现有效劝阻；单一外观要求能够防止烟草商在外包装上误导消费者购买烟草制品。See Philip Morris Brands Sàrl and ors v. Uruguay, ICSID Case No. ARB/10/7, January 2015, Written Submission (Amicus Curiae Brief) by the WHO and the Secretariat of the Tobacco Control Convention, para. 90.

国际法规则、习惯国际法以确定《瑞士—乌拉圭BIT》第3(2)条"公平公正待遇"的范围及内容。"Chemtura公司诉加拿大案"仲裁庭援引了"Mondev公司诉美国案"指出,随着习惯国际法的发展,公平公正待遇的内涵已经发生了极大的改变,与20世纪20年代侧重保护外国人人身安全的理念不尽一致,违反公平公正待遇的门槛也不再需要达到"异乎寻常""令人震惊"的程度。基于仲裁先例,公平公正待遇的典型要素包括:透明度和保护投资者合理期待、免受胁迫和骚扰、正当程序和善意。①

其次,鉴于Philip Morris公司将维持稳定的国内法律框架与投资者合理期待彼此关联,故本仲裁庭对这两项要素一并予以考察。近年来的投资仲裁实践认为,这两项要素不影响国家行使立法主权,使其国内法律制度适应时代发展。一般而言,为保护公共利益监管外资并且在可接受的变化幅度内,修改投资者作出投资时所依赖的一般性立法,不构成对公平公正待遇的违反。仲裁庭援引了"EDF公司诉罗马尼亚案"和"El Paso Energy公司诉阿根廷案"指出,一个理性的投资者不应当期待东道国国内法律框架一直处于"冻结"状态,除非东道国对投资者作出特定承诺,永远不修订其国内法。本案中,Philip Morris公司没有提供相关证据证明乌拉圭作出了类似特定承诺,相反本案涉及与公共健康相关的一般性立法,乌拉圭有权为保护国民健康而限制商标的使用,这也属于其承担的FCTC条约义务范畴。此外,烟草平装措施仅对Abal公司商业活动产生了有限影响,没有超出其可接受的幅度。因此,乌拉圭出台法令实施控烟措施,不影响其国内法律框架的稳定性,没有损害投资者合理预期,不违反公平公正待遇。②

最后,仲裁庭没有回应TRIPS、《巴黎公约》等知识产权条约义务与合理期待的关系,回避了东道国遵守知识产权条约是否属于投资者合理期待范畴的问题。仲裁庭仅在商标权是积极性权利还是消极性权

① Philip Morris Brands Sàrl and ors v. Uruguay, ICSID Case No. ARB/10/7, June 2016, Award, paras. 316 - 324.

② Philip Morris Brands Sàrl and ors v. Uruguay, Award, ICSID Case No. ARB/10/7,28th June 2016, paras. 421 - 435.

利的问题上,适用了 TRIPS 和《巴黎公约》等知识产权条约认定商标权是消极性权利,商标权人享有排除第三人未经许可使用其注册商标的专有权,而非积极的使用权。①

综上所述,仲裁庭对投资者能否根据投资条约中公平公正待遇条款,合理期待东道国遵守知识产权义务的模糊态度,可能造成负面影响。仲裁庭之所以没有直面这一问题可能是因为缺乏事实根据,而非直接否认对涉知识产权条约义务事项的管辖权。加之,知识产权条约本身与东道国国内法有着复杂且紧密的联系。可以预见,知识产权人未来将继续从这一突破口入手,在国际投资仲裁中援引和执行知识产权条约。

三、知识产权条约属于东道国对投资者所作的承诺

与公平公正待遇类似,保护伞条款是将东道国所需履行的知识产权条约义务引入国际投资条约体制的另一"工具"。② 尽管国际投资仲裁庭对保护伞条款的解释方法存在差异,但不排除东道国因不遵守其对投资者所作承诺而被仲裁庭裁定违反保护伞条款的可能性。在此基础上,知识产权人可以将"承诺"的内涵扩展至东道国在其签订的知识产权条约中所作承诺,例如履行特定知识产权保护义务。"Philip Morris 亚洲公司诉澳大利亚案"就是一例。

(一)"Philip Morris 亚洲公司诉澳大利亚案"基本案情

2011 年,澳大利亚颁布《烟草平装法案》,成为世界上第一个以立法形式全面、强制要求烟草制品使用统一简易包装的国家。澳大利亚政府称,澳大利亚每年因吸烟死亡的人数逾 1.5 万人,造成近 315 亿澳元的社会成本。为降低烟草制品对消费者的吸引力,提高健康警告标

---

① Philip Morris Brands Sàrl and ors v. Uruguay, Award, ICSID Case No. ARB/10/7,28th June 2016, paras. 255 - 271.

② Henning Grosse Ruse-Khan, *The Protection of Intellectual Property in International Law*, Oxford University Press, 2016, p. 199.

识的显著性和有效性,澳大利亚将严格履行 WHO 制定的 FCTC 项下义务,推行烟草平装制度。①

　　Philip Morris 亚洲公司注册地在中国香港特别行政区,其在澳大利亚设有全资子公司 Philip Morris 澳大利亚公司。Philip Morris 澳大利亚公司通过持有 Philip Morris 贸易公司的全部股份,在澳从事烟草产品的制造、进口、销售和分销活动,同时也向新西兰和其他太平洋群岛国家出口。Philip Morris 澳大利亚公司在澳大利亚依法注册了多个品牌商标(例如"万宝路""长滩"等)及外观设计,由此积累了宝贵商誉,受到公众的认可。② 但是澳大利亚推行烟草平装制度,几乎导致 Philip Morris 澳大利亚公司不能使用知识产权,使其旗下烟草产品与其他同类型商品并无明显差别。公众不能通过商标辨认商品来源,澳大利亚政府实质上侵害了 Philip Morris 亚洲公司在澳投资利益。③

　　2011 年 11 月,Philip Morris 亚洲公司根据 1993 年《中国香港—澳大利亚 BIT》第 10 条和 UNCITRAL 仲裁规则,以澳大利亚政府为被申请人,向国际常设仲裁院提请投资仲裁。④ Philip Morris 亚洲公司主张澳大利亚违反了《中国香港—澳大利亚 BIT》第 2(2)条"公平公正待遇、充分保护与安全和保护伞条款"、第 6(1)"征收"。⑤

(二)"Philip Morris 亚洲公司诉澳大利亚案"争议焦点

　　针对保护伞条款,Philip Morris 亚洲公司认为这一投资待遇不仅

① Explanatory Memorandum to the Tobacco Plain Packaging Bill 2011, available at https://parlinfo. aph. gov. au/parlInfo/search/display/display. w3p; query = Id:%22legislation/billhome/r4613%22, last accessed on 22 April 2021.

② Philip Morris Asia Limited v. The Commonwealth of Australia, PCA Case No. 2012 - 12, November 2011, Notice of Arbitration, paras. 1. 3 - 1. 4.

③ Philip Morris Asia Limited v. The Commonwealth of Australia, PCA Case No. 2012 - 12, November 2011, Notice of Arbitration, para. 1. 5.

④ Philip Morris Asia Limited v. The Commonwealth of Australia, PCA Case No. 2012 - 12, November 2011, Notice of Arbitration, paras. 3. 2 - 3. 7.

⑤ Philip Morris Asia Limited v. The Commonwealth of Australia, PCA Case No. 2012 - 12, November 2011, Notice of Arbitration, para. 7. 2.

涵盖东道国对外国投资者承担的特定义务或承诺,还应包含约束澳大利亚在其境内实施知识产权保护的相关国际条约义务。无论知识产权所有人的国籍为何,澳大利亚都应根据知识产权条约履行保护义务。澳大利亚推行烟草平装制度,要求所有烟草制品使用特定外包装、尺寸和形状,除了品牌名称不得附有商标。此外,烟草制品的正面所载"健康警告标示"的面积占比应从30％提升至75％,而背面则应用90％的面积展示这一标示。[1] 这都违背了其在TRIPS、《巴黎公约》和《技术性贸易壁垒协议》(Agreement on Technical Barriers to Trade,以下简称TBT)项下条约义务,构成对保护伞条款的违反。[2]

澳大利亚政府不同意Philip Morris亚洲公司的上述主张,违反WTO条约(TRIPS和TBT)和《巴黎公约》与违反《中国香港—澳大利亚BIT》保护伞条款不具有关联性和等价性。虽然《中国香港—澳大利亚BIT》第2(2)条规定,任一缔约方应当遵守其对另一缔约方投资者的投资可能承担的任何义务,但是"义务"不应被理解为包含多边条约项下的一般性义务,而是东道国就特定投资作出的承诺。[3] 知识产权条约是国家之间缔结的国际法律文件,具有独特的争端解决机制。根据DSU第23条,澳大利亚是否违反TRIPS等知识产权条约,不应由本案仲裁庭行使管辖权,WTO所设DSB拥有专属管辖权。[4]

(三) "Philip Morris亚洲公司诉澳大利亚案"仲裁庭观点

仲裁庭综合全案证据指出,早在2008年,澳大利亚政府已经开始

---

[1] Philip Morris Asia Limited v. The Commonwealth of Australia, PCA Case No. 2012 - 12, November 2011, Written Notification of Claim, paras. 6 - 7.

[2] Philip Morris Asia Limited v. The Commonwealth of Australia, PCA Case No. 2012 - 12, November 2011, Notice of Arbitration, paras. 7.15 - 7.17.

[3] Philip Morris Asia Limited v. The Commonwealth of Australia, PCA Case No. 2012 - 12, December 2011, Australia's Response to the Notice of Arbitration, paras. 57 - 58.

[4] Philip Morris Asia Limited v. The Commonwealth of Australia, PCA Case No. 2012 - 12, December 2011, Australia's Response to the Notice of Arbitration, para. 35.

考虑实施烟草平装措施,并且于 2009 年 9 月向 Philip Morris 贸易公司发送了一份包含法律意见的文书。2009 年 10 月,Philip Morris 贸易公司去函回复澳大利亚卫生部部长,表达了其对烟草平装法案影响其知识产权权利的担忧。[①] 2010 年 4 月,澳大利亚政府部门更是明确对外宣告了其即将实施烟草平装措施的意图。[②] 基于此,自 2010 年 11 月至 12 月,Philip Morris 贸易公司制定投资重组计划,最终决定转移其股份至 Philip Morris 亚洲公司。这一投资重组活动完成于澳大利亚颁布《烟草平装法案》之前。[③] 仲裁庭认为澳大利亚推行烟草平装制度具有可预见性,Philip Morris 亚洲公司的上述行为是为了获得《中国香港—澳大利亚 BIT》的保护,而非出于其他商业原因,故而 Philip Morris 亚洲公司"挑选条约",滥用了其提请 ISDS 仲裁的权利。最终裁定 Philip Morris 亚洲公司全部诉请不具有可受理性,仲裁庭对本案不行使管辖权。[④]

可见,该案由于外国投资者滥用权利而未进入实体审理阶段,知识产权条约是否属于东道国对外国投资者所作承诺,还有赖于对今后类似国际投资仲裁实践的考察。尤其当案涉知识产权条约本身没有纳入争端解决机制时,仲裁庭该当如何看待知识产权条约是需要重点关注和解决的问题。

四、与知识产权条约不相符的东道国措施构成征收

为协调东道国监管权和投资者利益,不少国际投资条约的征收条

---

① Philip Morris Asia Limited v. The Commonwealth of Australia, PCA Case No. 2012 - 12, December 2011, Award on Jurisdiction and Admissibility, para. 556.

② Philip Morris Asia Limited v. The Commonwealth of Australia, PCA Case No. 2012 - 12, December 2011, Award on Jurisdiction and Admissibility, para. 586.

③ Philip Morris Asia Limited v. The Commonwealth of Australia, PCA Case No. 2012 - 12, December 2011, Award on Jurisdiction and Admissibility, paras. 562 - 564.

④ Philip Morris Asia Limited v. The Commonwealth of Australia, PCA Case No. 2012 - 12, December 2011, Award on Jurisdiction and Admissibility, paras. 584 - 588.

款与知识产权条约绑定,明确符合 TRIPS 或 FTAs 知识产权章节的知识产权强制许可,以及对知识产权的撤销、限制或创设,不构成征收。表面上看,这一做法意欲在知识产权条约体制与投资条约体制之间寻求融合,但这恰恰便利了知识产权人在国际投资仲裁中直接援引和适用知识产权条约。他们完全可以主张东道国政府行为不符合 TRIPS 而构成征收,相关典型案例包括"Eli Lilly 公司诉加拿大案"及"Einarsson 等人诉加拿大案"。[①] 由于这两个案件均与 NAFTA 第1110 条第 7 款有关,故本部分只选取已经审理完毕的"Eli Lilly 公司诉加拿大案"作为分析对象。

(一)"Eli Lilly 公司诉加拿大案"基本案情

Eli Lilly 公司是一家全球大型医药公司,总部设立于美国,其企业命脉是知识产权。20 世纪 90 年代,加拿大专利局授予 Eli Lilly 加拿大公司旗下两款药品以专利,分别是阿托莫西汀(Strattera)和再普乐(Zyprexa),用于治疗注意力缺陷多动症、精神分裂症和相关精神障碍。经加拿大卫生部安全性和有效性认定,这两款专利药物推向市场后大获成功,被加拿大成千上万的患者所使用。[②] 在专利有效期限内(20年),Eli Lilly 加拿大公司因加拿大本土企业 Novopharm 公司仿制了其持有的上述两款专利药品,分别于 2007 年 6 月和 2008 年 5 月向加拿大联邦法院提起专利侵权诉讼。但是,加拿大联邦法院均以缺乏实用性为由宣告专利无效。随后,Eli Lilly 加拿大公司继续上诉至加拿大联邦上诉法院和加拿大联邦最高法院,均被驳回。[③]

2013 年 9 月,Eli Lilly 公司根据 NAFTA 第 11 章和 UNCITRAL 仲裁规则,以加拿大政府作为被申请人,向 ICSID 提起国际投资仲裁,

① Theodore David Einarsson, Harold Paul Einarsson and Russell John Einarsson v. Canada, Pending.

② Eli Lilly and Company v. The Government of Canada, ICSID Case No. UNCT/14/2, September 2013, Notice of Arbitration, paras. 1 – 4.

③ Eli Lilly and Company v. The Government of Canada, ICSID Case No. UNCT/14/2, September 2013, Notice of Arbitration, paras. 20 – 21.

主张加拿大违反了 NAFTA 第 1110 条"征收"和第 1105 条"最低待遇标准"。①

（二）"Eli Lilly 公司诉加拿大案"争议焦点

就征收而言，鉴于 NAFTA 第 1110(7)条规定，"本条款不适用于符合 NAFTA 第 17 章（知识产权）的知识产权强制许可，以及对知识产权的撤销、限制或创设"，Eli Lilly 公司主张加拿大法院宣告其专利无效，违反了 NAFTA 知识产权章节第 1709(1)条，故而构成对其专利权投资的征收。根据 NAFTA 第 1709(1)条，"各缔约方应当规定所有技术领域的任何发明，不论该项发明属于产品抑或是生产工艺，只要具备新颖性、包含创造性步骤并且能够付诸工业应用，都可以获得专利"。Eli Lilly 加拿大公司依法在加境内获得的专利，符合前述所有要求，而加拿大法院提出了额外要求（"承诺实用性原则"），超出了 NAFTA 标准。何谓"工业应用性"应根据 VCLT 第 31 条、第 32 条予以解释，除了通常含义、条约上下文、条约目的和宗旨之外，还应结合相关国际法规则及其他补充资料，包括 PCT 和 TRIPS。② 加之，NAFTA 第 1709 条是在 TRIPS 1991 年草案基础上形成的，该条所载实用性、非歧视性要求，也体现在 TRIPS 1994 年最终文本中。③ 由此，Eli Lilly 公司认为，工业应用性和实用性是同义词，仅要求发明可在现实社会中发挥功用，不包含"承诺实用性"。

加拿大政府反驳称，首先，加拿大法院已经依法宣告专利无效，不存在可供征收的资产，没有适用 NAFTA 第 1110 条的空间。只有当加拿大司法程序存在严重缺陷构成拒绝司法时，专利无效判决才可能构成征收。国际仲裁庭不是国内法院裁决的上诉机构，无权干涉东道

---

① Eli Lilly and Company v. The Government of Canada, ICSID Case No. UNCT/14/2, September 2013, Notice of Arbitration, paras. 74 - 84.

② Eli Lilly and Company v. The Government of Canada, ICSID Case No. UNCT/14/2, September 2015, Claimant's Reply on the Merits, paras. 259 - 290.

③ Eli Lilly and Company v. The Government of Canada, ICSID Case No. UNCT/14/2, September 2013, Notice of Arbitration, para. 42.

国国内法院根据本国法律裁定专利权有效与否。[①] 其次,虽然 TRIPS 属于"相关国际法规则",但是 TRIPS 没有界定可专利性的标准。WTO 专家组和上诉机构在众多判例中都确认了 TRIPS 为缔约国保留的自主性,在国内法中自行确定和执行不同标准。最后,PCT 不属于解释 NAFTA 第 1709(1)条的"相关国际法规则",由 WIPO 主持缔结的 PCT 仅是程序性条约,不包含有关专利的实体性保护标准。PCT 中"工业应用性"的内涵十分宽泛,仅适用于 PCT 国际程序中的初步、非约束性评估,不影响各缔约国在国内法中规定实质性专利标准。[②]

(三)"Eli Lilly 公司诉加拿大案"仲裁庭观点

首先,仲裁庭强调,根据 NAFTA 第 11 章成立的仲裁庭不是缔约国司法机关所作裁决的上诉机构。其次,根据 NAFTA 第 1110(1)(c)条,未根据正当程序和不符合 NAFTA 第 1105(1)条"最低待遇标准"的征收属于非法征收。鉴于 NAFTA 以往仲裁实践确定了违反习惯国际法下最低待遇标准的条件是:异乎寻常和令人震惊,例如严重拒绝司法、明显任意专断、公然不公正、完全缺乏正当程序、明显歧视或缺乏理由。[③] 最后,加拿大法院的司法行为并未超过 NAFTA 第 1105(1)条所规定的限度,早在 1995 年加拿大联邦上诉法院审理的 Wellcome 案中,就已经确立了承诺实用性原则并且沿用至今,因此加拿大专利法没有发生根本性或戏剧性的变化,因此加拿大法院的专利无效判决不违反最低待遇标准,也不构成征收。[④]

---

① Eli Lilly and Company v. The Government of Canada, ICSID Case No. UNCT/14/2, December 2015, Respondent's Rejoinder on the Merits, paras. 116 – 131.

② Eli Lilly and Company v. The Government of Canada, ICSID Case No. UNCT/14/2, December 2015, Respondent's Rejoinder on the Merits, paras. 179 – 181.

③ Eli Lilly and Company v. The Government of Canada, ICSID Case No. UNCT/14/2, March 2017, Award, paras. 221 – 226.

④ Eli Lilly and Company v. The Government of Canada, ICSID Case No. UNCT/14/2, March 2017, Award, paras. 314 – 325.

由此,仲裁庭有意或无意地回避了对 NAFTA 第 1110(7)条的适用,向一般性条款"逃逸",对不符合 NAFTA 知识产权章节、TRIPS 等知识产权条约的国家行为是否构成非法征收,不予置评。此外,仲裁庭以其不是超国家上诉机构为由,不再从实体内容方面评价加拿大法院作出的专利无效判决,进而规避对知识产权条约的解释和适用。这都将继续激励知识产权人从这一路径,不断尝试在国际投资条约知识产权保护制度与传统知识产权国际保护制度之间搭建关联,模糊和扩张知识产权权利边界,以限制东道国外资监管权。

第二节　知识产权人诉求的合法性分析

通过考察现有涉知识产权保护的典型国际投资仲裁案例,可以发现仲裁庭均未正面回应知识产权人试图在国际投资仲裁中,直接适用和执行知识产权国际保护规则的主张。这种"不置可否"的态度势必带来更多相同类型的国际投资仲裁争端,不利于国际投资条约知识产权保护制度和传统知识产权国际保护制度的协调发展与良性融合。

如果国际投资仲裁庭未能解决知识产权条约与投资条约的衔接与适用问题,那么本部分将结合国际投资法、贸易法和知识产权法的基本理论,试图从法理角度揭示知识产权人诉讼策略的合法性,以便有针对性地完善投资待遇条款。

一、知识产权申请并非必然构成涵盖投资

毋庸置疑,已经依东道国知识产权法律注册的知识产权,例如注册专利、注册商标等,在大多数国际投资条约框架下都属于涵盖投资范畴。而在知识产权申请阶段,知识产权人尚未获得法律赋予的一定期限内的垄断权,知识产权资本化应用过程中涉及的价值评估难以进

行,①因此,知识产权申请能否构成涵盖投资更具争议性。

有学者指出,对获得专有权利的"期待"本身,具有一定价值。② 例如在美国,商标申请可以转让,只要此种转让跟随标志所积累的商誉或申请人既往使用标志产生的关联商誉一同转让。③ 如果转让的标志从未被使用过或与申请人正在进行的商业活动无关,则商标申请不具有可转让性。④ 可见,在特定情形下,知识产权申请可以作为无形财产进行交易,产生经济效益。这提升了知识产权申请成为涵盖投资的可能性,因为部分国际投资条约的投资定义条款不仅列明知识产权可以用于投资,无形资产也属于投资范畴。例如2007年《美国—韩国FTA》第11.28条(h)项规定,投资包括其他有形或无形、可移动或不可移动的财产和相关财产权利,例如抵押权、留置权、质押权。但值得注意的是,该条款脚注指出,"为进一步明确,市场份额、市场准入、预期收益和盈利机会本身并不必然属于投资。"

此外,也有国际投资条约使用了更加宽泛的投资概念。例如2009年《中国—东盟FTA》第1条第1款(d)项规定,投资是指任一缔约方投资者根据另一缔约方的相关法律、法规和政策在其境内投入的各种资产,……(iii)知识产权,包括与版权、专利、实用新型、工业设计、商标和服务标志、地理标志、集成电路布局设计、商品名称、商业秘密、技术工艺、专有技术和商誉有关的权利(right with respect to IP)。

1994年《美国—牙买加BIT》投资定义条款更为直接,第1条第1款(a)项规定,投资是指在任一缔约方境内由另一缔约方国民或法人直

---

① 参见陈静:《知识产权资本化的条件与价值评估》,载《学术界》2015年第8期,第92页—第93页。

② Bryan Mercurio, Awakening the Sleeping Giant: Intellectual Property Rights in International Investment Agreements, *Journal of International Economic Law*, Vol. 15 (3),2012, p. 878.

③ Trademark Manual of Examining Procedure, October 2018, § 501. 01, available at https://tmep. uspto. gov/RDMS/TMEP/current # /current/TMEP-500d1e1. html, last accessed on 26 April 2021.

④ Pfizer, Inc. v. Gregg Hamer-schlag, No. 91118181 (T. T. A. B. 2001), Opposition No. 118181.

接或间接拥有或控制的各种投资,……(iv)知识产权,包括与以下方面有关的权利:文学和艺术作品(包括录音制品),可申请专利的(patentable)发明、工业设计、半导体掩膜作品,商业秘密和机密商业信息,以及商标、服务标志和商品名称。2009年《澳大利亚—东盟—新西兰 FTA》第2条(c)(iii)项不仅将受东道国法律承认的知识产权纳入投资范畴,而且在(d)项"投资者"定义条款的脚注中指明,"寻求"进行投资(seek to make an investment)的投资者是指已经就投资采取积极措施的另一缔约方投资者。如果进行投资需经历通知或批准程序,则"寻求"进行投资的投资者是指已经启动此类通知或批准程序的另一缔约方投资者。那么,业已启动知识产权申请程序的外国投资者理应属于受投资条约保护的主体。

知识产权申请属于投资在判例法中也有迹可循。在"Anheuser-Busch 公司诉葡萄牙案"中,欧洲人权法院认为,注册商标和商标注册申请都属于《欧洲人权公约第一议定书》[①]第1条规定的"财产权"和"财产"。[②] ISDS 仲裁庭在类似情况下对知识产权申请构成投资提出了进一步的要求,这种标准既可能来源于国际投资条约中投资定义条款本身,也可能来源于《ICSID 公约》第25条管辖权条款。正如在"Apotex 公司诉美国案"中,仲裁庭指出 ANDA 不构成 NAFTA 项下涵盖投资,虽然 ANDA 的可转让性和准备 ANDA 过程中投入的资产,都有利于仲裁庭将 ANDA 界定为投资,但是 Apotex 公司寻求仿制药品上市许可的过程,不能改变其基础活动的性质,其本质是跨境货物贸易。[③] 在"Bridgestone 诉巴拿马案"中,仲裁庭强调,如果商标使用许可属于根据东道国法律产生的类似于商标权的权利,只有将其应用于具

---

① Council of Europe, Protocol No. 1 to the European Convention for the Protection of Human Rights and Fundamental Freedoms, 20 March 1952, ETS 9.

② Case of Anheuser-Busch Inc. v. Portugal, European Court of Human Rights Grand Chamber, Application No. 73049/01(11 January 2007).

③ Apotex Inc. v. The Government of the United States of America, ICSID Case No. UNCT/10/2, June 2013, Award, paras. 207 - 224.

备投资特征的活动时,才构成投资。① 本案中,2007 年《美国—巴拿马 FTA》投资定义条款规定,投资是指投资者直接或间接拥有或控制的,具有投资特征的所有资产,包括资本投入、收益预期、风险承担。可见,知识产权尚且不必然构成受国际投资条约保护的涵盖投资,仅知识产权申请或许可证本身,构成涵盖投资还须其基础活动具备投资属性,包括符合"Salini 标准"。

综上所述,知识产权申请满足一定条件,可以构成国际投资条约项下涵盖投资。其一,投资定义条款或规定投资所用资产包括与知识产权相关的权利,或规定可依法获得知识产权的知识财产属于投资投入的财产,或规定投资包括无形资产;其二,根据东道国相关法律,知识产权申请具有一定经济价值或能被用于商业目的,例如可以依法转让给他人;其三,知识产权申请应对外国投资者在东道国开展投资活动具有重要意义或积极作用,并且该项活动具备投资特征,例如存续期间、资产投入、收益预期或风险承担。② 由此,在结合具体案情的基础上,仲裁庭很可能将知识产权申请界定为受投资条约保护的涵盖投资。

二、援引公平公正待遇条款易被驳回

通过考察既往涉知识产权投资仲裁案例可以发现,主张东道国遵守知识产权条约属于投资者合理期待范畴,是外国投资者最主要的诉讼策略之一。不仅如此,在部分国际投资条约中,公平公正待遇与征收条款彼此联系,将符合公平公正待遇标准或国际最低待遇标准(NAFTA 语境下),作为判断东道国行为是否构成非法征收的依据之

---

① Bridgestone Licensing Services, Inc. and Bridgestone Americas, Inc. v. Republic of Panama, ICSID Case No. ARB/16/34, December 2017, Decision on Expedited Objections, paras. 177 – 180.

② Henning Grosse Ruse-Khan, *The Protection of Intellectual Property in International Law*, Oxford University Press, 2016, p. 259.

一。① 因此,外国投资者依据国际知识产权条约而产生合理期待是否具有正当性和合理性就更显关键。

以 TRIPS 为例,知识产权人能否主张基于 TRIPS 而产生合理期待,WTO 上诉机构在"美国诉印度—药品和农用化学品专利保护案"中的裁决可提供参考。关于 TRIPS 的解释问题,专家组指出,解释 TRIPS 文本时,应该虑及 WTO 成员国对于 TRIPS 的合理期待,以及既往在 GATT 框架内专家组报告所形成的解释标准。② 尽管 GATT 形成的纪律系主要针对货物贸易,但是与 TRIPS 有关的"保护合理期待"的概念适用于一成员国国民与其他成员国国民之间的竞争关系。因此,专家组认为保护成员国对竞争条件的合理期待是 GATT 的一项既定原则,这一结论在一定程度上也可从 GATT 的第 23 条寻找到论据。③ 然而,上诉机构指出,专家组混淆了两个概念,其一是在 GATT 第 23 条第 1 款(a)项"违反之诉"背景下形成的概念,即"保护缔约方对其产品和其他缔约方产品之间竞争关系的期待";其二是在 GATT 第 23 条第 1 款(b)项"非违反之诉"背景下发展起来的概念,即"保护缔约方对市场准入优惠的合理期待"。根据 TRIPS 第 64 条第 2 款,在 WTO 协定生效之日起五年内,GATT 第 23 条第 1 款(b)项不适用于 TRIPS 项下的争端解决。因此,本案仅能处理涉及违反 TRIPS 的指控,专家组错误地合并了 GATT 第 23 条"违反之诉"和"非违反之诉",得出成员国对竞争条件的有"合理期待"的结论。④

除了援引 GATT 相关规定外,专家组还援引解释条约的习惯国际法规则作为其解释 TRIPS 的依据,即 VCLT 第 31 条:应当根据条约

① See Marc Jacob, Stephan W. Schil, Fair and Equitable Treatment: Content, Practice, Method, in Marc Bungenberg, Jorn Griebel and et al. ed., *International Investment Law — A Handbook*, Hart Publishing, 2015, pp. 700 – 763.

② India-Patent Protection for Pharmaceutical and Agricultural Chemical Products-Report of the Panel, WT/DS50/R, para. 7. 22.

③ India-Patent Protection for Pharmaceutical and Agricultural Chemical Products-Report of the Panel, WT/DS50/R, para. 7. 20.

④ India-Patent Protection for Pharmaceutical and Agricultural Chemical Products-Report of the Appellate Body, WT/DS50/AB/R, paras. 33 – 42.

用语和上下文并参照条约目的和宗旨所具有的通常含义,予以善意解释。那么,善意解释就要求保护基于 TRPS 产生的合理期待。① 对此,上诉机构认为专家组对 VCLT 第 31 条理解有误,"合理期待"应首先订立在条约文本中,条约解释者的职责是审查条约措辞以确定缔约方的意图,而非任意增加或减少 WTO 协议项下的权利和义务。因此,专家组不应引入 TRIPS 无意反映的"合理期待"概念。②

基于此,即便对涉 TRIPS 争端拥有专属管辖权的 DSB,尚且不能根据主权国家的诉求认可基于 TRIPS 产生了合理期待,更何况外国投资者要在国际投资仲裁中成功执行这一主张。

从国际投资法的角度看,作为公平公正待遇要素之一,投资者的合理期待应当源于东道国国内法律框架和营商环境。③ 尤其对知识产权投资而言,知识产权具有地域性,投资者得依据东道国法律获得和维持知识产权。无论国际知识产权公约对知识产权保护范围、知识产权人所拥有的专有权利规定得如何细致,都不会脱离缔约国国内法创设知识产权。④ 大多数国家均未给予 TRIPS、《巴黎公约》和《伯尔尼公约》等知识产权条约以直接效力,而是进行转化适用,为在其境内履行条约义务保留了自主空间。虽然有的国家在宪法中准许知识产权国际规则在国内直接适用,但也仅针对部分知识产权条约规定,诸如《巴黎公约》第 4 条,此类规则内容十分详尽,能够为知识产权人提供了执行权利的确切依据。⑤ 而绝大多数知识产权条约规则,以及投资者在涉知识产

① India-Patent Protection for Pharmaceutical and Agricultural Chemical Products-Report of the Panel, WT/DS50/R, para. 7. 18.

② India-Patent Protection for Pharmaceutical and Agricultural Chemical Products-Report of the Appellate Body, WT/DS50/AB/R, paras. 45 – 48.

③ See C. McLachlan, L. Shore, M. Weiniger, *International Investment Arbitration-Substantive Principles*, Oxford University Press, 2007, paras. 7. 101 – 7. 129.

④ Monique Sasson, *Substantive Law in Investment Treaty Arbitration: The Unsettled Relationship between International and Municipal Law*, Kluwer Law International, 2010, p. 66.

⑤ G. H. C. Bodenhausen, *Guide to the Application of the Paris Convention for the Protection of Industrial Property*, United International Bureaus for the Protection of Intellectual Property (BIRPI), 1969, pp. 10 – 16.

权保护国际投资争端中援引的知识产权条约规则,都不能在国内司法程序中被直接援引并适用。由此,外国投资者若要主张其基于知识产权条约产生了合理期待,必须证明:其一,东道国直接适用该知识产权条约;其二,相关条约规则已经十分具体、明确,以至于无需再援引东道国法律加以补充说明。然而,国际知识产权条约的措辞大多具有灵活性,为缔约国的具体执行留有实践空间,以适应各缔约国经济发展状况的差异性,并且需要各国在国内法律框架内进行细化。加之,仲裁庭应当在保护投资者合理期待与尊重东道国合理监管权益之间寻求平衡,正如知识产权条约也允许缔约国在一定条件下对知识产权施加限制。因此,投资者基于知识产权条约产生合理期待的主张欠缺正当性基础。

三、援引保护伞条款明显缺乏法律依据

在"Philip Morris 亚洲公司诉澳大利亚案"中,澳大利亚政府为反驳申请人援引保护伞条款执行知识产权条约指出,WTO 争端解决机构对涉 TRIPS 事项具有专属管辖权,投资仲裁庭无权裁定澳大利亚是否违反 TRIPS。但对于缺乏争端解决条款的知识产权条约,例如《WIPO 版权条约》,投资者将保护伞条款与知识产权条约相挂钩的主张能否成功,还需从分析保护伞条款的适用入手。

在"Eureko 公司诉波兰案"中,案涉国际投资条约中的保护伞条款与"Philip Morris 亚洲公司诉澳大利亚案"所涉保护伞条款如出一辙,规定"任一缔约方应当遵守其对另一缔约方投资者的投资可能承担的任何义务"。仲裁庭指出,虽然"任何义务"这一宽泛概念可能囊括东道国承担的国际条约义务,但是大量仲裁先例表明,保护伞条款所述义务或承诺,仅关涉东道国与投资者订立的合同或东道国国内法。[1] 至今尚未有仲裁庭将保护伞条款的保护范围从合同义务扩展至国际条约义

---

[1] Eureko B. V. v. Republic of Poland, Ad Hoc Arbitral Tribunal, August 2005, Partial Award, paras. 244 - 260.

务。此外,多数保护伞条款如"Philip Morris 亚洲公司诉澳大利亚案"一样,对东道国义务范围限定于对"投资"承担的义务,这意味着该义务应当是特定的、与投资具有直接关联的义务,东道国作出承诺时也应当以保护特定投资者及其投资为目的、目标。[①] 那么将缔约方订立保护伞条款的意图解释为涵括所有可能对投资产生影响的义务,就显得较为牵强。特别是东道国订立知识产权条约的主要目的系对其他缔约国承担知识产权保护义务,承诺国内知识产权保护水平不低于公约设置的最低保护标准。

再者,从解释学的角度看,保护伞条款是"有约必守原则"在国际投资条约中的直接表现之一,其初衷是将东道国对外国投资者承担的合同义务引入投资条约保护框架。[②] 而在国际知识产权条约语境下,条约系在主权国家之间缔结,东道国并不直接对外国投资者负有义务。因此,除非保护伞条款本身明确缔约方遵守其与另一缔约方签订的其他国际条约,也属于该条款的效力范围,否则外国投资者不能依赖保护伞条款,主张东道国未能履行知识产权条约中所载承诺,违反保护伞条款。

四、援引征收条款是目前唯一可行路径

在国际投资条约知识产权保护制度的第二、第三次转型过程中,为征收条款设置例外成为主流缔约实践。一般而言,符合 TRIPS 或 FTAs 知识产权章节的知识产权强制许可,或对知识产权的撤销、限制和创设不构成征收,是最为常见的条款设计方式,目的是保障东道国在传统知识产权条约框架下拥有灵活空间,能够基于社会公共目的对知识产权这一私人专有权利进行适当限制。有学者将此种与知识产权条

---

① Henning Grosse Ruse-Khan, *The Protection of Intellectual Property in International Law*, Oxford University Press, 2016, p. 201.

② Andrew Newcombe and Lluis Paradell, *Law and Practice of Investment Treaties*, Kluwer Law International, 2009, p. 438.

约相符性密切相关的征收条款,称为"保障条款"(safeguard clause)。① 例如 NAFTA 第 1110(7)条、美国 2012 年 BIT 范本第 6(5)条、CPTPP 第 9.8 条第 5 款、RCEP 第 10.13 条第 4 款,等等。因条约明确提及政府征收行为与知识产权条约或相关规则的相符性问题,外国投资者纷纷主张东道国颁布限制知识产权使用的法令、作出撤销知识产权的裁决等,不符合 TRIPS,或不符合 FTAs 知识产权章节。此外,为直接执行知识产权条约,外国投资者又以 FTAs 知识产权章节内容与 TRIPS 高度类似或相同,违反 FTAs 知识产权章节等同于违反 TRIPS 为由,将 FTAs 知识产权章节的例外演变为 TRIPS 例外,得以演绎并突破征收条款的例外规定。②

如上文所述,管辖权和法律适用是两个不同的问题。虽然有些 FTAs 规定知识产权章节项下争议不适用 ISDS 机制,例如"Eli Lilly 公司诉加拿大案"中,与 NAFTA 第 17 章(知识产权章节)相关的争议应适用 NAFTA 第 20 章 SSDS 争端解决条款,但是也存在未作此种程序例外设置的 FTAs,以及大量将征收条款与 TRIPS 挂钩的国际投资条约。由此国际投资仲裁庭不得不面临一道司法难题:如何解释和适用 TRIPS 等知识产权国际规则。

首先,关于证明责任的问题。如若东道国在国际投资仲裁中主张其行为不构成征收,则应当承担证明其行为符合 TRIPS 等国际知识产权法律的举证责任。这与 WTO 争端解决机制下的举证责任分担有所差异。凡提起 TRIPS 违反之诉的 WTO 成员国,必须证明被诉方不履行 TRIPS 项下义务。③ 其次,关于条约解释问题。如果仲裁庭仅聚焦

① Henning Grosse Ruse-Khan, Challenging Compliance with International Intellectual Property Norms in Investor-state Dispute Settlement, *Journal of International Economic Law*, Vol. 19(1), 2016, p. 265.

② Eli Lilly and Company v. The Government of Canada, ICSID Case No. UNCT/14/2, September 2015, Claimant's Reply on the Merits, para. 124.

③ Matthew Kennedy, Blurred Lines: Reading TRIPS with GATT Glasses, *Journal of World Trade*, Vol. 49 (5), 2015, pp. 745 – 747. See also United States-Measure Affecting Imports of Woven Wool Shirts and Blouses from India-Report of the Appellate Body, WT/DS33/AB/R and Corr. 1, para. 14.

某一具体知识产权条约规则,而忽视同一条约中的其他规定,将减损知识产权条约的目的和宗旨。例如 TRIPS 第 30 条"授予权利的例外",其中"无理""合法"等宽泛概念应受 TRIPS 第 7 条所载条约目标,以及第 8 条第 1 款所载公共利益原则之限制。然而,即便仲裁庭根据 VCLT 第 31 条、第 32 条解释投资条约中"保障条款",也会首先考虑 BITs 或 FTAs 的目的和宗旨,即投资促进和保护。此外,仲裁庭成员大多精通国际投资法而非贸易法、知识产权法,投资仲裁也未设立统计仲裁先例、辅助案件审理的职能部门(类似于 WTO 秘书处),因此,国际投资仲裁庭对 TRIPS 的解释很可能不同于 WTO 争端解决机制下 DSB 的解释结论。最后,在 SSDS 机制中,裁判者往往综合考虑多种因素,包括外交、政治、经济和法律等,以平衡主权国家利益,协调各国经济发展和科技水平的差异。故而在 WTO 体制外适用 TRIPS 无疑将破坏传统知识产权国际保护制度的内生平衡,侵蚀 WTO 法律和相关判例已经明确的国内知识产权政策空间。①

"Eli Lilly 公司诉加拿大案"发生后,为避免投资者继续利用 TRIPS 相符性主张东道国实施非法征收,CETA 第 8.12 条"征收条款"规定,本条不适用于符合 TRIPS 的强制许可以及对知识产权的撤销、限制或创设。如果缔约方前述行为不符合 TRIPS,也不意味着构成征收。相比之下,印度的做法更加"彻底"。印度 2015 年 BIT 范本(草案)第 2.6 条(v)项规定,符合东道国法律的知识产权强制许可,或对知识产权的撤销、限制和创设不构成征收。② 虽然不再与 TRIPS 等知识产权条约挂钩,但这势必带来另一个问题:外国投资者极可能在国际投资仲裁中,直接挑战东道国知识产权法律以及国内法院作出的知识产权判决。值得注意的是,印度 2015 年 BIT 范本(正式文本)第 2.4

---

① Sean Flynn, How the Leaked TPP ISDS Chapter Threatens Intellectual Property Limitations and Exception, March 2015, available at http://infojustice.org/archives/34189, last accessed on 29 April 2021.

② Model Text for the Indian Bilateral Investment Treaty, available at https://www.mygov.in/sites/default/files/master _ image/Model% 20Text% 20for% 20the% 20Indian%20Bilateral%20Investment%20Treaty.pdf, last accessed on 29 April 2021.

条(iii)项仍将"东道国法律"替换为"东道国在 WTO 协定下承担的国际义务"。

可见,无论是依据征收条款本身,抑或是根据 VCLT 第 31 条第 3 款(c)项确立的体系整合原则,国际投资仲裁庭都无法回避 TRIPS 等国际知识产权规则的适用问题,国际投资法与国际知识产权法相互交织、重叠已经是不争的事实。在此情况下,仲裁庭只有严格在其管辖权范围内,将相关知识产权国际规则作为判案依据之一,避免直接作出东道国违反 WTO 法律的裁决。此外,本书认为"冲突法路径"也有应用空间。在国际投资法体制内,知识产权条约相当于"外国法"。而在普通法系中,"外国法"系单纯的事实。由此,国际投资仲裁中的"法庭之友"制度将发挥重要作用。国际投资仲裁庭可以主动寻求国际知识产权法领域专家的帮助,由专家出庭对条约的内容予以解释和说明,经双方质证后裁判者方能准确理解案涉知识产权条约的"真义"。虽然最终仍然是裁判者承担解释和适用条约的义务,难免带有自己的价值取向和结构偏见,但通过此种途径,可以克服裁判者解释知识产权条约的能力缺陷。[①]

第三节　涉知识产权保护的国际投资仲裁案件的启示

鉴于国际投资条约知识产权保护制度有其存在的必要性和重要意义,我们不能因噎废食地废除这一制度,直接将知识产权排除在投资范畴之外,而是应当在现有制度框架内予以修正,尽量消除这一制度在实践中产生的负面作用,着重把握知识产权投资的特殊性。通过上文对涉知识产权保护的典型国际投资仲裁案例的考察,我们可以从以下三个方面重新审视国际投资条约知识产权保护制度。

[①]　具体请详见本书第五章第三节的论述,此处不展开。

一、投资定义条款的重要性

投资定义条款是将知识产权保护议题引入国际投资条约体制的桥梁和纽带。缺少投资定义条款的"认可",知识产权将不能成为投资资产,遑论依托国际投资条约寻求国际救济。实践表明,意义不明或内涵宽泛的投资定义条款,极易引发投资争端。

以知识产权申请是否构成投资为例。首先,注册和未注册的知识产权存在区别。有些知识产权类型,诸如版权、商业秘密等,权利的取得不以登记为要件;而其他类型的知识产权,诸如专利、商标、工业设计等,必须经过合法登记程序才能取得相应的专有权利。正如"Bridgestone 公司诉巴拿马案"仲裁庭指出,商标注册本身既不会给注册地国带来任何经济收益,也不会为商标所有人创造预期利润。[①]

其次,知识产权申请构成涵盖投资要满足三大条件,即投资定义条款承认知识产权申请属于用于投资的资产、知识产权申请符合东道国法律、知识产权申请所依附的基础性活动具备投资特征。鉴于"资产式定义"成为目前投资定义条款的主流设计模式,也有投资定义条款直接列明投资须符合东道国法律以及具备投资属性,包括存续期间、资产投入、预期收益、风险承担等。可见,投资定义条款起到举足轻重的作用。如果投资定义条款的确切措辞涉及知识产权申请,例如《美国—牙买加BIT》规定投资包括"可申请专利的发明",那么专利申请极有可能被投资仲裁庭认定构成投资。

最后,关于知识产权申请是否构成投资的争议,基本上起源于投资定义条款将用于商业目的或能产生经济效益的无形资产归入投资范畴。尤其当东道国法律允许相关方就知识产权申请进行交易时,知识

---

① Bridgestone Licensing Services, Inc. and Bridgestone Americas, Inc. v. Republic of Panama, ICSID Case No. ARB/16/34, December 2017, Decision on Expedited Objections, para. 171.

产权申请可以成为一种"无形资产",得以被转让和被第三方拥有,[1]例如"Apotex公司诉美国案"。有的投资条约甚至对知识产权作开放式列举,或规定与知识产权有关的权利也属于投资范畴。例如,1991年《加拿大—阿根廷BIT》第1(a)(iv)条将投资定义为"与版权、专利有关的权利",这又为投资者扩大投资内涵提供了机会,他们可以将投资理解为已依法注册的知识产权和知识产权申请。

为将条文解释权保留在条约缔约方手中,避免仲裁庭任意扩大解释,国际投资条约缔约方应当高度重视投资定义条款的作用,既避免过度狭隘的定义降低投资者在东道国境内投入知识产权的积极性,也要避免过度宽泛的定义引发不必要的法律争议。

二、投资待遇条款亟待明晰

非歧视待遇条款能否适用于争端解决机制?对知识产权条约的违反是否构成对公平公正待遇的违反?知识产权条约是否属于东道国对投资者作出的承诺?不符合TRIPS或FTAs知识产权章节的知识产权强制许可,或对知识产权的撤销、限制或创设是否构成非法征收?等等,无一不体现着宽泛模糊的投资待遇条款是引发投资争端的"导火线",知识产权人利用这一"弱点"演绎和丰富投资条约条款的内容,为其主张知识产权绝对保护提供便利。

尽管晚近国际投资条约有意识地澄清投资待遇条款的内涵,例如列举公平公正待遇要素,避免公平公正待遇成为过度抽象的外资待遇标准,但是绝大多数投资争端涉及的投资条约基本上属于21世纪初以前缔结的。这些投资条约的投资待遇条款表述模糊,很少囊括例外规定或保障条款。因此,在科学合理地订立新投资条约的同时,有必要明

---

① Christopher S. Gibson, Latent Grounds in Investor-State Arbitration: Do International Investment Agreements Provide New Means to Enforce Intellectual Property Rights?, in Karl Sauvant ed., *Yearbook on International Investment Law & Policy*, Oxford University Press, 2010, p. 444.

晰老一代投资条约中的投资待遇条款。

以最惠国待遇条款为例。[①] 虽然目前尚未有围绕最惠国待遇条款而产生的知识产权投资争端，但是同公平公正待遇条款和保护伞条款类似，这一条款仍然有被知识产权人利用，进而要求东道国遵守 TRIPS 或具有 TRIPS-plus 性质的 FTAs 义务的可能性。假设在"Philip Morris 公司诉乌拉圭案"中，Philip Morris 公司可以依据最惠国待遇原则，主张乌拉圭应当根据《南方共同体市场协定》(MERCOSUR Protocol)第 11 条"商标的注册应当授予商标所有权人一项排他性的使用权"，保护其商标投资。或者假设在"Philip Morris 亚洲公司诉澳大利亚案"中，Philip Morris 亚洲公司可以依据最惠国待遇原则，要求澳大利亚履行 TRIPS-plus 协定(例如《美国—澳大利亚 FTA》)项下的商标保护义务。换言之，对于外国投资者而言，只要知识产权条约能够提供更高水平的保护义务，他们都可能依据投资条约中的最惠国待遇条款，敦促东道国将上述保护内容延伸至投资者持有的知识产权。同时也直接绕开了东道国国内法对知识产权条约的转化。

对于知识产权人依据最惠国待遇条款提出的上述类似主张能否获得仲裁庭支持，本书持否定观点。首先，国际知识产权条约不直接为私人主体提供可供行使的直接权利，因此知识产权条约项下的保护内容不能被理解为外国投资者在最惠国待遇条款项下所享有的保护；其次，假设国际知识产权条约在极其特殊的情况下赋予知识产权人以明确的、可供直接行使的权利，能否适用最惠国待遇条款取决于条文的确切措辞。目前国际投资法学界及实务界，对投资条约中最惠国待遇条款的范围存在争议。[②] 除了"Maffezini 诉西班牙案"将最惠国待遇条款应

---

① 考虑到上文已经结合具体案例对公平公正待遇条款、保护伞条款、征收条款等作了较充分的讨论，故而此处以最惠国待遇条款为例，分析这一条款能否成为知识产权人要求东道国遵守 TRIPS-plus 义务的有效工具。

② August Reinisch, Most Favoured Nation Treatment, in Marc Bungenberg, Jorn Griebel and et al. ed. , *International Investment Law — A Handbook*, Hart Publishing, 2015, pp. 813 – 814.

用于适用其他投资条约中"更优惠"的争端解决规则,大多数仲裁庭都采取了更加谨慎的态度,并未扩张至程序性事项。① 但是"Maffezini 诉西班牙案"仲裁庭也指出,最惠国待遇条款指向的东道国与第三国缔结的条约,必须与基础条款具有相同的主题,即保护外国投资或促进贸易。② 然而,知识产权条约更注重保护独创性表达或发明创造,界定它们受缔约国国内法保护的条件和方式,并且规定对知识产权保护的限制。因此,基于"同类原则",知识产权人没有依据最惠国条款在投资仲裁中引入其他知识产权条约的空间。最后,有的投资条约中最惠国待遇条款明确设置了"类似情形"的限制性要求,例如 NAFTA 第 1103条。那么,在"Eli Lilly 公司诉加拿大案"中,如若 Eli Lilly 公司意图利用最惠国待遇条款直接执行知识产权条约,除了同类原则可以作为合法抗辩外,"类似情形"要求也可以成为驳回这一诉求的正当理由。根据 UNCTAD 报告,对于类似情形的判断涉及以下三大要点:其一,两个企业是否处于同一行业;其二,东道国在特定领域推行相关政策的影响是否相同;其三,东道国实施相关措施的动机是否一致。③ 由此,TRIPS 或 PCT 等知识产权条约提供的保护不属于类似情形的范畴。

三、国际投资仲裁的"正当性危机"缩影

国际投资仲裁是使国际投资条约知识产权保护制度从"纸面"到"地面"的关键。然而,国际投资仲裁正面临正当性危机,尤其当投资者试图利用 ISDS 机制迫使东道国修改或放弃基于社会公共利益而采取

---

① See Andrew Newcombe and Lluis Paradell, *Law and Practice of Investment Treaties. Standards of Treatment*, Kluwer Law International, 2009, pp. 216 – 224.

② Emilio Agustin Maffezini v. The Kingdom of Spain, ICSID Case No. ARB/97/7, 25 January 2000, Decision on Jurisdiction, para. 56.

③ Christopher S. Gibson, Latent Grounds in Investor-State Arbitration: Do International Investment Agreements Provide New Means to Enforce Intellectual Property Rights?, in Karl Sauvant ed., *Yearbook on International Investment Law & Policy*, Oxford University Press, 2010, p. 444.

的管制措施或投资政策时,更是引起主权国家对 ISDS 机制不当侵蚀本国利益和外资监管权的担忧。有学者总结,偏向保护投资者私人利益、仲裁程序缺乏透明度、仲裁庭任意扩大解释投资条约、仲裁裁决缺乏一致性等问题,是当前国际投资仲裁权威受损的症结所在。[①]

上文分析的一系列涉知识产权保护典型国际投资仲裁案例,更加直观地表现出 ISDS 机制对东道国基于公共利益行使外资监管权的"威吓"。澳大利亚为保护社会公共健康颁布《烟草平装法案》,要求在澳出售的香烟统一使用橄榄绿外包装,不得使用商标也不允许带有标志,必须展示健康警示标语及图片。日本烟草公司(JT)和英美烟草公司(BAT)向澳大利亚高等法院提起诉讼,包括 Philip Morris 公司在内的五家烟草商是诉讼参与人,联合质疑《烟草平装法案》的合宪性。高等法院以 6∶1 作出判决,判定澳大利亚政府颁布《烟草平装法案》系为了履行 WHO 框架下 FCTC 条约义务、保护公共健康而作出的立法决定。有合理证据表明实行烟草平装制度能有效降低烟草制品对消费者的吸引力。法院还指出,拿走(taking)一项财产和获得(acquisition)一项财产存在本质区别,前者强调从所有权人处的夺取行为,而后者强调财产取得者获得了专有利益。《烟草平装法案》的实施不会使澳大利亚政府获得专有利益,因此不属于议会专属立法事项,不违反《澳大利亚宪法》第 51(xxxi)条。[②] 在败诉后,Philip Morris 公司又将"战场"转移至国际舞台。由于 Philip Morris 公司注册地在美国,《美国—澳大利亚 FTA》未设有 ISDS 争端解决条款,Philip Morris 公司决定采取资产重组的方式,由 Philip Morris 亚洲公司利用 1993 年《香港—澳大利亚 BIT》提起国际投资仲裁。虽然该案仲裁庭因申请人滥用权利而认定不具有管辖权,但是在案件审理过程中,新西兰、英国等国家都暂缓颁

---

① Susan D. Franck, The Legitimacy Crisis in Investment Treaty Arbitration: Privatizing Public International Law Through Inconsistent Decisions, *Fordham Law Review*, Vol. 73,2005, p. 1521.

② JT International SA v Commonwealth of Australia, British American Tobacco Australasia Limited v. The Commonwealth of Australia, [2012] HCA 43, Matter No S409/2011 & S389/2011.

布本国烟草平装法律。此外,作为对"Philip Morris 亚洲公司诉澳大利亚案"的回应,CPTPP 第 29.5 条明确,与缔约方实施烟草控制措施有关的索赔诉求不得根据第 9 章(投资章节)的 ISDS 争端解决条款提交仲裁。可见,虽然澳大利亚并未败诉,也对其产生了寒蝉效应。

此外,国际投资仲裁庭对知识产权条约如何在投资争端解决中适用问题的回避态度,也影响其公信力。虽然仲裁庭仅对投资引起的争端具有管辖权,但是当投资者提出知识产权条约与投资待遇条款具有某种"互动关系",东道国政府也在答辩中予以回应时,仲裁庭理应作出裁断,而不是有意或无意地忽略。投资仲裁庭的暧昧态度不会打击知识产权人利用投资待遇条款直接适用知识产权条约的积极性,反而会促使其进一步尝试,试探仲裁庭的"底线",创造有利于强化知识产权保护的仲裁先例。

第四章 国际投资条约知识产权
保护制度的实施效果

近年来,涉知识产权保护的国际投资仲裁案件,因与东道国知识产权政策或东道国基于社会公共利益采取的外资管制措施息息相关,受到国际社会的高度关注和热烈讨论。国际投资条约通过投资待遇条款及其 ISDS 仲裁机制所确立的知识产权保护制度,固然有促进投资自由化、便利化,激励知识产权投资的优点,[①]但也引发国际投资条约与知识产权条约的竞合保护困境,打破了传统知识产权国际保护制度建立的利益平衡关系,激化私人专有利益与社会公共利益的矛盾和冲突。[②]

第一节 国际投资条约知识产权保护制度的积极影响

国际投资条约知识产权保护制度因知识产权人的不断应用,从纸面走进现实,并且带来了三方面的积极影响。其一,知识产权经济要求这种保护制度为知识产权资本化运用"保驾护航";其二,ISDS 机制非政治化的制度设计,避免主权国家因知识产权投资问题直接对抗;其三,涉公共利益知识产权投资争端,促使国际社会反思东道国公共利益

---

① 参见贾丽娜:《国际"投资"定义中的知识产权范畴探究》,载《私法》2018 年第 1 期,第 166 页,

② 参见何艳:《涉公共利益知识产权投资争端解决机制的反思与重构》,载《环球法律评论》2018 年第 4 期,第 153 页。

保护问题。

一、激励知识产权投资

现代国际商业活动的一大显著特点是经济活动的全球化和知识密集型产品国际交易的急剧扩张。在以数字产品、高新科技和互联网络技术为主要驱动力量的世界经济中,知识产权被认为是经济发展和创新的催化剂,[①]也是企业的关键性和战略性资产。知识产权连同其他无形资产在企业价值链中的占比日渐提高,为从事国际商业活动的跨国企业带来丰厚利润。

高收益意味着高风险,发达国家与发展中国家在知识产权持有数量和质量上仍存在一定差距。发达国家有意愿将R&D活动扩展至海外,利用技术优势获得市场垄断地位,增强国际竞争力和影响力,获得逆向技术创新溢出;[②]发展中国家也需要外国投资者在其境内投入知识产权等无形资产,以吸取先进知识产权投资管理经验,改善国内营商环境,促进东道国经济发展。[③]然而,资本输出国为本国投资者提供有力的知识产权国际保护并非易事。知识产权的地域性决定了投资者首先只能依赖东道国国内立法、司法和行政法律制度,获得或维持其知识产权以及寻求知识产权保护。因此,在知识产权已然成为重要投资资产的前提下,资本输出国不免担忧东道国知识产权法治建设的不健全,将带来知识产权侵权、商业秘密泄露、强制技术转让等问题,最终降低投资资本回报率、使其投资贬值。

为提振知识产权人的投资信心,自20世纪80年代开始,美欧日等

---

① Markus Perkams and James M. Hoskin, The Protection of Intellectual Property Rights through International Investment Agreements: Only a Romance or True Love?, *Transnational Dispute Management*, Vol. 6(2), 2009, p. 3.

② 参见杨世迪、刘亚军:《中国对外直接投资能否提升区域绿色创新效率——基于知识产权保护视角》,载《国际经贸探索》2021年第2期,第83页。

③ 参见夏先良:《后危机时代中国加强海外知识产权投资与合作》,载《国际商务》2011年第3期,第33页—第34页。

发达国家不仅致力于完善国内知识产权法律制度,而且推动了众多知识产权条约的诞生。[①] 其中 TRIPS 取得了举世瞩目的成就,TRIPS 不仅设置了知识产权最低保护标准,以协调各国知识产权保护水平,而且 TRIPS 的达成在知识产权与国际贸易条约体制之间建立了直接联系,为知识产权国际保护规则的执行装上了 WTO 争端解决机制的牙齿,增强条约的强制力和执行力。但是对投资者而言,TRIPS 仍然无法满足商事主体的利益诉求。在实体性规则方面,TRIPS 为知识产权设置了严格的权利限制。例如 TRIPS 第 27 条规定了拒绝授予专利权的例外情形,TRIPS 第 31 条还允许东道国政府在特殊情况下对专利颁发强制许可证;在程序性规则方面,只有投资者母国才享有 WTO 争端解决框架下的诉权。即便投资者运用其政治影响力说服母国提起申诉,DSB 报告只限于要求违反方纠正其不符合 TRIPS 的政策或措施,投资者不能获得直接的金钱赔偿。

面对这一缺陷,国际投资条约对知识产权投资者而言吸引力更大,也更具优势。自 1959 年《德国—巴基斯坦 BIT》将知识产权纳入投资范畴开始,不断涌现的 BITs 和 FTAs 将知识产权保护议题引入国际投资条约体制,避免知识产权保护不力成为投资壁垒,呈现 TRIPS-plus 趋势。根据典型的投资条约争端解决条款,知识产权人可以单方启动 ISDS 机制,控诉东道国政府未能按照投资条约设置的外资待遇标准,保护其知识产权投资。

由此,知识产权人专有利益得以获得不同条约体制的保障,知识产权国际保护的内涵也不断丰富。根据 2020 年《世界投资报告》和相关调查数据显示,外国直接投资倾向于流入知识产权保护程度高的国家或地区,而 BITs 和 FTAs 直接影响东道国知识产权保护水平,进而影响知识产权投资的区位选择。[②]

[①] See Rémi Lallement, *Intellectual Property and Innovation Protection: New Practices and New Policy Issues*, Wiley-ISTE, 2017, pp. 81 - 88.

[②] 参见唐雨妮、卜伟:《区域贸易协定下知识产权保护对中国对外直接投资区位选择的影响研究》,载《国际商务》2021 年第 2 期,第 94 页。

二、避免国家间正面对抗

知识产权不仅是一种经济资产,还与地缘、外交政策及大国政治经济关系紧密相关。[1] 知识产权具有地域性,各国实行不同的知识产权政策,给予知识产权不同程度的保护与限制,归根结底是由于各主权国家对外发展战略所追求的目标不同,其背后是国家利益的博弈与共存。知识产权外交日渐成为维系大国关系的一条技术路线,[2]属于当代国际关系的热点问题之一。

在国际贸易领域,美国经常使用"301 条款"这一单边工具,对他国进行贸易制裁。美国于 2017 年 8 月对中国启动"301 调查",意在确定中国是否存在损害美国知识产权、技术发展或创新的法律、政策或行动。这也成为中美爆发贸易战的导火线。2018 年 3 月,美国向 WTO 起诉中国实施强制技术转让违反 TRIPS,欧盟亦追随起诉;[3]同年 7 月,中国在 WTO 就美国"301 调查"项下对华输美 2000 亿美元产品征税建议措施追加起诉。[4] 就"美诉华技术转让案"而言,美国混淆了"与国际贸易有关"的知识产权以及"与国际投资有关的知识产权",美国指称中国《中外合资企业法实施条例》[5]第 43 条第 4 款不仅有违 TRIPS 国民待遇原则,也未按 TRIPS 第 28 条授予外国专利持有人专有权利。[6] 这显然系对我国外资法的挑战,外方以许可使用的技术作为投资,已经构成中外合资企业存续的基础,与国际贸易没有直接关联,美

---

[1] 参见韩书立:《论 ISDS 机制对知识产权的保护》,载《学术研究》2018 年第 9 期,第 74 页。

[2] 参见黄继明:《中美关系背景下的国家知识产权战略》,载《知识产权》2020 年第 9 期,第 3 页。

[3] 参见张乃根:《试析美欧诉中国技术转让案》,载《法治研究》2019 年第 1 期,第 126 页—第138 页。

[4] 参见龚柏华、施时栩等:《中国诉美国对来自中国某些货物的关税措施(301 条款)案评析》,载《国际商务研究》2021 年第 1 期,第 97 页—第 108 页。

[5] 随着我国《外商投资法》于 2020 年 1 月 1 日起正式施行,《中外合资企业法实施条例》连同《中外合资经营企业法》一同被废止,美国的这一指责也不复存在。

[6] China-Certain Measures Concerning the Protection of Intellectual Property Rights-Request for the establishment of a panel by the United States,WT/DS542/8.

国无权在 WTO 争端解决机制中处理这一问题；就"中国诉美征税措施案"而言，尽管专家组判定美国 301 关税措施违反 WTO 义务，[①]但由于美国向 WTO 上诉机构上诉，而上诉机构又处于停摆状态，所以专家组报告暂时不能发生法律效力。这两个案例无一不反映着大国在国际舞台中的直接对抗，其后果不仅事关两国国内法律制度发展走向，也关涉两国政治、外交关系。当前，中美关系的走向难以预判，加之新冠疫情更是加剧了中美泛知识产权竞争。

在国际投资领域，在国际投资条约为知识产权确立保护制度之前，涉知识产权投资争端解决亦与主权国家之间关系的微妙变化存在一定关联。如果知识产权人投资利益受到东道国政府侵害，除了诉诸东道国国内司法系统，知识产权人只能通过其母国寻求外交保护，同时尽量减少损失并继续经营，或退出东道国市场。此时，投资者处于被动境地。[②] 一方面，知识产权投资者无法在国内诉讼中直接适用知识产权条约，而东道国法院依据本国法律断案，也更可能支持本国政府做法；另一方面，投资者母国行使外交保护系权利并非义务，投资者母国很可能放弃这项权利。

相比之下，国际投资条约知识产权保护制度为涉知识产权投资争端解决提供了另一种国际法制，将商业活动与政治、外交相隔离，知识产权投资者在寻求国际救济方面有了更高程度的自主性和独立性。知识产权投资者有权单方启动 ISDS 机制，利用投资待遇条款主张知识产权投资权益保护。

三、凸显东道国公共利益保护的必要性

"Philip Morris 诉乌拉圭案"仲裁庭在裁决中指出，"本案涉及东道

---

① United States-Tariff Measures on Certain Goods from China-Report of the Panel，WT/DS543/R.

② Christoph Schreuer，Do We Need Investment Arbitration，in Anna Joubin-Bret and Jean E. Kalicki ed. ，*TDM Special Issue on Reform of Investor-State Dispute Settlement*：*In search of a Roadmap*，Transnational Dispute Management，2014，pp. 879 – 889.

国的一项立法举措,该项决策具有现实和科学依据,研究表明烟草制品对人体健康有致命威胁。在这方面,应当充分尊重东道国政府当局为解决公认的重大公共卫生问题而采取相应措施的决定。"①这一表述引发我们思考以下问题:除了公共健康之外,国际投资仲裁庭是否还应重视其他公共政策,以期在国际投资法领域纳入可持续发展理念和人本主义精神? 各主权国家在缔结国际投资条约时,是否也应为社会公共利益设置例外规则?

可以说,在涉知识产权保护的国际投资争端中,有必要特别关注不同公共政策之间的互动关系和相互作用。② 首先,投资争端直接适用的法律是国际投资法,包括东道国有关外资保护的国内法规范和国际投资条约本身。国际投资法的主要目的是促进外国直接投资,也是促进东道国可持续发展的重要工具。③ 其次,以知识产权作为在东道国境内投入的资产,仲裁庭必须适用东道国知识产权法,以确定知识产权的存在和范围。而国家或地区的立法者颁布知识产权法的目的是,激发国民创造力、鼓励技术创新、保护消费者权益,以及促进技术转让和R&D活动。④ 最后,知识产权保护问题还受国际知识产权条约的规制。分别以 WIPO 和 WTO 为核心的知识产权国际保护制度,已经编织了庞杂的条约网络。诸如《巴黎公约》《伯尔尼公约》及 TRIPS 等专门针对知识产权议题缔结的条约,旨在协调各国知识产权法律,确保给予外国知识产权持有人平等保护,消除潜在的贸易壁垒。⑤ 由此,仲裁

---

① Philip Morris Brands Sàrl and ors v. Uruguay, ICSID Case No. ARB/10/7, June 2016, Award, para. 418.

② Gabriel M. Lentner, Nomos and Narrative: The Protection of Intellectual Property Rights in International Investment Law, TTLF Working Paper No. 34.

③ Rudolf Dolzer and Christoph Schreuer, *Principles of International Investment Law*, Oxford University Press, 2012, p. 22.

④ Gary Myers, *Principles of Intellectual Property Law*, Thomson West, 2012, para. 1. 01.

⑤ Annette Kur, TRIPS and Trademark Law, in Friedrich-Karl Beier and Gerhard Schricker ed., *From GATT to TRIPs — The Agreement on Trade-Related Aspects of Intellectual Property Rights*, Wiley-VCH, 1996, p. 160.

庭在裁决与知识产权有关的投资争端时,不能也无法忽视上述法律和政策。

此外,部分现代国际投资条约开始明确东道国对公共卫生、环境等事项拥有监管权,CETA在这方面的实践具有典型性和示范性。一方面,CETA在序言中明确,本条约保留缔约方在其领土内享有的监管权,以及为实现正当政策目标采取措施的自主空间,例如公共健康、环境、社会公益、保护和促进文化多样性。本条约旨在既保护和促进投资,也不侵犯东道国的外资监管权。本条约重申缔约各方有关促进可持续发展的承诺,发展国际贸易以实现经济、社会和环境的可持续发展。本条约鼓励投资者遵守国际公认的企业社会责任准则,包括OECD跨国企业准则,鼓励投资者根据相关劳动法、环境法提高其劳工保护和环境保护标准。另一方面,CETA投资章节开篇(第8.9条)指明,就本章而言,缔约双方重申其有权实现合法政策目标,例如保护公共健康、安全、环境或公共道德、社会或消费者权益保护、保护文化多样性。为进一步明确,任一缔约方行使监管权通过或修改其法律,如若对投资者的投资产生负面影响,或干扰投资者预期(包括利润预期),不构成对本章项下义务的违反。

总体来看,有关知识产权的国际立法和实践都无法回避利益平衡问题,国际投资法也不例外。知识产权人利用投资待遇条款,在国际投资仲裁中激活了涉知识产权的庞大条约网络及东道国国内投资法、知识产权法等,不仅敦促作为裁判者的国际投资仲裁庭思考如何平衡案涉法律政策背后的目的和意欲实现的利益,也促使作为立法者的主权国家在缔结国际投资条约的过程中,强调尊重东道国监管权的重要性和必要性。

第二节　国际投资条约知识产权保护制度的消极影响

任何事物都具有两面性。上文论及的几起国际投资仲裁典型案例,虽然仲裁庭或作出不具有管辖权的裁决,或回避处理投资条约与知识产权条约关系问题,驳回知识产权人诉请,作出支持东道国的裁定。但是今后知识产权人从类似路径启动国际投资条约知识产权保护制度的概率依旧较高,其消极影响不容小觑。

一、影响东道国知识产权政策的制定和实施

传统知识产权国际保护制度为缔约国保留了制定国内知识产权政策的自主空间。例如 TRIPS 第 8 条第 1 款明确,各缔约国在制定和修改国内法律和法规时,为保护公众健康、促进对社会经济和技术发展具有重要意义的部门的公共利益,可以采取必要措施,只要此类措施与本条约规定保持一致。乌拉圭、澳大利亚等国,为应对国内因吸烟而不断上升的死亡率,降低为此付出的必要社会经济成本,颁布法令限制商标的使用。而烟草制造商和供应商不顾社会公共利益,从多种途径遏制政府实行控烟措施,片面地维护其商业利益。例如 Philip Morris 公司在国际投资仲裁中要求乌拉圭政府赔偿 2227 万美元,而其花费的仲裁成本约为 1690 万美元。这对作为烟草业巨头的 Philip Morris 公司来说是可以承受的,仅其在 2013 年的总收益就超过 800 亿美元。相比之下,乌拉圭政府花费的仲裁成本约为 1032 万美元。[1] 乌拉圭政府曾表示,幸得第三方资助仲裁,否则将无力承担高昂仲裁费用,并且可能在无奈之下考虑修改或放弃原定控烟政策,选择与 Philip Morris 公司和解。[2]

正如 WHO 前总干事 Margaret Chan 指出,烟草公司试图利用投资、贸易规则破坏 FCTC 法律效力。只要有一个国家在旷日持久又付出巨额经济成本的诉讼压力下开始动摇,其他有类似意图的国家也可

---

[1] Philip Morris Brands Sàrl and ors v. Uruguay, ICSID Case No. ARB/10/7, June 2016, Award, para. 583.

[2] 参见徐树:《国际投资条约下知识产权保护的困境及其应对》,载《法学》2019 年第 5 期,第 96 页。

能"退缩",屈服于大型企业咄咄逼人的诉讼策略。[①] 尤其对诸如乌拉圭等综合国力较弱和经济规模较小的国家而言,WHO 担忧 ISDS 机制将对其产生寒蝉效应,遏制东道国推行公共卫生倡议,缩减政府政策空间。[②] 也有专家统计,在众多 ISDS 已决案件中,有不少裁决阻碍东道国对劳工、卫生和环境等方面行使外资监管权,对人权保护也产生了不利影响。[③] 由此,知识产权人可能利用 ISDS 机制淡化知识产权的公共性,强化其私权属性,妨碍东道国制定国内公共政策。

此外,国际投资条约知识产权保护制度还可能限制东道国解释和发展本国知识产权法律。在"Eli Lilly 公司诉加拿大案"中,加拿大法院解释和发展本国专利法的判决被投资者诉至国际投资仲裁庭,认为这一行为构成间接征收。仲裁庭虽以其不是国内法院判决的上诉机构为由,驳回 Eli Lilly 公司的起诉,但是不免有知识产权人继续利用投资待遇条款,挑战东道国更新国内知识产权法律,认为其不能维持稳定的国内法律框架,进而违背投资者的合理期待,构成对公平公正待遇的违反。如果知识产权法律变动减损其知识产权投资利益,又可能构成非法征收。由此,东道国为保障人权、公共健康、教育等社会公共利益,合理行使立法主权,制定或修订知识产权政策等行为将遭受严重限制。

值得指出的是,即便"Eli Lilly 公司诉加拿大案"仲裁庭裁定加拿大政府获胜,但是加拿大最高法院随后在"AstraZeneca 公司诉 Apotex 公司案"中推翻了"承诺实用性原则",并且在判决书脚注明确提及"Eli

---

① Margaret Chan, The Changed Face of the Tobacco Industry, Speech delivered at the 15th World Conference of Tobacco and Health, Singapore, 20 March 2012, available at https://www.who.int/director-general/speeches/detail/the-changed-face-of-the-tobacco-industry, last accessed on 30 April 2021.

② Margaret Chan, Health has an Obligatory Place on Any Post - 2015 Agenda, Speech delivered to the 67th World Health Assembly, Geneva, 19 May 2014, available at https://www.who.int/director-general/speeches/detail/health-has-an-obligatory-place-on-any-post-2015-agenda, last accessed on 30 April 2021.

③ Statement of Mr. Alfred-Maurice de Zayas Independent Expert on the promotion of a democratic and equitable international order at the Human Rights Council 30th Session, Geneva, 16 September 2015, available at https://www.ohchr.org/EN/NewsEvents/Pages/DisplayNews.aspx? NewsID = 16461, last accessed on 30 April 2021.

Lilly 公司诉加拿大"一案,指出"承诺实用性原则"将减损《专利法》充分保护发明创造及其实际运用的目的,也与《专利法》规定不符。[①] 这一实施效果将激励在国际投资仲裁中败诉的知识产权投资者,继续在投资仲裁中质疑东道国知识产权立法,不禁让人担忧国际投资条约知识产权保护制度将持续掣肘东道国实施外资监管权,并且对东道国社会公共利益产生的负面影响。

二、挑战传统知识产权国际保护制度的运行逻辑

在传统知识产权国际保护制度下,SSDS 机制是最主要的争端解决方式。由于"主权豁免"[②]"条约转化适用"等限制,如果知识产权人在一国境内享有的专有利益受到该国政府侵害,知识产权人无法直接起诉国家,在起诉侵权人时也不能直接援引和适用国际知识产权条约,而是一般地适用被请求保护的法律。若要绕开国内司法救济,降低因司法腐败[③]、政治因素[④]等导致的败诉风险,知识产权人只有依靠游说其母国,由母国政府利用 SSDS 机制代为寻求国际保护。[⑤] 例如,以美国和欧盟为代表的 WTO 成员国,一直积极地在 WTO 争端解决机制下起诉其他 WTO 成员国违反 TRIPS 等 WTO 法律,并且注重打造专业化国际诉讼团队以保证胜诉率。[⑥] 由此,一旦损害知识产权人利益

---

① AstraZeneca Canada Inc. v. Apotex Inc., 2017 SCC 36.

② Cynthia M. Ho, Sovereignty Under Siege: Corporate Challenges to Domestic Intellectual Property Decisions, *Berkeley Technology Law Journal*, Vol. 30, 2015, p. 232.

③ Charles N. Brower and Stephan W. Schill, Is Arbitration a Threat or a Boon to the Legitim … of International Investment Law?, *Chicago Journal of International Law*, Vol. 9(2), p. 479.

④ Lone Wandahl Mouyal, *International Investment Law and the Right to Regulate: A Human Rights Perspective*, Routledge, 2016, p. 8.

⑤ Peter K. Yu, The Pathways of Multinational Intellectual Property Dispute Settlement, in Christopher Heath and Anselm Kamperman Ssanders ed., *Intellectual Property and International Dispute Resolution*, Kluwer Law International, 2019, p. 123, 129.

⑥ Gregory Shaffer, Recognizing Public Goods in WTO Dispute Settlement: Who Participated? Who Decides? The Case of TRIPS and Pharmaceutical Patent (转下页)

的国家败诉,DSB 作出要求其修改国内法律以符合 TRIPS 的裁决,知
识产权人也能间接地受益于这种法律或政策变化。

然而,知识产权人虽能游说母国启动 SSDS 机制,并且与母国密切
合作,包括提供证据或资金支持等,但是知识产权人无法左右母国政府
具体将使用何种诉讼策略,甚至母国政府可能会因担心遭受交叉报复
或承担负面的政治、外交影响,而放弃起诉。国际知识产权条约保护
制度为知识产权人开辟了获得国际救济全新道路,直接赋予其诉权,
以东道国政府为被申请人启动 ISDS 机制。知识产权人有机会利用
非歧视待遇条款、公平公正待遇条款、征收条款、保护伞条款和履行
要求禁止条款等,直接援引和执行知识产权条约,获得金钱赔偿。此
外,知识产权人可以通过扩大解释投资待遇条款的内涵,或者利用投
资待遇条款与知识产权条约的挂钩和连结,强化知识产权保护产生
TRIPS-plus 效果,弱化传统知识产权国际保护制度对知识产权的限
制。例如控诉东道国政府实施强制技术转让,或声称东道国政府对
知识产权的撤销、限制或创设不符合 TRIPS 等国际知识产权条约。
这无疑改变了知识产权条约的执行方式,具体执行人也由公权力主
体转换为私权主体。

三、引发国际投资法与国际贸易法的体制竞争

在知识产权议题上,国际知识产权法、贸易法和投资法呈现碎片化
发展趋势。虽然自国际投资条约知识产权保护制度完成第二、三次转
型以来,已经开始注重与传统知识产权国际保护规则相协调,但由于挂
钩方式较为简单,反而被知识产权人作为在国际投资仲裁中执行
TRIPS 等知识产权条约的工具。当两大知识产权国际保护制度同时
发挥作用,WTO 争端解决机制和 ISDS 仲裁机制的互动关系值得予以

（接上页）Protection, in Keith E. Maskus and Jerome H. Reichman ed., *International Public Goods and Transfer of Technology under a Globalized Intellectual Property Regime*, Cambridge University Press, 2005, p. 900.

重视。

首先,可能发生投资仲裁庭与 WTO 争端解决机构管辖权重叠。澳大利亚烟草平装措施引发的一系列争端就是典型例证。Philip Morris 亚洲公司在国际常设仲裁院对澳大利亚政府提起投资仲裁,而以乌克兰①、洪都拉斯、多米尼加、古巴和印度尼西亚为代表的世界主要烟草生产国先后在 WTO 对澳大利亚提起贸易诉讼。② 虽然前案因申请人滥用权利,仲裁庭裁定其不具有管辖权,驳回知识产权人认为澳大利亚政府违反 TRIPS、TBT 等知识产权条约,进而违反公平公正待遇条款并且构成非法征收的诉请。但是,试想如若申请人不存在"选购条约"的行为,类似于"Philip Morris 公司诉乌拉圭案",仲裁庭很可能裁定其具有管辖权。那么,投资仲裁庭和 WTO 争端解决机构的管辖权将彼此重叠。一旦双方对案涉国家行为是否符合TRIPS 得出相反结论,将使国家陷入条约遵守困境,也将损伤国际法治环境。

其次,可能引致投资仲裁庭与 WTO 争端解决机构管辖权冲突。知识产权人在国际投资仲裁中直接拥有诉权,并且有可能获得巨额金钱赔偿,而在 WTO 争端解决机制下,知识产权人不仅无申诉权,DSB裁决也只涉及取消不符合 WTO 法律的措施等。据此,国际投资仲裁机制对知识产权人更具吸引力,有可能导致一项 WTO 事务只启动了ISDS 程序,WTO 法律的实施方式受到影响,投资仲裁成为 WTO 争端解决程序的"竞争性场所"。③

最后,WTO 法律可能面临碎片化风险。国际投资条约知识产权保护制度改变了知识产权条约执行方式,原本由 WTO 专家组和上诉

---

① 乌克兰于 2015 年 6 月撤回申诉。See https://www. who. int/fctc/ukrainestmnt/en/♯,last accessed on 1 May, 2021.

② Australia-Certain Measures Concerning Trademarks, Geographical Indications and Other Plain Packaging Requirements Applicable to Tobacco Products and Packaging-Reports of Panels, WT/DS435/R, WT/DS441/R, WT/DS458/R, WT/DS467/R.

③ 都亳:《国际投资协定中知识产权保护机制对 WTO 法律体系的挑战》,载《国际商务(对外经济贸易大学学报)》2017 年第 5 期,第 134 页。

机构根据国际社会广泛接受的规则以及 DSB 既往报告[①],作出案涉政府行为或法律是否符合 WTO 法律的裁决。现可能由缺乏 WTO 法、知识产权法等相关专业知识的投资仲裁庭作出裁定。这很可能产生不一致或冲突裁决,正如联合国国际法委员会指出,"对法律问题的答复取决于所问的对象及其所属的规则体系"。[②] 如果仲裁庭在解释和适用 WTO 法律时仍然遵循投资条约体制的价值取向并且带有结构性偏见,将不能准确理解案涉 WTO 法律,加之投资仲裁程序与 WTO 争端解决程序之间缺乏沟通和合作机制,两项彼此冲突的裁定可能损害 WTO 法律秩序的稳定性。

第三节　国际投资条约知识产权保护制度产生消极影响的原因

尽管国际投资条约知识产权保护制度激励知识产权投资,让知识产权这一无形资产在促进国际经济发展、调整国际经济秩序和缩小南北国家社会经济发展差距方面,发挥了重要作用,但是其产生的负面实施效果值得关注,尤其是对东道国社会公共利益的损害,我们有必要进一步剖析消极影响的产生原因。

一、两大知识产权国际保护制度的价值取向差异

虽然利益平衡原则始终贯穿知识产权国际立法始终,国际投资条

---

① DSB 报告本身不具有先例效力,但是 WTO 上诉机构在"日本酒类税案"中指出,参考 DSB 既往报告,有助于为 WTO 成员国创设对 WTO 法律的合理期待,保障 WTO 法律体系的可预见性和稳定性。See Japan-Taxes on Alcoholic Beverages-AB-1996-2-Report of the Appellate Body, WT/DS8/AB/R; WT/DS10/AB/R; WT/DS11/AB/R, p. 14.

② International Law Commission, Fragmentation of International Law: Difficulties arising from the Diversification and Expansion of International Law, Report of the Study Group of the International Law Commission, UN Doc. A/CN. 4/L. 682,13 April 2006, para. 483.

约知识产权保护制度的第三次转型也明显带有利益平衡色彩,但是国际投资条约的首要任务是保护外国投资者,避免和约束东道国政府干预投资,损害投资者合法权益。换言之,国际投资条约订立初衷是希望缔约各方营造良好投资环境,吸引外国直接投资,彼此促进、共同繁荣。[①] 为了达成这一目标,绝大多数国际投资条约在投资者待遇或东道国对投资的待遇方面,都赋予外国投资者以"实体权利",并且允许投资者通过 ISDS 机制执行这些权利。有学者指出,知识产权资本化是一种"质变"过程。知识产权成为了积累财富的工具,知识产权议题已经从在私权保护和社会福祉之间建立起平衡的规则体系转移到一个新的、欠缺前述平衡关系的规则体系中。[②]

对比之下,以 WIPO 和 WTO 为核心的传统知识产权国际保护制度,一方面,只设定知识产权保护的最低标准,为各成员国实施本国知识产权政策保留自主空间,使各成员国能够适时调整知识产权政策实现国内经济、社会目标,[③]侧重于社会公共利益保护;另一方面,与WTO 法律体系的紧密联系,有助于知识产权人作为市场参与者,依托国际贸易条约体制创造的有利市场条件,[④]获得竞争机会,以提高创造力、鼓励创新和促进技术转让。

可见,TRIPS 等 WTO 法律遵循的宏观经济方针主要利用"涓滴效应"(trickle-down effect)[⑤]为个体创造财富。通过追求货物和服务

---

① Nicholas A. DiMascio and Joost Pauwelyn, Nondiscrimination in Trade and Investment Treaties: Worlds Apart or Two Sides of the Same Coin, *American Journal of International Law*, Vol. 102(1), 2008, p. 56.

② Susy Frankel, Interpreting the Overlap of International Investment and Intellectual Property Law, *Journal of International Economic Law*, Vol. 19(1), 2016, pp. 123 - 125.

③ Susy Frankel, WTO Application of the Customary Rules of Interpretation of Public International Law to Intellectual Property, *Virginia Journal of International Law*, Vol. 46, 2006, p. 424.

④ United States-Sections 301 - 310 of the Trade Act of 1974-Report of the Panel, WT/DS152/R, para. 7. 73.

⑤ 参见陈卫东:《论缩小收入差距的宏观和微观财政政策》,载《经济问题》2004 年第 5 期,第 47 页。

贸易自由化,保护知识产权使知识产权措施和程序本身不会成为合法贸易的阻碍,进而实现更广泛的社会目标,例如提高国民生活水平、确保充分就业、增加实际收入、保护环境、依据可持续发展目标优化世界资源配置,[1]等等。而国际投资条约采取微观经济方法,[2]旨在促进"自下而上"的福利收益,[3]将保护每个投资者的经济权益免受东道国政府干预作为第一要务,为个别经济行为主体提供资产保护,降低投资者的投资风险和成本。通过激发个体的商业积极性,鼓励资本和技术的跨国流动,总体上有助于东道国创建有利的宏观经济投资环境,最终有利于促进本国经济发展,提升社会福祉。

从另一角度看,国际投资法和知识产权法的"联姻",引发了知识产权国际保护与实现国际投资条约目的和宗旨之间的冲突,涉知识产权保护投资争端具有复杂性。这就要求国际投资仲裁庭准确定位申请人作为知识产权人和投资者的双重身份。尽管投资者主张将知识产权视为财产或财产性权益,但这并不影响知识产权其他功能、目标的实现。知识产权人强调知识产权的财产属性,只是出于追求经济利益,不能反映知识产权权利属性的全貌。在知识产权法律关系中,知识产权人固然是很重要的一方,但也只是利益相关方之一,裁判者不能忽略知识产权所牵涉的更广泛的社会公共利益。

二、新自由主义的缺陷及其负面效应

20 世纪 80 年代末,新自由主义推动了国际投资条约的飞速发展,

---

① 《建立世界贸易组织的马拉喀什协议》序言。

② Simon Klopschinski, The WTO's DSU Article 23 as Guiding Principle for the Systemic Interpretation of International Investment Agreements in the Light of TRIPs, *Journal of International Economic Law*, Vol. 19(1), 2016, pp. 223 - 224.

③ Anne van Aaken and Tobias Lehmann, Sustainable Development and International Investment Law: An Harmonious View from Economics, in Roberto Echandi and Pierre Sauve ed. , *Prospects in International Investment Law and Policy*, Cambridge University Press, 2013, pp. 317 - 339.

建立起以创造自由市场、确保资本流动不受限制为主要目标的国际投资体制。但是,自 2008 年爆发国际金融危机以来,新自由主义所倡导的过度自由化、市场化、私有化,造成了不公正和不平等问题。[1] 人们意识到过分限制和弱化政府对经济的直接干预,可能导致投资保护与东道国监管权之间的紧张关系,新自由主义的国际投资法范式饱受质疑。[2]

从理论的角度看,新自由主义与古典自由主义一脉相承,但是新自由主义强调人并非必然是理性的经济人,有必要建立健全产权制度。[3] 故而就知识产权投资而言,在新自由主义思潮的影响下,首先投资定义条款尽可能使知识产权或无形资产归入投资条约的保护范围,投资仲裁庭对投资的理解也呈泛化趋势,对投资属性的界定也极具弹性;其次,知识产权人持有的知识产权本身系消极性权利,而非歧视待遇条款、公平公正待遇条款、征收及补偿条款、资本自由汇兑转移等,都实际上成为了知识产权人可以直接行使的积极性权利,有机会在国际投资仲裁中挑战主权国家的政府行为或国内政策;再次,国际投资条约逐渐将其调整的范围扩展至准入前阶段,倡导外资准入前的自由化、便利化。以美日加为主导缔结的 BITs 最新展现出新自由主义的特征,不仅规定准入阶段的非歧视待遇标准,而且基本上取消了外资履行要求;最后,知识产权人有权单方面启动 ISDS 机制,直接以个人名义独立地享有了国际公法意义上的权利和主体地位。由此造成的权利与义务失衡、商事仲裁与公法争端的错位、双边化与多边化的失调,让新自由主义国际投资法体制处于十字路口。

---

[1] See Nicolás M. Perrone, The International Investment Regime After the Global Crisis of Neoliberalism: Rupture or Continuity?, *Indiana Journal of Global Legal Studies*, Vol. 2(2), 2016, pp. 603 - 62. 另参见韩秀丽:《后危机时代国际投资法的转型——兼谈中国的状况》,载《厦门大学学报(哲学社会科学版)》2012 年第 6 期,第 17 页。

[2] 参见蒋小红:《试论国际投资法的新发展——以国际投资条约如何促进可持续发展为视角》,载《河北法学》2019 年第 3 期,第 45 页。

[3] 参见王彦志:《新自由主义国际投资机制初探——以国际机制理论为视角》,载《国际关系与国际法学刊》2011 年,第 143 页。

UNCTAD 在 2010 年《世界投资报告》中指出,新自由主义国际投资法体制正在并将继续经历"系统性的进化"。[1] 一种被称为"嵌入式自由主义"的法律范式日渐成为主流,这一理论思潮在保持"自由化"核心地位不动摇的前提下,不片面追求经济增长,而是强调平衡投资者利益和东道国社会公共利益,为东道国在国家安全、金融稳定、劳工保护及环境保护等方面保有适当监管空间。[2]

三、"投资者友好型"的国际投资仲裁

深受商事仲裁影响的国际投资仲裁,对投资者有着极大的吸引力。尽管有些国际投资条约同时纳入了 SSDS 机制[3]和 ISDS 机制,但是在实践中 SSDS 机制很少被启动。此外,即使启动了 SSDS 机制,也不能阻碍投资者启动 ISDS 机制解决投资争端。根据 UNCTAD 统计,截至2020 年底,至少有 740 起 ISDS 案件已经审结。在已决案件中,约 37% 的案件支持了东道国的主张,约 29% 的案件支持了投资者的诉请并且裁决金钱赔偿,约 20% 的案件当事人和解,约 12% 的案件被终止审理,约 2% 的案件裁定东道国违反条约但未裁定给予投资者金钱赔偿。[4] 在东道国胜诉的案件中,多半是因为仲裁庭裁决其不具有管辖权,而进入实体审理阶段的仲裁争端,约 60% 的仲裁庭支持了投资者的主张。[5] 从这一统计数据可以看出,在进入实体审理阶段的案件中,

---

[1]　UNCTAD, World Investment Report 2010: Investing in a Low-carbon Economy, pp. 83 - 90.

[2]　参见张辉:《中国国际经济法学四十年发展回顾与反思》,载《武大国际法评论》2018 年第6 期,第 87 页。

[3]　大多规定管辖缔约方有关国际投资条约的解释、修订和监督执行等事项的争议,也有投资条约规定涉金融审慎、国家安全等事项的投资争端适用国家间仲裁机制。

[4]　See UNCTAD, World Investment Report 2021: Investing In Sustainable Recovery, p. 130.

[5]　UNCTAD, Review of ISDS Decisions in 2019: Selected IIA Reform Issues, 27 Jan 2021, available at https://investmentpolicy. unctad. org/publications/1241/review-of-isds-decisions-in-2019-selected-iia-reform-issues, last accessed on 1 May 2021.

投资者有着较高胜诉率,无疑提升了知识产权人利用 ISDS 机制挑战东道国公共政策的信心。

此外,投资者不仅拥有 ISDS 程序启动权,还在选任仲裁员、仲裁程序、法律适用等方面拥有充分的意思自治空间。这对熟稔商事仲裁的投资者来说,具有先天优势。中立的裁判者不受主权国家的权力威慑、仲裁的保密性可以有效保护商业秘密等机密信息、仲裁一裁终局符合商事主体追求的高效率、高昂的赔偿金直接弥补投资者的利益损失。反而,国家的公法人身份在争端解决的静态规则和动态过程中被淡化,面对投资者片面地追求自身短期经济利益,裁判者容易忽视东道国的可持续发展。① 知识产权人恰好乘"投资者友好型"ISDS 机制之便,将利益天平推向投资者一方,一时间激化私人专有利益和社会公共利益之间的矛盾,打破传统知识产权国际保护制度既已建立的利益平衡。

正如上文所述,"投资者友好型"国际投资仲裁机制面临正当性危机。发展中国家重拾 20 世纪 60 年代盛行的"卡沃尔主义",不愿再给予外国投资者超国民待遇。最激进的做法包括退出订有 ISDS 争端解决条款的部分 BITs 和《ICSID 公约》,例如 2008 年以来,厄瓜多尔等国先后终止了其与多个国家之间的 BITs;玻利维亚、厄瓜多尔、委内瑞拉已经正式退出《ICSID 公约》。② 部分发达国家也因深陷"投资仲裁"泥沼,加入了卡沃尔主义阵营。③ 代表卡沃尔主义回归的最新缔约实践是 USMCA。USMCA 第 14. D. 3 条采用正面清单的方式规定 ISDS 机制的管辖范围,即只处理因东道国违反非歧视待遇条款和征收条款(排除间接征收)而引发的争端。此外,根据 USMCA 第 14. D. 1 条,加拿大退出了 ISDS 机制,意味着涉加拿大投资争端只能通过加拿大国内法院、国家间仲裁机制或今后加拿大与投资者母国签订的其他投资

---

① 参见蔡从燕:《国际投资仲裁的商事化与"去商事化"》,载《现代法学》2011 年第 1 期,第 153 页—第 154 页。

② 参见池漫郊:《〈美墨加协定〉投资争端解决之"三国四制":表象、成因及启示》,载《经贸法律评论》2019 年第 4 期,第 23 页。

③ 参见伍穗龙、陈子雷:《从 NAFTA 到 USMCA:投资争端解决机制的变化、成因及启示》,载《国际展望》2021 年第 3 期,第 71 页。

条约所规定的方式予以解决。有学者将国际投资仲裁机制面临的正当性危机恰当地形容为"退出、呼吁与忠诚式"的挑战。[①]

国际社会对国际投资仲裁机制进行改革[②]的呼声日渐高涨。2012年,UNCTAD 制定的 IPFSD 建议改革 ISDS 机制,明确限制仲裁庭的管辖权,要求用尽当地救济,尽可能避免滥诉。此外还提出增强仲裁透明度、提升仲裁员专业水平和业务能力、约束仲裁庭对条约解释的自由裁量权等方案。UNCTAD 又于 2017 年发布了《可持续发展导向的国际投资条约改革路线图》,包括五大领域和六项指引,涉及多边、区域、双边和国内四个层次。[③] 其中,五大领域涉及保护投资与保留东道国监管权并重、确保负责任地投资、投资促进、改革 ISDS 机制、增强系统性一致性;六项指引分别是促进国际投资条约的可持续发展、聚焦重要领域的改革、注意解决方案的恰当排序、确保改革过程具有包容性和透明度、强化多边投资框架。

---

① 王彦志:《国际经济法总论:公法原理与裁判方法》,华中科技大学出版社 2013 年版,第 306 页。

② 具体请详见本书第五章第三节,此处不展开。

③ UNCTAD, UNCTAD's Reform Package for the International Investment Regime, 2017.

第五章　国际投资条约知识产权
保护制度的完善

从 FCNs 时代粗略算起,国际投资条约知识产权保护制度已经经历了三次现代转型历程。尤其在第三次变革过程中,公共利益例外条款的复兴,投资待遇条款与既定知识产权国际保护规则的挂钩,使得"平衡"与"融合"的观念成为这一制度在当代发展的"关键词"。此外,这种演进趋势也与国际投资法第三波发展浪潮相契合,国际社会日渐关注国际投资条约对东道国可持续发展的制约、对利益相关者基本公民权利、经济社会及文化权利、健康环境与人权的不当侵害,[①]呼吁东道国外资监管、公共利益保护和保障本国可持续发展的角色回归。

由上文可知,国际投资条约知识产权保护制度产生了积极和消极两个方面的影响。将知识产权作为适格投资形式予以保护带来的积极影响表明,国际投资条约仍然要继续保护知识产权这一投资形式;而数起涉东道国公共政策的知识产权投资争端带来的消极影响表明,我们需查找这一保护制度的现有缺陷并予以完善,避免国际投资条约成为知识产权人压缩本国外资监管空间、要求本国履行 TRIPS-plus 义务的工具。[②] 由于案涉条约多为 20 世纪 90 年代所缔结,如何对老一代国

---

① 参见王彦志:《经济全球化、可持续发展与国际投资法的第三波》,载《国际经济法学刊》2006 年第 3 期,第 182 页—第 184 页。

② 基于第四章的分析,本书认为,即便知识产权人的诉讼策略不成功或很难成功,他们有关东道国违反投资条约就是违反与贸易有关的知识产权条约的主张,也已经给东道国带来了规制寒颤,因此亟需完善国际投资条约知识产权保护制度。

际投资条约予以改革,又为新一代国际投资条约积累实践经验,同时统筹与协调投资法、贸易法和知识产权法在知识产权保护议题上的碎片化发展,都是当下建构国际法治无法回避的现实难题。

本章将立足于现有国际投资条约知识产权保护制度的缺陷,从修订国际投资条约文本和改革 ISDS 机制两个方面出发,探析在国际投资法范式转换与可持续发展理念融入国际投资法律体制的进程中,国际投资条约知识产权保护制度的改革面向。

第一节 现有国际投资条约知识产权保护制度的缺陷

知识产权被国际投资条约普遍地纳入投资范畴,通过投资待遇条款和 ISDS 机制建立起的保护框架,虽然具有显著的投资激励性,但是其带来的种种负面影响促使我们审视这一制度存在的问题与不足。就现有国际投资条约知识产权保护制度,特别是自 20 世纪八九十年代以来大量缔结的 BITs[①] 所形成的双边保护制度而言,制度缺陷主要涉及以下四个方面的内容。

一、忽视知识产权投资的特殊性

不同于其他形式的外国直接投资,将知识产权作为在东道国境内投入的经济资产或无形资产,要求投资者在准入(前)阶段事先向东道国知识产权主管部门提出知识产权申请,以依法获取和维持一项法律意义上的知识产权,进而实现知识产权资本化;而在准入后阶段,知识产权投资不仅关涉东道国经济发展,也与东道国社会公共利益有着千

---

① 参见漆彤、吴放:《论国际投资条约价值多元化之发展趋势》,载《福建江夏学院学报》2014年第 2 期,第 29 页—第 30 页。See also Jeswald W. Salacuse and Nicholas P. Sullivan, Do BITs Really Work?: An Evaluation of Bilateral Investment Treaties and Their Grand Bargain, *Harvard International Law Journal*, Vol. 46(1), 2005, p. 67.

丝万缕的联系。这是由知识产权自身属性决定的,尤其在涉知识产权国际投资仲裁案件中反映出的"公私冲突",提醒主权国家在缔结国际投资条约时对知识产权投资予以特别关照。然而,仍有国际投资条约对知识产权投资和其他类型的投资设置了"共同"保护制度,未能重视知识产权投资的特殊性。

(一) 知识产权在投资定义条款中的泛化

为了促进和保护投资,大多数国际投资条约投资定义条款的内容趋于广泛和多元化,涵盖各种类型的财产,诸如资金、厂房、公司股份或其他形式的权益、与投资有关的金钱请求权或具有经济价值的行为请求权、知识产权、法律或法律允许通过合同授予的权利(包括勘探开发自然资源的特许权),等等。较为极端的例子是 1979 年《荷兰—塞内加尔 BIT》,该条约第 1 条第 1 款规定,"资本投资应囊括各种资产,包括各种类型的权利。"对此,"Millicom 公司诉塞内加尔案"仲裁庭评价称,《荷兰—塞内加尔 BIT》对投资的定义极其宽泛。加之《ICSID 公约》也未对投资下定义,最终该案仲裁庭根据"Salini 标准"裁定 Millicom 公司在塞内加尔境内存在一项投资。[1] 可见,当投资定义条款不对投资的内涵和外延进行明确限定时,仲裁庭将依据一般性的认定标准确定是否存在投资,继而确立对案件的管辖权。但是就知识产权而言,宽泛的投资定义条款将成为知识产权人启动国际投资条约知识产权保护制度的有力抓手,可以借助合理解释的手段[2]将知识产权定性为涵盖投资,保证 ISDS 机制的成功运行。

一方面,知识产权具有地域性,东道国法律在认定知识产权是否构成涵盖投资时扮演关键性角色。然而,美式 BITs 普遍淡化东道国法

---

① Millicom International Operations B. V. and Sentel GSM SA v. The Republic of Senegal, ICSID Case No. ARB/08/20, July 2010, Decision on Jurisdiction of the Arbitral Tribunal, paras. 79 – 81.

② See Bryan Mercurio, Safeguarding Public Welfare? —Intellectual Property Rights, Health and the Evolution of Treaty Drafting in International Investment Agreements, *Journal of International Dispute Settlement*, Vol. 6, 2015, p. 254.

律的重要作用,其投资定义条款一般不强调投资应当依据东道国法律法规作出,或要求用于投资的财产为东道国法律法规所许可。20世纪八九十年代的美式BITs注重从"控制"的角度描述投资的内涵,即投资是指在缔约方领土内由另一缔约方国民或法人直接或间接拥有或控制的各种投资。① 21世纪初的美式BITs仍然遵循这一定义模式,只是额外添加了投资应当具备投资属性的要求。② 此外,美国2012年BIT范本在界定"涵盖投资"时,依旧未明确提及东道国法律,仅规定受条约保护的投资是指在本条约生效之日起,另一缔约方投资者在其境内建立、取得或扩大的投资。相比之下,欧式BITs和加拿大BIT范本尽管在定义投资时未谈及东道国法律,③但是均要求"涵盖投资"应当符合作出投资时缔约方适用的国内法。④ 晚近,欧式BITs已经直接在投资定义部分提出,投资是依照东道国法律法规在其领土内接受作为投资的各种资产。⑤

另一方面,⑥知识产权的权利取得及内容恪守"权利法定主义"。如果按照法律"规范目的"划分,知识产权大致可以被区分为三类:其一,与保护文化艺术创作有关的权利,例如著作权及其相关权利(邻接权)、外观设计等;其二,与保护产业和技术革新有关的权利,例如发明创造、实用新型等;其三,与保护正常市场交易秩序有关的权利,例如商号、商标、产地标记等。⑦ 对此,因权利类型多样,依托国际知识产权条约保护框架,各国国内法律对不同种类的知识产权提供了不同保护标

---

① 1985年《美国—摩洛哥BIT》第1条第4款;1994年《美国—爱沙尼亚BIT》第1条(a)项;1995年《美国—洪都拉斯BIT》第1条(d)项;1997年《美国—约旦BIT》第1条(d)项。

② 2005年《美国—乌拉圭BIT》第1条;2008年《美国—卢旺达BIT》第1条;美国2012年BIT范本第1条。

③ 法国2006年BIT范本第1条;德国2008年BIT范本第1条。

④ CETA第8.1条;加拿大2021年BIT范本第1条。

⑤ 2006年《法国—土耳其BIT》第1条;2007年《德国—巴林BIT》第1条;2009年《德国—巴基斯坦BIT》第1条。

⑥ 参见易继明:《知识产权的观念:类型化及法律适用》,载《法学研究》2005年第3期,第118页。

⑦ 参见谢铭洋:《智慧财产权之基础理论》,台湾翰芦图书出版有限公司2001年版,第16页。

准和保护形式,最典型的表现是将知识产权区分为需要依法注册取得和无需注册即可取得两类。然而,国际投资条约投资定义条款中的知识产权经常被笼统地称为"知识产权"或"无形资产",不作详细列举。例如美式 BIT 范本和 FTAs,仅规定投资包括知识产权或其他无形财产。[①] 这无疑便利了知识产权人利用宽泛模糊的投资定义条款,将知识产权申请、未经注册的知识产权、尚未被东道国法律承认的新型知识产权等,归入投资范畴,试图突破知识产权的地域性,并且在传统知识产权国际保护制度外,为东道国创设 TRIPS-plus 义务。

(二) 知识产权例外条款的缺失

知识产权保护牵涉多元价值和多重政策目标,因此知识产权国际立法应当兼顾不同利益诉求。以技术转让为例。发展中国家,尤其是最不发达国家,普遍面临经济增速迟缓和国民生活质量偏低的问题。[②] 研究表明,技术的欠发达是导致这类国家不能为其国民提供价廉质优的商品、体面的工作岗位、完善的医疗保障系统等的主要原因。[③] 由此,技术转让被认为是缩小南北国家发展鸿沟,提高发展中国家创新能力,降低发展中国家 R&D 经济成本的有效手段。[④] 技术转让可以通过不同途径实现,包括外国直接投资、交钥匙合同、技术许可协议、合资企业、政府援助等。其中,最常见的技术转让方式是外国投资者在东道国境内设立外商独资企业或外资控股公司。[⑤] 跨国资本将为

---

① 2003 年《美国—智利 FTA》第 10.27 条;2007 年《美国—韩国 FTA》第 11.28 条;美国 2012 年 BIT 范本第 1 条;USMCA 第 14.1 条。

② Geoffery Kransdorf, Intellectual Property, Trade, and Technology Transfer Law: The United States and Mexico, *Boston College Third World Law Journal*, Vol. 7(2),1987, p. 279.

③ Helen E. Weidner, The United States and North-South Technology Transfer: Some Practical and Legal Obstacles, *Wisconsin International Law Journal*, Vol. 2,1983, p. 205.

④ William Roscoe Kintner and Harvey Sicherman, *Technology and International Politics: The Crisis of Wishing*, Lexington Books, 1975, pp. 91 – 92.

⑤ See David M. Haug, The International Transfer of Technology: Lessons that East Europe can Learn from the Failed Third World Experience, *Harvard Journal of Law & Technology*, Vol. 5,1992, pp. 213 – 217.

东道国带来先进技术和管理经验,与此同时也有利于其自身开拓海外市场、绕开进口限制、使用东道国廉价劳动力和丰富原材料。

资本具有逐利性,跨国公司往往不愿意将生产技术直接转让给东道国政府,这将削弱其市场竞争力并且缩减本可能获得的商业利润。因此,在对技术密集型产业作出投资决策时,投资者会综合考察东道国外资法、知识产权法和其他与技术转让相关的法律规定,判断东道国是否能为其提供稳定、安全的营商环境。然而,东道国为实现特定发展目标、获取经济和社会效益,倾向于在投资准入前或后阶段对外资施加履行要求,包括强制技术转让。对此,发达国家认为施加履行要求只会带来短期收益,从长远来看将扭曲国际贸易、纵容知识产权盗版行为、打击投资者在东道国境内开展 R&D 活动的积极性。为保护本国投资者及其投资免受东道国侵害,以美国、加拿大为代表的发达国家主张在国际投资条约中订入履行要求禁止条款。[1] 随后各国纷纷效仿,或规定任一缔约方不得在投资设立或取得阶段对其施加为 TRIMS 所禁止的履行要求,或在 TRIMS 的基础上,列举一系列禁止实施的履行要求,包括禁止强制技术转让,[2]这已然超越了 TRIMS,进一步压缩东道国外资监管空间。

不仅 TRIMS 没有明确禁止东道国实施强制技术转让,TRIPS 也鼓励为了平衡南北国家发展利益而实施技术转让。TRIPS 是以市场为导向订立的国际条约,"市场主导型"的知识产权保护规则强调技术的专有性及技术持有人的技术传播自由,期望各国创造有利于国际技术转让市场环境,即技术输入国建立完备的产权保护法治框架,维持技术市场中的竞争业态;而技术输出国鼓励本国企业对外转移技术,凭借技术优势占领海外市场。[3] TRIPS 第 7 条、第 8 条、第 66 条第 2 款和第

---

① 1986 年《美国—喀麦隆 BIT》第 2 条第 6 款;1997 年《加拿大—克罗地亚 BIT》第 6 条;1998 年《加拿大—哥斯达黎加 BIT》第 6 条;美国 2004 年 BIT 范本第 8 条。

② 2002 年《墨西哥—古巴 BIT》第 5 条;2002 年《日本—韩国 BIT》第 9 条;2003 年《日本—越南 BIT》第 4 条第 1 款;。

③ UNCTAD, Transfer of Technology, UNCTAD Series on Issues in International Investment Agreements, 2001, p. 63.

67 条,均反映了其为促进技术转让而实施知识产权保护的目标和宗旨。由此,国际投资条约中的履行要求禁止条款须回应 TRIPS 上述积极主张。此外,如果技术转让涉及强制许可,TRIPS 允许特定情形下对知识产权颁发强制许可证,例如 TRIPS 第 31 条认可基于公共利益或为公共健康目的,实施专利(药品)强制许可。因此,履行要求禁止条款还须排除符合 TRIPS 的强制许可。然而,部分国际投资条约的履行要求禁止条款未提及 TRIPS,[①]意在强化知识产权的经济资产属性,忽略知识产权国际立法追求的利益平衡需求,可能扩大南北国家发展差距。

二、知识产权条约"挂钩"条款的设置较为简单

(一) 与知识产权条约的直接挂钩

如果设置知识产权例外条款是协调国际投资条约知识产权保护制度与传统知识产权国际保护制度的方式之一,那么知识产权条约"挂钩"条款则是另一种处理方法。这种"挂钩"主要以"相符性规则"的形式呈现,例如符合 TRIPS 的知识产权的强制许可,或对知识产权的撤销、限制或创设,不构成间接征收。[②] 知识产权条约挂钩条款强调投资条约与知识产权条约之间的紧密关联,凸显 WTO 纪律对国际投资条约体制的支配性影响。[③] 根据此类"直接挂钩"条款,东道国在采取与知识产权有关的管制措施时,可以利用 TRIPS 提供的灵活性空间及其内嵌的利益平衡原则,免于面临实施此类措施将引发国际投资法下责任的附带风险,故而又可称之为保障条款。此外,TRIPS 可以被视为是国际投资条约中一般性规则的特别法。例如,对征收与补偿条款而言,TRIPS 第 31 条有关专利强制许可的规定,属于裁判者处理具体涉

---

① 1982 年《美国—巴拿马 BIT》第 2 条第 4 款;1997 年《美国—约旦 BIT》第 6 条;1999 年
　《美国—巴林 BIT》第 6 条。
② 2006 年《美国—也门 FTA》第 10.6 条第 5 款;美国 2012 年 BIT 范本第 6 条第 5 款;
　CETA 第 8.12 条第 6 款;USMCA 第 14.8 条第 6 款。
③ Lukas Vanhonnaeker, *Intellectual Property Rights As Foreign Direct Investments:*
　From Collision to Collaboration, Edward Elgar Publishing, 2015, p.185.

知识产权投资争端时,应当优先适用的特别法。

　　然而,由于知识产权条约"挂钩"条款的设置较为简单,仅规定符合知识产权条约时不构成对投资待遇条款的违反,却未说明不符合的法律后果,这反而给了知识产权人质疑东道国政府行为不符合 TRIPS 等知识产权条约的机会。例如上文讨论的"Eli Lilly 公司诉加拿大案",与之相类似的还有"Einarsson 等人诉加拿大案"。[①]

(二) 与知识产权条约的间接挂钩

　　在"Einarsson 等人诉加拿大案"中,三名美国公民(Theodore David Einarsson, Harold Paul Einarsson 和 Russell John Einarsson)在加拿大设立 GSI 公司,开展海洋地震数据测算、勘探海底石油和天然气等业务。[②] Einarsson 等人诉称加拿大政府强制要求其提供地震数据,并且未经其同意与第三方共享数据,不仅侵犯了其商业秘密,而且加拿大法院根据《加拿大石油资源法》判定有关地震数据等专有知识的保护期限为 5 年,而非《加拿大版权法》所规定的作者有生之年加 50 年,[③]侵害其在加拿大的版权投资,使其遭受超过 10 亿美元的经济损失。[④] 对此,Einarsson 等人认为加拿大违背其在《伯尔尼公约》、NAFTA 第 1701 条项下的版权保护义务,以及 NAFTA 第 1711 条项下的商业秘密保护义务。[⑤] 由此,我们完全有理由推测 Einarsson 等人在今后的仲裁过程中,可能会效仿 Eli Lilly 公司的做法,提出加拿大政府强制其转让和披露专有知识、只给予地震数据 5 年的专有权保护期限,都实质性地剥夺了其投资利益,却未给予充分补偿。加之加拿大政

---

① 该案正在审理中,目前已披露的案件信息、申请人与被申请人的立场性文件还不甚全面。

② Theodore David Einarsson, Harold Paul Einarsson and Russell John Einarsson v. Canada, October 2018, Notice of Intent, paras. 5 – 8.

③ Geophysical Service Incorporated v. Encana Corporation, 2016 ABQB 230. Geophysical Service Incorporated v. Encana Corporation, 2017 ABCA 125.

④ Theodore David Einarsson, Harold Paul Einarsson and Russell John Einarsson v. Canada, October 2018, Notice of Intent, paras. 136 – 138.

⑤ Theodore David Einarsson, Harold Paul Einarsson and Russell John Einarsson v. Canada, April 2019, Notice of Arbitration, para. 19.

府行为不符合 NAFTA 第 17 章知识产权章节及《伯尔尼公约》的规定,不能依据 NAFTA 第 1110(7) 条豁免,仍然构成非法征收。可见,即便诸如 NAFTA 第 1110(7) 条的挂钩条款只简单提及 FTAs 中的知识产权章节,但知识产权人可以借助 FTAs 知识产权章节与众多国际知识产权条约的密切关联,在投资仲裁中引入并且适用知识产权条约,要求仲裁庭对东道国是否违反相关知识产权条约作出判断。从另一角度看,此类与 FTAs 知识产权章节挂钩的条款属于与知识产权条约的"间接挂钩"条款。

(三) 关于挂钩条款的现有解释路径

值得注意的是,对于在国际投资条约知识产权保护制度第二、三次转型中兴起的知识产权条约"挂钩"条款,已有投资条约缔约实践从条约解释的角度,限制征收等保障条款的适用。美国 2012 年 BIT 范本第 6 条征收条款的脚注称,应当根据附件 A 和附件 B 解释该条款。其一,第 6 条第 1 款旨在反映关于国家征收义务的习惯国际法。[①] 其二,除非东道国政府行为侵扰了一项投资的有形或无形财产权或财产性权益,否则不构成征收。其三,第 6 条涉及两类征收,第一类是直接征收,即通过国有化、直接没收等方式征收投资。第二类是间接征收,即一项措施或行动虽未发生正式的所有权移转或直接没收,但产生了与直接征收同等的效果。其四,在确定东道国政府行为是否构成间接征收时,应结合具体案情逐案判断。[②] 从某种程度上看,这种约束性解释规则可以有效限制投资仲裁庭的自由裁量权,确认东道国的外资监管空间,并且从根本上反映了警察权理论。可惜的是,上述解释方法未回应 BIT 范本第 6 条第 5 款[③]载有的、与 NAFTA 类似的"挂钩"条款。

对此,美国依据 NAFTA 第 1128 条在"Eli Lilly 公司诉加拿大案"中补充说明道:仲裁庭在解释和适用征收条款时应当遵循以下顺序:第

---

① 美国 2012 年 BIT 范本附件 A 和附件 B 第 1 条。
② 美国 2012 年 BIT 范本附件 B 第 2 条至第 4 条。
③ 美国 2012 年 BIT 范本第 6 条第 5 款:符合 TRIPS 的知识产权强制许可,或对知识产权的撤销、限制或创设,不构成征收。

一步,根据 NAFTA 第 1110(1)条判断是否发生违反国际法的征收;第二步,只有在申请人成功地证明东道国政府行为不符合第 1110(1)条,进而构成非法征收后,争端方才有援引第 1110(7)条主张其行为因符合 NAFTA 知识产权章节而不属于非法征收的空间,将"挂钩"条款作为其"安全港"(safe harbor);第三步,如果加拿大政府提出其行为符合 NAFTA 知识产权章节的主张,仲裁庭可以评估案涉措施与 NAFTA 知识产权章节的相符性和一致性。美国强调,第 1110(7)条不应成为认定是否发生非法征收的考量要素,该条款只是供东道国政府豁免责任之用。[①] 诚然,美国的此种解释方法要求仲裁庭全面分析征收条款,但仲裁庭最终仍须解决政府行为与知识产权条约的"相符性"问题。

综上所述,针对知识产权条约"挂钩"条款,无论是国际投资条约文本还是缔约方附加的解释规则,都尚显粗略和简单,不足以回应现实需求,也不能处理国际投资法、贸易法、知识产权法在知识产权保护议题上的碎片化难题。我们仍需从完善条文设置的角度出发,思考如何合理引导仲裁庭解释和适用挂钩条款。

三、与 WTO 争端解决机制缺乏"衔接条款"

(一) 引入"衔接条款"的必要性

知识产权人无论是直接利用知识产权条约"挂钩"条款,还是通过国际投资条约中的其他投资待遇条款(包括非歧视待遇条款、公平公正待遇条款、保护伞条款、履行要求禁止条款等)实现与知识产权条约的连结,投资仲裁庭都将面临知识产权条约的解释和适用难题,关涉东道国政府是否违背知识产权条约义务。在上文讨论的涉知识产权保护的国际投资仲裁案件中,加拿大、澳大利亚等国作为被申请人提交答辩书时,都无一例外地指出 WTO 争端解决机构对主权国家是否未履行

---

① Eli Lilly and Company v. The Government of Canada, UNCITRAL, ICSID Case No. UNCT/14/2, March 2016, NAFTA Article 1128 Submission of United States of America, paras. 31 – 37.

TRIPS 项下义务具有专属管辖权,仲裁庭无权裁决其行为违反了 TRIPS。那么,根据国际投资条约建立的仲裁庭究竟应以何种方式、在何种程度上考虑案涉知识产权条约,成为无法也不能回避的现实问题。而当其他 WTO 成员国已就被申请人作为被诉方启动 WTO 磋商和争端解决程序时,例如"Philip Morris 亚洲公司诉澳大利亚案"和"洪都拉斯等国诉澳大利亚案",仲裁庭又应如何正确处理 ISDS 机制和 SSDS 机制的关系、以何种态度对待 WTO 争端解决机构对相关争议的审理进展、是否应暂停对仲裁案件的审理以等待 WTO 争端解决机构的裁定结果,均属于当下亟待纾解的司法困境。

尽管国际投资条约的缔约实践表明,作为立法者的主权国家在缔结国际投资条约时,已经考虑到投资保护规则与知识产权国际保护规则相互重叠,甚至冲突的可能性,纳入了例外条款或"挂钩"条款,但"事与愿违",知识产权人又从"不相符"的角度在 ISDS 机制中执行 TRIPS 等知识产权国际保护规则。因此,有必要在两大保护制度之间建立衔接和协调机制。

(二) 引入"衔接条款"的可行性

尽管国际投资仲裁争端所反映的紧迫问题呼吁在投资条约中纳入"衔接条款",但是如果从理论的角度看,仲裁庭根本无权适用其他条约体制中相关规则,那么"衔接条款"将没有实践和应用空间。鉴于 TRIPS 是引发 ISDS 机制和 SSDS 机制同时处理案涉法律争议的主要"驱动器",我们需要思考以下两个问题:其一,国际投资法是否允许仲裁庭适用 TRIPS? 其二,国际贸易法(WTO 法律)是否允许 DSB 以外的争端解决机构适用 TRIPS?

就第一个问题而言,本书的答案是肯定的。基于国际法基础理论,管辖权和法律适用存在根本性区别。[①] 国际投资仲裁庭的管辖权限于

---

① International Law Commission, Fragmentation of International Law: Difficulties arising from the Diversification and Expansion of International Law, Report of the Study Group of the International Law Commission, UN Doc. A/CN. 4/L. 682, 13 April 2006, paras. 44 - 45.

投资引起的争端,但是不妨碍仲裁庭适用与解决投资争端相关的其他条约体制中的法律规则。正如"Methanex 公司诉美国案"仲裁庭明确,根据 NAFTA 第 1116 条和第 1117 条,仲裁庭无权裁决美国违反 GATT。然而,为了解释 NAFTA 第 1102 条,仲裁庭可以考察 GATT 和 WTO 判例,并以此为指导理解 NAFTA。[①]

针对第二个问题,本书的答案亦是肯定的。首先,根据 VCLT 第 41 条第 1 款(a)项,WTO 成员国有权缔结一项仅对 TRIPS[②] 某些缔约方具有约束力的协定,而国际投资条约将知识产权纳入投资范畴,为知识产权提供更广泛的保护,并且不违反 TRIPS 的规定,就可能构成此类协定。这还隐含了国际投资条约与 TRIPS 在适用上的关系问题,即虽然国际条约在法律效力上不存在优先劣后之分,根据国际投资条约设立的仲裁庭仍应以符合 TRIPS 的方式解释国际投资条约。[③] 其次,有人可能会质疑 VCLT 第 41 条第 1 款(a)项在此处并不适用,因为我们不能预设 WTO 成员国间签订投资条约是为了修改 TRIPS 的某些规定。国际投资条约和 TRIPS 遵循的保护理念不同,前者是借助条约框架保护知识产权投资免受东道国侵扰,后者是将知识产权视为私权并且经由各国国内私法实现保护目的。但是根据 VCLT 第 31 条第 3 款(c)项,国际投资条约和 TRIPS 同属适用于当事国间关系的有关国际法规则,应当从体系整合的角度考虑国际投资条约与 TRIPS 的关联,作出一致性解释。最后,DSU 第 23 条禁止成员国在 WTO 条约体制外执行 WTO 法律,以避免损害 DSB 的专属管辖地位。可是,这并不排除私人投资者在 ISDS 机制中援引 TRIPS 的相关标准。DSU 赋予 DSB 专属管辖权是为了防止除 DSB 以外的争端解决机构,破坏 TRIPS 框架下 WTO 成员国权利和义务的平衡。因此,仲裁庭无权裁

---

① Methanex Corporation v. United States of America, UNCITRAL, August 2005, Final Award of the Tribunal on Jurisdiction and Merits, Part II-Chapter B, paras. 5 - 6.

② TRIPS 第 1 条第 1 款,各成员国有权在其法律中实施比本条约更广泛的保护,只要此类保护不违反本条约的规定。

③ Simon Klopschinski, *The Protection of Intellectual Property Rights under International Investment Treaties*, Carl Heymanns Verlag, 2011, pp. 65 - 81,87.

决东道国违反了 TRIPS,但仍然可以将 TRIPS 作为相关规则予以适用,并且应当注意避免国际投资条约成为在 WTO 争端解决机制外要求东道国履行 TRIPS 义务的工具。

第二节　完善国际投资条约文市

国际投资条约通过投资待遇条款及其仲裁机制为知识产权创设了另一种国际保护制度,知识产权人也在个案中不断拓宽这一制度的内涵、不断扩大这一制度的保护范围,以强化知识产权保护,削弱国际立法对知识产权的限制。归根结底,正是国际投资条约本身所搭建起的法治框架未能恰当平衡各方利益,才导致国际投资条约知识产权保护制度产生了诸多负面影响。此外,根据 VCLT 第 31 条,仲裁庭解释国际投资条约时应首先考察条约文本措辞及其上下文,由此"纸面"的不足也必将反映在国际投资仲裁实践中。宽泛模糊的条约文本将条约解释权交给仲裁庭,有碍主权国家传达真实缔约意图、实现特定经济社会目标。因此,本部分将着眼于国际投资条约文本的完善,试图从根源上消除国际投资条约知识产权保护制度发生价值偏差、导致各方利益失衡的风险。

一、在序言中提出尊重东道国监管权

自国际投资条约诞生之初,投资促进和保护就作为其核心和优先事项而被广泛地载于条约序言之中。东道国为吸引外资,向外国投资者提供"超国民待遇",不得不"自缚手脚",使其在涉及国家安全、公共利益、人权、可持续经济增长、环境保护、社会和劳工标准等方面本应享有的监管利益让位于投资保护。① 随着"新自由主义"缺陷日渐显现,

① UNCTAD, World Investment Report 2011: Non-equity Modes of International Production and Development, p. 100.

带有国家干预色彩的"嵌入式自由主义"受到主权国家的认可。加之，早期发达国家的身份是资本输出国，而发展中国家则是主要资本输入国，双方签订国际投资条约进行"利益交换"，但是19世纪末以来，两类国家的身份发生混同，致使利益交换的基础不复存在，"利益平衡"的观念开始贯穿于投资条约始终，[①]发达国家也开始重视保有本国对外资的监管利益，以实现可持续发展。

东道国监管权不仅得到习惯国际法的承认，也是主权平等原则、自然资源永久经济主权原则等国际法基本原则的真实体现。[②] 东道国有权为实现特定公共政策目标，在政治、经济、社会、环境等领域采取管制措施，即便在特殊情况下，这些措施会减损其在国际投资条约中作出的特定承诺，也不会导致其承担赔偿责任。[③] 值得指出的是，强调东道国监管权并不等同于破坏投资条约规定的外资待遇标准、限缩投资保护范围、不允许投资者利用 ISDS 机制寻求司法救济等，[④]这会带来保护主义的抬头，增加国际法治环境的不确定性。相反，重申东道国监管权有利于指导仲裁庭在解释条约时兼顾投资者利益和东道国社会公共利益。[⑤]

考虑到国际投资条约知识产权保护制度的一大消极影响是影响东道国制定和实施知识产权政策，包括缩减东道国施行公共政策的自主空间、限制东道国解释和发展本国知识产权法律、迫使东道国修改或放弃原定知识产权政策等，有必要提出尊重东道国监管权，防止这一制度对东道国产生"规制寒颤"（regulatory chill）。

① 参见刘京莲：《从"利益交换"到"利益平衡"——中国双边投资条约缔约理念的发展》，载《东南学术》2014 年第 3 期，第 151 页。

② UNCTAD, The Development Dimension of FDI: Policy and Rule-making Perspectives, 2003, pp. 205, 216.

③ Aikaterini Titi, *The Right to Regulate in International Investment Law*, Hart Publishing, 2014, pp. 33-34.

④ Stephan W. Schill, International Investment Law and the Host State's Power to Handle Economic Crises-Comment on the ICSID Decision in LG&E v. Argentina, *Journal of International Arbitration*, Vol. 24(3), 2007, p. 280.

⑤ Peter T Muchlinski, Trends in International Investment Agreements: Balancing Investor Rights and the Right to Regulate. The Issue of National Security, *Yearbook on International Investment Law and Policy*, 2009, p. 42.

晚近,美欧等发达经济体在缔结投资条约时已经采取此种做法。例如美欧于 2013 年启动的《跨大西洋贸易与投资伙伴协议》(Transatlantic Trade and Investment Partnership,以下简称 TTIP)谈判,双方事先发布联合声明称,"作为世界上最大的资本输入国和输出国,长期以来欧盟和美国致力于创造和维持开放、稳定的投资环境,以实现可持续经济增长,制造更多就业机会,提高生产力、技术创新能力和竞争力。双方应当履行关于国际投资原则的共同承诺,[1]但政府仍然保留监管权,以便保障公共利益、推行本国公共政策。"[2]虽然 TTIP 谈判自 2016 年陷入停滞,但是欧盟在 TTIP 提案中再次指出,TTIP 不应损害欧盟及其成员国在各自权限范围内采取和执行必要措施的权利,即以非歧视的方式追求合法公共政策目标,例如社会、环境、安全、金融稳定、公共卫生、文化多样性等。[3] 美欧在各自最新缔结的 FTAs 亦重申东道国监管权,包括 CETA、USMCA 等。

鉴于条约的序言往往凝结着该条约的目标和宗旨,[4]当仲裁庭根据 VCLT 第 31 条解释条约时也必须结合条约立法趣旨,因此本书建议在序言部分确认东道国监管权的重要性,提出"尊重各缔约方为实现国家政策目标、维护合法公共福利而进行监管的权利和灵活性。"

二、澄清"投资"及"涵盖投资"的范围

投资定义条款是知识产权人开启国际投资条约知识产权保护大门

---

① 包括创造开放、非歧视的投资环境和公平竞争条件,强化保护投资者及其投资,打造公正、有约束力的争端解决机制,提高透明度和制定公众参与规则,赋予企业社会责任,以及审慎实施国家安全审查。

② Statement of the European Union and the United States on Shared Principles for International Investment, 10 April 2012, available at https://2009-2017.state.gov/p/eur/rls/or/2012/187618.htm, last accessed on 20 May 2021.

③ Council of the EU, Directives for the negotiation on the Transatlantic Trade and Investment Partnership between the European Union and the United States of America, ST 11103/13, para. 23.

④ Isabelle Buffard and Karl Zemanek, The "Object and Purpose" of a Treaty: An Enigma?, *Austrian Review of International and European Law*, Vol. 3,1998, p. 342.

的"钥匙"。为避免知识产权人滥用投资条约及其 ISDS 机制,须明确何为"投资"并且何种投资才能构成"涵盖投资",继而受到投资条约的保护。

就投资的内涵而言,目前大多数国际投资条约均采取"资产式定义"模式,即投资是指外国投资者在东道国境内直接或间接投入的各种资产。鉴于此,一方面,为充分体现知识产权投资的特殊性,防止投资者或投资仲裁庭任意扩大解释投资的范围,建议明确囊括的知识产权类型。本书建议以 TRIPS 为基准,同时附加兜底性条款,即"投资是指……,n. 知识产权,包括著作权及相关权利(邻接权)、商标权、地理标识权、工业设计权、专利权、集成电路布图设计权、与保护未披露信息有关的权利。各缔约方组成的联合委员会可根据国内法律的发展情况决定在前述范围外增加其他类型的知识产权"。① 另一方面,为区分作为贸易要素的知识产权和投资要素的知识产权,建议在界定投资时载明投资应具备的属性或特征,即"投资应当符合以下标准:1. 资产或其他资源的投入;2. 一定的存续期间;3. 风险承担;4. 对利润或收益预期"。②

就涵盖投资而言,考虑到知识产权具有地域性,并且各国国内与外商投资有关的法律也对投资作出定义,建议明确"涵盖投资是指,自本条约生效之日起,在一缔约方领土内存在的另一缔约方投资者的投资,该投资应被东道国法律所接受,是遵循相关法律法规、缔约方政府以书面形式对外发布的政策所设立、获取或扩大的投资"。③

三、增设知识产权条约"脱钩"条款

数起挑战东道国公共政策,试图利用 ISDS 机制要求东道国履

---

① 参考 CETA 第 8.1 条对知识产权的定义。
② 参考 RCEP 第十章"投资章节"第 1 条对投资的定义、USMCA 第十四章"投资章节"第 1 条对投资的定义。
③ 参考 RCEP 第十章"投资章节"第 1 条对涵盖投资的定义。

行知识产权条约义务的国际投资仲裁案例,都提示我们关注投资待遇条款与知识产权条约的多种"连结"方式。如上文所述,非歧视待遇条款与知识产权条约项下非歧视义务的重叠,公平公正待遇条款对知识产权国际保护义务的补充,保护伞条款和知识产权条约承诺的呼应,履行要求禁止条款对知识产权条约内容的超越,以及征收条款与知识产权条约相符性的绑定,都可能成为知识产权投资者将东道国对投资条约的违反包装成对知识产权条约的违反的诉讼路径。因此,有必要将投资待遇条款与知识产权条约"断连"和"脱钩",尽可能破解国际投资条约与知识产权条约相互交织形成的竞合保护困境。

第一,关于非歧视待遇条款。首先,由于《罗马公约》《巴黎公约》《伯尔尼公约》等知识产权条约均对国民待遇和最惠国待遇规定了适用上的例外,TRIPS 第 3 条(国民待遇)和第 4 条(最惠国待遇)在列举例外情形时又统筹整合了其他知识产权条约设置的例外,因此国际投资条约中的非歧视待遇条款应当作出回应,规定"国民待遇条款和最惠国待遇条款不适用于 TRIPS 涵盖的例外或减损情形"。[①] 其次,为防止知识产权投资者进一步利用前述提及 TRIPS 的非歧视待遇条款,主张东道国行为不属于 TRIPS 规定的义务例外,要求仲裁庭适用TRIPS,建议明晰非歧视待遇条款的保护范围,限定适用条件,规定"国民待遇和最惠国待遇的参照标准均指在类似情形下,缔约方给予本国投资者及其投资,以及给予非缔约方投资者及其投资的待遇"。[②] 最后,考虑到目前投资仲裁实践对最惠国待遇条款的内容是否可以扩展至争端解决,为避免投资者挑选条约,建议明确"最惠国待遇条款提及的待遇不包含其他国际投资条约和贸易协定中的争端解决机制"。[③]

第二,关于公平公正待遇条款。公平公正待遇正逐渐成为一项独

---

① 参考美国 2012 年 BIT 范本第 14 条第 4 款;加拿大 2021 年 BIT 范本第 21 条。
② 参考 2012 年《中国—加拿大 BIT》第 5 条和第 6 条。
③ 参考 2012 年《中国—加拿大 BIT》第 5 条第 3 款;CETA 第 8.7 条第 4 款。

立自主的外资待遇标准,与国际最低待遇标准不再有明显联系。[1] 在国际投资仲裁庭认定的诸多公平公正待遇要素中,保护投资者合理期待居于核心地位。[2] 然而,投资者产生合理期待的基础和来源是东道国政府对其作出的特定承诺,并且要求投资者合理地依赖此承诺作出投资决定。[3] 知识产权投资者将东道国签订的知识产权条约解释为对其作出的特定承诺显然是牵强的,建议不仅应在条约文本中划定公平公正待遇的外延,列举其构成要素,而且应当明确:"1. 东道国对国际投资条约其他条款的违反不构成对公平公正待遇的违反[4];2. 仲裁庭在判断东道国是否违反公平公正待遇义务时,应考虑缔约方是否向投资者作出特定陈述以诱使投资者产生合理期待,并且投资者据此作出或维持其投资的决定。"[5]

第三,关于保护伞条款。通说认为,保护伞条款要求东道国履行其对特定投资承担的义务,例如东道国与外国投资者签订的投资合同项下义务。[6] 知识产权投资者将合同义务任意解释为东道国承担的知识产权条约义务,明显缺乏法律依据。但是,我们有必要进一步确定保护伞条款的保护边界。原因如下:其一,保护伞条款使投资者在 ISDS 机制中要求东道国承担一般意义上的违约责任成为可能,变相地扩大了投资条约保护范围;其二,如上文所述,在"SGS 公司诉巴基斯坦案"和"SGS 公司诉菲律宾案"中,同一申请人基于几乎一致的案情和同种投资权利起诉不同东道国,仲裁庭的裁决结果却不一致。实务界对纯合同请求是否属于保护伞条款保护范围存在争议,将导致争端方不能合理预见其行为所产生的法律后果。由此,建议明确"1. 保护伞条款涵盖

---

[1] 林燕萍、朱玥:《论国际投资协定中的公平公正待遇——以国际投资仲裁实践为视角》,载《上海对外经贸大学学报》2020 年第 3 期,第 72 页。

[2] Saluka Investments BV v. Czech Republic, UNCITRAL, March 2006, Partial Award, paras. 301 – 302.

[3] See Martins Paparinskis, *The International Minimum Standard and Fair and Equitable Treatment*, Oxford University Press, 2013, p. 259.

[4] 参考 NAFTA 自由贸易委员会对 NAFTA 第 1105 条第 1 款作出的解释。

[5] 参考 CETA 第 8.10 条。

[6] UNCTAD, Investment Policy Framework for Sustainable Development, 2015, p102.

东道国义务是指针对特定投资并且通过书面形式确定下来的义务；2. 只有当东道国行使主权权力导致承诺落空时，才构成对保护伞条款的违反"，或者直接删除保护伞条款。①

第四，关于履行要求禁止条款和征收条款。因前者呈现 TRIMS-plus 趋势并且与 TRIPS 挂钩，后者也以 TRIPS 相符性为例外，均试图保留东道国监管权的灵活性，平衡知识产权人专有利益和东道国社会公共利益，故而此处予以合并论述。实践表明，仅简单规定禁止强制技术转让条款和征收条款不适用于符合 TRIPS 的情形，不能达到合理限制专有权人利益的目的。建议在其后追加补充说明，规定"缔约方行为不符合 TRIPS 等知识产权条约并不意味着存在强制技术转让，或存在非法征收"。② 此外，缔约国还可以选择将前述待遇条款与东道国国内法挂钩，直接消除知识产权投资者在 ISDS 机制中引入知识产权条约的可能性，即"符合东道国法律的强制技术转让，或知识产权强制许可，或对知识产权的撤销、限制及创设，不违反履行要求禁止条款和征收条款"。③

四、加入"衔接条款"确保 WTO 争端解决机制的优先性④

当知识产权成为投资要素，投资者不只是受国际投资条约保护的投资者，也是受国际知识产权条约保护的知识产权持有人。"以 TRIPS 为核心"的传统知识产权国际保护制度因 WTO 争端解决机制而具有较强约束力，而国际投资条约知识产权国际保护制度因 ISDS 机制而对知识产权投资者具有较强吸引力。知识产权国际保护经历了从"与国际贸易有关"到"与国际投资有关"的嬗变，这种"体制迁移"带

① 参考 IPFSD《国际投资条约：政策选项》第 4.10 条。
② 参考 CETA 第 8.10 条第 6 款。
③ 参考印度 2015 年 BIT 范本第 2.6 条。
④ 本书认为，虽然暂未出现基于同一事实同时诉诸国际投资仲裁和 WTO 争端解决机构，且均进入实体部分审理的案例，但未来仍然有较大可能性，因此宜未雨绸缪，增设衔接条款。

来国际贸易法和国际投资法的"体制竞争"。[①] 上文讨论的数起涉知识产权保护的国际投资仲裁案例均表明,知识产权投资者正试图在WTO 体制外执行 TRIPS 等知识产权条约。

根据国际投资条约争端解决条款和《ICSID 公约》,国际投资仲裁庭仅对投资条约所涵盖的投资引起的争端具有管辖权,并且仅能作出金钱赔偿裁决。虽然投资仲裁庭可以适用国际投资条约体制以外的国际规则,但是仲裁员可能缺乏知识产权法、贸易法等专业知识,导致其对 TRIPS 等知识产权条约的解释和适用与 WTO 相关实践有所偏差。由此可能破坏传统知识产权国际保护制度在知识产权的保护与限制、知识产权人专有利益与社会福祉、发达国家利益与发展中国家利益间建立的平衡,加剧知识产权国际保护规则的碎片化程度。[②]

本书认为应当在投资条约的争端解决条款中加入"衔接条款",协调 ISDS 机制与 SSDS 机制,建立"弹性"关联。理由如下:第一,DSU第 23 条规定 WTO 争端解决机构对东道国政府是否违背 TRIPS 具有专属管辖权,只有 DSB 有权裁决东道国政府违反了 TRIPS;第二,WTO 专家组和上诉机构对 WTO 法律更为熟悉和精通,有能力结合条约规则和既往判例作出相符性裁决,并且保证裁决能够兼顾 TRIPS的多重条约目标,体现宏观经济平衡[③]的优越性;第三,WTO 争端解决机制牵涉更多法外因素,诸如政治、经济和外交等,其影响更加广泛和深远,能够对投资仲裁庭涉及知识产权保护的实践提供有益指导。因此,本书建议投资争端解决条款明确:"当 WTO 争端解决程序对投资争端的处理与解决有重大影响,或 WTO 争端解决机构与投资

---

① 参见徐树:《国际投资条约下知识产权保护的困境及其应对》,载《法学》2019 年第 5 期,第 102 页。

② Simon Klopschinski, Christopher Gibson and et al., *The Protection of Intellectual Property Rights Under International Investment Law*, Oxford University Press, 2021, p. 51.

③ See Nicholas A. DiMascio and Joost Pauwelyn, Non-Discrimination in Trade and Investment Treaties: Worlds Apart or Two Sides of the Same Coin?, *American Journal of International Law*, Vol. 102(1), 2008, p. 70.

仲裁庭的管辖权存在重叠时，投资仲裁庭应当暂停案件审理，或确保在案件审理过程中充分考虑 WTO 争端解决程序的进展及其裁决结果。"①

第三节　改革投资者与国家间投资争端解决机制

区别于传统知识产权国际保护制度，国际投资条约知识产权保护制度有其独特的争端解决机制，即投资者与国家间投资争端解决机制（ISDS 机制）。ISDS 机制为知识产权人在国际救济层面享有诉权，直接要求东道国履行知识产权条约义务，主张知识产权绝对保护铺设了"高速路"。

法律的生命在于实践。虽然上文已讨论了如何投资条约文本的完善，但发生涉知识产权保护的投资争端时，国际投资仲裁庭在国际投资条约知识产权保护制度的实际运作方面将发挥重要作用。换言之，国际投资仲裁庭在个案中对投资待遇条款与知识产权条约具备何种联系、其关联程度如何等问题的认识，其对知识产权条约的解释与适用，均有助于厘清这一制度的保护边界，真实地反馈现有理论层面的模糊和不足之处，反向指导"立法者"完善投资条约。加之，涉知识产权保护的投资仲裁案件是 ISDS 机制面临正当性危机的缩影，投资仲裁的透明度问题、仲裁庭裁量权缺乏合理限制的问题、公私利益冲突与协调问题，等等，都促使我们反思 ISDS 机制的改革路径。

一、进一步发挥"法庭之友"制度优势

"法庭之友"（friend of the court，拉丁文是 *amicus curiae*）制度是

---

① 参考 CETA 第 8.24 条。

国际投资仲裁区别于国际商事仲裁的一项重要制度。① 根据布莱克法律字典的释义,法庭之友是指非争端方第三方因与案涉争端具有较强的利害关系,而主动向法庭请求或应法庭要求,向法庭提供简要书面意见的一类主体。②

(一) 国际司法机构中的"法庭之友"制度

受普通法系诉讼文化的影响,以司法方式解决国际争端的国际司法机构普遍接纳了"法庭之友"制度。举例而言,首先,国际法院③和国际海洋法法庭④允许"法庭之友"参与案件审理,只是将"法庭之友"的身份限于政府间国际组织,⑤但实践中也出现了非政府组织向国际法院⑥递交意见的情况。其次,WTO在判例中建立健全了"法庭之友"制度。根据DSU第13条,专家组有权向其认为适当的任何个人或机构寻求情报和技术建议。而针对专家组和上诉机构能否接受利益相关主体自发地提供情报或建议的问题,DSU没有明文规定。在"印度等诉

---

① See Chiara Giorgetti ed., *Litigating International Investment Disputes: A Practitioner's Guide*, Brill Nijhoff, 2014, p. 310.

② See Bryan A. Garner, *Black's Law Dictionary*, Thomson West, 2014, p. 102.

③ 《国际法院规约》(Statute of the International Court of Justice)第34条第2款规定,法院得依其规则,请求公共国际团体(public international organizations)提供关于正在审理案件之情报。该团体主动提供情报的,法院应接受之。Available at https://www. icj-cij. org/en/statute, last accessed on 23 May 2021.

④ 《国际海洋法法庭规则》(International Tribunal for the Law of Sea: Rules of the Tribunal)第84条规定,在法庭口头辩论终结前,应争端方请求或法庭主动请求一个适当的政府间国际组织(appropriate intergovernmental organization),提供关于正在审理案件之情报;政府间国际组织认为其适宜提供关于正在审理案件之情报的,可以在书面审理程序终结前主动向法庭提交。
Available at https://www. itlos. org/fileadmin/itlos/documents/basic_texts/Itlos_8_E_17_03_09. pdf, last accessed on 23 May 2021.

⑤ See Lance Bartholomeusz, The Amicus Curiae before International Courts and Tribunals, *Non-State Actors and International Law*, Vol. 5, 2005, p. 213.

⑥ 例如 International Status of South-West Africa, Advisory Opinion, I. C. J. Reports, 1950, p. 128; Legality of the Threat or Use of Nuclear Weapons, Advisory Opinion, 1. C. J. Reports, 1996, p. 226. 但国际法院未将非政府组织提供的意见归入案卷材料,仅将其对外公布,可以为争端方及社会公众获取。

美国禁止虾及虾制品进口案"中,两个非政府国际环保组织主动向专家组提交书面意见,支持美国禁止以伤害海龟的方式捕捞海虾的做法,可专家组因未主动请求获取法庭之友意见而拒绝接受。① 随后,上诉机构推翻了专家组的观点,不认可专家组对 DSU 第 13 条的机械解读,首次指出当个人或机构主动提供书面意见时,专家组有权接受,不必纠结于该意见是否是专家组主动寻求的。② 在"加拿大诉欧共体影响石棉及石棉制品措施案"中,考虑到 DSU 第 13 条不适用于上诉程序,上诉机构根据《上诉审议工作程序》第 16 条第 1 款指出,为保证上诉审议公正、有序地进行,上诉机构通过了一项仅适用于本案的补充程序,其有权邀请争端方和非争端方第三方提出书面意见。该意见应尽量简短、符合字数限制,应说明该意见之于案件审理的价值和关联,内容涉及专家组报告中的法律问题及对其法律的解释。③ 最后,国际刑事法院同样认可"法庭之友"制度,④其《程序和证据规则》第103 条明确,在诉讼任何阶段,如果分庭认为相关国家、组织或个人有助于其适当裁断案件,可以容许其就分庭认为合适的问题提出书面或口头意见。⑤

(二) 国际投资仲裁中的"法庭之友"制度

有学者指出,WTO 争端解决机制接纳"法庭之友"制度不仅有利于公正、及时、有效地解决争议,还有利于提升争端解决程序的透明

---

① United States-Import Prohibition of Certain Shrimp and Shrimp Products-Report of the Panel, WT/DS58/R, para. 3. 129.

② United States-Import Prohibition of Certain Shrimp and Shrimp Products-AB-1998-4-Report of the Appellate Body, WT/DS58/AB/R, para. 107.

③ European Communities-Measures Affecting Asbestos and Asbestos-Containing Products-AB-2000-11-Report of the Appellate Body, WT/DS135/AB/R, paras. 50 – 52.

④ See Sarah Williams, Hannah Woolaver and et al. , *The Amicus Curiae in International Criminal Justice*, Hart Publishing, 2020, pp. 75 – 111.

⑤ Rules of Procedure and Evidence for the International Criminal Court, available at https://www. icc-cpi. int/iccdocs/pids/legal-texts/rulesprocedureevidenceeng. pdf, last accessed on 24 May 2021.

度。① 国际投资仲裁也面临透明度问题,尤其当投资仲裁案件关涉东道国社会公共利益,对经济、自然资源、劳工、环境或人权等事项有重要影响时,利益相关者(包括东道国的纳税人)对提升投资仲裁透明度的呼声更高。② 总体来看,"法庭之友"制度在国际投资仲裁中的发展历程与"法庭之友"制度在 WTO 争端解决程序的实践进程较为同步。③

在案涉仲裁规则缺乏明文规定的情况下,开创"法庭之友"参与仲裁程序先河的投资仲裁案件是"Methanex 公司诉美国案"。该案仲裁庭根据 1976 年《UNCITRAL 仲裁规则》第 15 条第 1 款,即仲裁庭有权以其认为适当的方式进行仲裁,同时提及国际司法机构对"法庭之友"制度的接纳,最终允许非政府组织提交"法庭之友"意见。④ 随后,另一NAFTA 仲裁庭在"UPS 公司诉加拿大案"中遵循同样的推理过程,承认"法庭之友"的重要性,有助于仲裁庭处理兼具商业性和公共性的投资争端,并且增强仲裁程序的透明度。⑤ 2003 年,NAFTA 自由贸易委员会发布《关于非争端方参与投资仲裁的声明》,⑥对"法庭之友"参与

---

① 杜玉琼:《论 WTO 争端解决机制的透明度——以"法庭之友"制度为视角》,载《社会科学研究》2013 年第 2 期,第 71 页。

② See Ross Buckley and Paul Blyschak, Guarding the Open Door: Non-Party Participation Before the International Centre for Settlement of Investment Disputes, *Banking and Finance Law Review*, Vol. 22, 2007, p. 355; See also Nicolette Butler, Non-Disputing Party Participation in ICSID Disputes: Faux Amici?, *Netherlands International Law Review*, Vol. 66, 2019, p. 143.

③ Eric De Brabandere, NGOs and the "Public Interest": The Legality and Rationale of Amicus Curiae Interventions in International Economic and Investment Disputes, *Chicago Journal of International Law*, Vol. 12(1), p. 98.

④ Methanex Corporation v. United States of America, UNCITRAL, January 2001, Decision of the Tribunal on Petitions from Third Persons to Intervene as Amici Curiae, para. 53.

⑤ United Parcel Service of America Inc. v. Canada, UNCITRAL, October 2001, Decision of the Tribunal on Petitions for Intervention and Participation as Amici Curiae, paras. 70 – 73.

⑥ NAFTA Free Trade Commission Statement on Non-Disputing Party Participation, available at https://ustr.gov/archive/assets/Trade_Agreements/Regional/NAFTA/asset_upload_file45_3600.pdf, last accessed on 24 May 2021.

投资仲裁实践作出进一步指导。① 该声明对 2006 年《ICSID 仲裁规则》的修订及后续部分国际投资条约②纳入"法庭之友"规则都产生了深刻影响。《ICSID 仲裁规则》第 37 条第 2 款规定,经与争端方协商,仲裁庭有权邀请非争端方第三方(包括个人或实体,不限国籍③)就案件争议事项向其提供书面意见。此外,ICSID 规定的"法庭之友"参与标准与 NAFTA 自由贸易委员会声明基本一致,包括:1."法庭之友"意见应当提供专业化视角、特定知识或中肯见解,有助于仲裁庭裁定事实或法律问题;2."法庭之友"意见的内容限于案涉争议事项;3."法庭之友"之于案件审理有重大利益;4."法庭之友"不得扰乱仲裁程序,不得给任一争端方造成不适当的负担或不公正的损害,应确保争端方有机会对"法庭之友"意见阐明立场。④

从上述规则及相关实践可以看出,"法庭之友"对投资争端的解决起辅助性作用,能够凭借其对某一特定领域的专业知识对案件审理提供重要帮助。而涉知识产权保护的投资仲裁案件往往涉及国际投资法、贸易法与知识产权法的交叉性问题,因此"法庭之友"制度的价值和意义在此类案件中更加得以凸显。在上文讨论的"Apotex 公司诉美国案""Philip Morris 公司诉乌拉圭案"以及"Eli Lilly 公司诉加拿大案"中,已有政府间国际组织、非政府组织、行业协会、专家学者、非争端

---

① 例如 1."法庭之友"的身份限于 NAFTA 缔约国国民、或在 NAFTA 缔约国境内有重要存在(significant presence),包括法人、非政府组织等;2.递交"法庭之友"申请必须以书面形式作出,不超过 5 页,需要披露与争端方的直接或间接联系,说明其与在审案件的利益关联;3.向仲裁庭提交的书面"法庭之友"意见书,不超过 20 页,仅就案涉争议事项陈述立场;4.仲裁庭裁决是否准许非争端方提交"法庭之友"意见时应考察其(1)是否提供了不同于争端方的视角、特定知识或见解,以便仲裁庭解决事实或法律问题;(2)是否超出争议范围;(3)是否在仲裁中享有重大利益;(4)案涉争议是否关涉公共利益。

② 美国 2004 年 BIT 范本第 28 条第 3 款;美国 2012 年 BIT 范本第 28 条第 3 款;2007 年《美国—韩国 FTA》第 11.20 条第 5 款。

③ 不同于 NAFTA 自由贸易委员会《关于非争端方参与投资仲裁的声明》,《ICSID 仲裁规则》取消了国籍要求。

④ ICSID Convention, Regulations and Rules, 2006, art. 37(2), available at http://icsidfiles. worldbank. org/icsid/icsid/staticfiles/basicdoc/basic-en. htm, last accessed on 24 May 2021.

方实体等申请以"法庭之友"的身份参与案件审理,就案涉争议事项、对投资条约体制以外的条约解释问题、东道国国内法律框架、知识产权保护与限制等发表书面意见。对此,本书认为,鉴于"法庭之友"制度在国际投资仲裁领域的应用有坚实的法律依据,并且为充分兼顾社会公共利益、补足仲裁庭解决非纯粹投资法争议能力方面的欠缺、提升仲裁程序透明度,建议仲裁庭在今后可能发生的涉知识产权保护的投资仲裁争端中,应充分"法庭之友"制度的制度优势,不仅允许"法庭之友"主动提交书面意见,也可主动寻求"智力支持",①特别是案涉知识产权条约的起草与管理机关或秘书处,以及具备知识产权法等特定学科领域专业知识的学者,邀请他们以专业的眼光和敏锐的洞察力,出具"法庭之友"意见书。当然,"法庭之友"应保持审慎和中立,不对投资仲裁程序造成不适当的负担,或给争端方带来不公正的损害。

二、约束投资仲裁庭对知识产权条约的解释

尽管国际投资仲裁庭的管辖权仅限于投资条约所涵盖的投资引发的法律争议,但是由于知识产权投资者将投资待遇条款与知识产权条约相"连结"和"挂钩",投资仲裁庭也须面对知识产权条约的解释问题。然而,现有投资仲裁实践折射出的仲裁庭背离缔约国缔约意图,任意扩大解释条约的现象,②不免让人担忧仲裁庭能否正确理解知识产权条约。对此,本书建议从以下三种路径引导和约束仲裁庭的条约解释行为。

(一) 运用条约解释方法

VCLT 第 31 条和第 32 条规定的条约解释方法被视为是习惯国际

---

① 参考 2017 年《斯德哥尔摩商会仲裁院仲裁规则》附件三第 4 条。
② 参见刘笋:《仲裁庭的条约解释权及〈维也纳条约法公约〉的引导与制约》,载《华南师范大学学报(社会科学版)》2021 年第 1 期,第 139 页。

法规则的成文化,[1]投资仲裁庭行使条约解释权理应遵循这一习惯国际法规则。但是实际上少有仲裁庭严格运用 VCLT 条约解释方法,而是参考公允善良、政策影响、实际后果、效率或合理性等因素作出裁决。[2] 此外,投资仲裁庭援引仲裁先例的做法也表明了其回避适用条约解释规则的态度。

根据 VCLT 第 31 条,解释条约不仅应按其用语之通常含义并且结合上下文,而且应综合考虑条约的目的和宗旨。由此,依据国际投资条约建立起来的仲裁庭不应以狭隘的、投资保护的视角看待知识产权条约,须全面分析知识产权条约的目标,充分认识国际知识产权条约与国际投资条约在立法价值取向上的差异。此外,"体系整合原则"要求仲裁庭不能孤立地考虑和解释投资条约或知识产权条约,而应当将其放置于国际法的规范性环境中,以协调平行条约义务。以 TRIPS 为例,TRIPS 并非旨在建立一个统一的、高度协调的全球性知识产权制度框架,而是为各国知识产权立法保留了自主空间。[3] 那么,知识产权投资者依据投资条约提出的、意图实现知识产权绝对保护、极大缩减东道国知识产权立法空间的主张就不应获得仲裁庭的支持。投资仲裁庭应以全局性的、发展的眼光处理交叉性问题。

概言之,包含知识产权国际保护规则的投资条约既不是国际投资法的特别法,也不是国际知识产权法的特别法。虽然将知识产权规则纳入国际投资条约会造成知识产权和投资两大领域彼此交错重叠,带来条约解释难题,但根据 VCLT 条约解释规则,解释知识产权条约"挂钩"条款时,应当考虑知识产权条约的目标、宗旨,承认知识产权制度的灵活性,关注知识产权条约中的例外规定,那么条约解释上的难题将迎

---

[1] Arbitral Award of 31 July 1989 (Guinea-Bissau v. Senegal), Judgment, 1991 I. C. J. 53, para. 48.

[2] See Romesh J. Weeramantry, *Treaty Interpretation in Investment Arbitration*, Oxford University Press, 2012, PP. 157 - 164.

[3] Jerome H. Reichman and Rochelle Cooper Dreyfuss, Harmonization Without Consensus: Critical Reflections on Drafting A Substantive Patent Law, *Duke Law Journal*, Vol. 57, 2007, p. 89.

刃而解。无论如何,投资仲裁庭都不能容许知识产权人利用投资法律框架破坏国际知识产权制度。

(二) 借鉴冲突法思路

在冲突法意义上,国家间的法律冲突以各国的地域范围为界限,主要表现为国际民商事法律冲突。[①] 而国际条约体制间的条约冲突以国际法律部门的划分为界限,[②]主要表现为国际条约规则冲突,即分属不同条约体制的条约规则对同一主权国家条约义务的规定不同而发生条约适用上的冲突。不同国家间的法律冲突与不同条约体制间的条约冲突存在共性,法律冲突的外观也从以国家领土为界到以国际法律部门为界。[③] 由此,如果将不同条约体制中的条约规则类比为不同国家的国内法律,国际投资条约之于投资仲裁庭相当于"法院地法",而国际知识产权条约之于投资仲裁庭相当于"外国法"。

在涉知识产权保护的国际投资仲裁案件中,知识产权投资者利用或自主建立投资待遇条款与知识产权条约的关联,要求东道国按投资待遇标准保护知识产权,而东道国依据 TRIPS 等知识产权条约主张其有实施特定公共政策或发展本国知识产权法律的自主空间。显然,国际投资条约与国际知识产权条约在条约目标及价值观念方面存在"真实冲突",冲突法选法方法中的"利益分析—公共秩序保留"路径有适用空间。

首先,在国际投资条约和国际知识产权条约都具有正当利益的情况下,仲裁庭既不能刻板地只适用某一条约,也不能没有限度地任意适用条约。根据"功能分析说"的启发,本书认为仲裁庭应当适用更能兼

---

① 参见肖永平:《肖永平论冲突法》,武汉大学出版社 2002 年版,第 9 页。

② Henning Grosse Ruse-Kahn, A Conflict-of-Laws Approach to Competing Rationalities in International Law: the Case of Plain Packaging between Intellectual Property, Trade, Investment and Health, *Journal of Private International Law*, Vol. 9, 2013, p. 322.

③ 林燕萍、朱玥:《冲突法在条约冲突解决中的价值及实现路径——由澳大利亚烟草平装措施争端引发的思考》,载《中国国际私法与比较法年刊》2020 年(第 26 卷),第 149 页—第 163 页。

顾其他条约的价值理念,不与其他条约目标、宗旨发生抵触的条约。这种整合其他条约体制所代表的利益的"能力"是适用条约的标准和依据,在一定程度上也有利于国际法的可持续发展。[1] 其次,"法则区别说"学派最先提出了"公共秩序"的概念,将公共秩序作为排除外国法适用的一种手段或制度。这种在法律适用中维护法院地国公共秩序的意愿同样可以在部分国际条约的"冲突条款"[2]中寻找到。因此,本书认为可以将整合其他条约体制所代表的利益的"能力"做进一步要求,即适用的条约必须能够兼顾"法院地法"的目标和宗旨。最后,查明外国法是适用外国法的前提。英美法系倾向于将外国法视为单纯的事实。法院的法官没有调查和了解外国法内容的责任和义务,外国法的具体内容应由当事人向法院提供,并且作为证据经双方当事人质证,才能最终确定外国法的内容。相类似的,在国际投资仲裁实践中,为解决国际投资条约与国际知识产权条约的冲突,仲裁庭宜将知识产权条约视为单纯的事实,积极利用"法庭之友"制度,主动寻求国际知识产权法领域专家的帮助,由专家出庭对条约的内容予以解释和说明,经双方质证后裁判者方能准确理解这些条约的"真义"。虽然最终仍然是投资仲裁庭解释和适用知识产权条约,难免带有自己的价值取向和结构偏见,但通过此种途径,可以克服其解释知识产权条约能力上的不足。

(三)授权缔约国作出权威性解释声明

缔约国作为条约的立法者,应是最具权威性的解释者。然而,现有国际投资仲裁实践表明,仲裁庭一经建立便获得了相对独立的自由裁量权,任意解释、扩大解释条约,忽视主权国家真实缔约意图的现象并

---

[1] Henning Grosse Ruse-Khan, A Real Partnership for Development? Sustainable Development as Treaty Objective in European Economic Partnership Agreements and Beyond, *Journal of International Economic Law*, Vol. 13, 2010.

[2] 例如《生物多样性公约》第 22 条规定:1. 本公约的规定不影响任何缔约国在任何现有国际协定下的权利和义务,除非行使这些权利和义务将严重破坏或威胁生物多样性;2. 缔约国实施公约不得抵触各国在海洋法下的权利和义务。

不少见。① 由于缔约国缺乏直接干预仲裁庭条约解释权的权利,投资仲裁中的先例文化、法律解释文化和法律纠错文化又尚未成熟,有学者对此批判道:仲裁裁决正背离缔约国缔约意图和缔约实践,进入了一个盲目依赖先例和学者学说解释和适用条约的恶性循环。② 其中,不少仲裁庭在援引先例时不会进行任何说理,而是以结果为导向随意选择与自己意见一致的先例,不顾案涉条约规定是否一致。譬如 NAFTA 将公平公正待遇与国际最低待遇标准挂钩,而案涉 BIT 的公平公正待遇条款没有与国际最低待遇标准关联,甚至未提及"国际法",仲裁庭却援引了 NAFTA 仲裁先例解释案涉 BIT 中的公平公正待遇。③ 这都应当引起主权国家的警惕,尽力避免投资仲裁实践偏离其条约缔约意图,导致订约目标和条约宗旨无法实现。

在晚近订立的国际投资条约中,已经出现专门条款保留缔约国涉及税收、金融监管等事项的条约解释权,④或规定缔约国对条约的共同解释对仲裁庭有拘束力。⑤ 但当投资条约未纳入前述解释规则时,缔约国似乎容易失去对条约的控制。因此,本书建议投资仲裁庭在必要时,在与争端方磋商后,主动寻求缔约国作出联合或共同解释,或应争端国家要求,允许缔约国在合理期限内就案涉条约进行共同解释。⑥ 由此,仲裁庭得以接受缔约国的权威指引,进而正确、合理、恰当地解释条约。

三、建立在仲裁过程中考虑其他国际程序的弹性机制

在国际投资条约知识产权保护制度的具体运行过程中,国际争端

---

① 刘笋:《论国际投资仲裁中的先例援引及缔约国的干预》,载《法学评论》2021 年第 3 期,第 182 页。

② Anthea Roberts, Power and Persuasion in Investment Treaty Interpretation: The Dual Role of States, *American Journal of International Law*, 2010, Vol. 104, p. 190.

③ MNSS BV and Recupero Credito Acciaio NV v. Montenegro, ICSID Case No. ARB (AF)/12/8, May 2016, Award, para. 326.

④ 2012 年《中国—加拿大 BIT》第 20 条。

⑤ CETA 第 8. 31 条;CPTPP 第 9. 25 条;USMCA 第 14. D. 9 条。

⑥ 参考 2020 年《中国—新西兰 FTA》第 155 条。

解决程序彼此关联,很可能出现平行运转甚至相互竞争的状态。"Philip Morris 亚洲公司诉澳大利亚案"和"洪都拉斯等国诉澳大利亚案"就是典型例证。

知识产权人对其持有的知识产权予以资本化运用,使符合东道国法律并且具备投资属性的知识产权成为投资条约的保护对象,知识产权人也享有投资者身份,得以单方面启动国际救济程序,维护知识产权投资利益。然而,由于国际直接投资与国际贸易彼此促进、互为因果,[①]呈现贸易投资一体化趋势,[②]作为投资要素的知识产权终将伴随知识产品融入全球价值链,[③]使跨国公司的知识产权资产为企业自身增值赋能。这驱动着知识产权投资者通过扩张解释投资待遇条款或利用投资待遇标准与知识产权条约的挂钩,绕开 WTO 多边体制,在 ISDS 机制中直接执行 TRIPS、《巴黎公约》等知识产权条约。

如上文所述,WTO 框架内的 SSDS 机制在处理东道国行为是否违反已与国际贸易条约体制联合的知识产权条约(例如 TRIPS)方面,具有优先性;而 WIPO 管理的《伯尔尼公约》《巴黎公约》等规定,当缔约国对本公约的解释或适用有争议经谈判不能解决时,任一当事方可以按照《国际法院规约》将争议提交国际法院,除非已同意采取其他解决办法。由此,有必要在国际投资仲裁程序和其他国际程序间建立弹性机制,以协调体制冲突和竞争。

鉴于国际争端解决程序之间并无严格的等级关系,本书建议赋予投资仲裁庭自由裁量权,当利益相关者依据国际投资条约和其他条约同时提出索赔请求,且可能发生重复赔偿,或其他国际程序可能对投资仲裁程序中的争议解决产生重大影响时,仲裁庭有权在听取争端方意见后中止仲裁程序,或以其他方式确保其决定、命令或裁决给予其

---

① 曾华群:《论 WTO 体制与国际投资法的关系》,载《厦门大学学报(哲学社会科学版)》2007 年第 6 期,第 106 页。

② 参见张二震、方勇:《国际贸易和国际投资相互关系的理论研究述评》,载《南京大学学报》(哲学·人文科学·社会科学版)2004 年第 1 期,第 118 页。

③ 参见孙玉红、陈相香等:《国际投资协定对价值链贸易的影响研究》,载《世界经济研究》2020 年第 8 期,第 71 页—第 72 页。

他国际程序必要关照。[1]

四、构建国际投资仲裁上诉机制

ISDS 机制因透明度不足、仲裁裁决不一致、仲裁庭条约解释结果不可预见、对东道国社会公共利益关注不够等问题饱受质疑,正处于改革的十字路口。国际社会大致提出了三种改革方案[2]:其一,以美国为代表的"渐进式改良派"阵营,主张维持 ISDS 的原有程序结构,仅针对其主要缺陷作合理调整和修改,同时对建立上诉机制持开放态度。[3] 其二,以欧盟为代表的"激进式改革派"阵营,倡导彻底推翻 ISDS 机制的原有架构,在投资者与东道国间的投资争端解决中系统性地引入司法化的投资法庭制度。[4] 其三,以巴西为代表的"卡沃尔主义"阵营,排斥在国际救济层面直接赋予投资者诉权,退出《ICSID 公约》,重新回归东道国国内救济模式,对现有 ISDS 机制进行颠覆式革新。[5] 对此,中国一贯支持改良派的观点,本书亦认同 ISDS 机制具备的去政治化、秘密性和效率性之于投资争端解决的独特价值,认为宜针对 ISDS 机制的不足和存在的问题予以适当调整和解决。

在涉知识产权保护的国际投资仲裁案件中,仲裁庭不仅需要解释和适用投资条约体制以外的条约规则,还面临复杂的利益平衡问题,一旦仲裁庭法律适用错误,或因结构性偏见未能合理协调知识产权投资者利益和东道国外资监管权益,其裁决结果将造成诸多负面影响,尤其

---

[1] 参考 CETA 第 8.24 条。

[2] Anthea Roberts, Incremental, Systemic, and Paradigmatic Reform of Investor-State Arbitration, *American Journal of International Law*, Vol. 112(3), 2018, pp. 410 – 432.

[3] 靳也:《投资者—国家争端解决机制改革的路径分化与中国应对策略研究》,载《河北法学》2021 年第 7 期,第 147 页。

[4] 肖军:《论投资者—东道国争端解决机制改革分歧的弥合进路》,载《国际经济法学刊》2021 年第 2 期,第 91 页—第 92 页。

[5] 肖威:《ISDS 机制变革的根源、趋势及中国方案》,载《法治现代化研究》2020 年第 5 期,第 162 页。

是损害东道国社会公共利益,加剧国际法的碎片化。当然,涉知识产权保护的国际投资仲裁案件所暴露的问题只是 ISDS 机制因缺乏有效纠错机制而遭受批判的现实后果之一。对此,本书认为探索建立上诉机制不失为一个较优的改良方案。可能有人会指出建立上诉机构将致使"一裁终局"带来的仲裁优势式微。但是在新形势下,面对尖锐的公私利益冲突,我们应当在效率与公平直接重新寻找平衡点。此外,上诉机构的存在不能与"低效率"画等号,可以通过合理设计上诉程序避免花费不必要的时间和司法成本。

当前,关于 ISDS 机制改革方向的讨论如火如荼进行中。UNCITRAL 于 2017 年成立第三工作组,专门就 ISDS 机制改革问题开展工作,其中包括构建投资仲裁上诉机制。① 根据各国政府向 UNCITRAL 第三工作组提交的意见书,各国对于上诉机制的运行模式主要提出了两种设想,一是在常设多边投资法院框架内设置上诉法庭②;二是在 ISDS 仲裁程序中增设常设多边上诉机构。③ 本书认为,在改良 ISDS 机制的前提下,建立常设上诉机制更具可行性:一方面,不为投资者和东道国间的投资争端解决添加"司法色彩",保留争端方选择仲裁员的初始权利,充分体现仲裁的意思自治;另一方面,明确上诉机制的常设性有利于消除裁判者的个案偏见并且积累经验,④也便于控制组庭时间和规范上诉程序。基于此,可以尝试依托 ICSID 建立常设上诉仲裁庭,发挥机构仲裁的优势。

此外,为避免上诉机制对仲裁效率性的不当侵蚀,应当制定合理的上诉规则处理以下五个方面的问题。第一,关于上诉仲裁庭成员的选

① UNCITRAL, Report of Working Group III (Investor-State Dispute Settlement Reform) on the Work of Its Thirty-fourth Session, 2017, A/CN. 9/930/Rev. 1 & A/CN. 9/930/Add. 1/Rev. 1.

② 欧盟已在其对外签订的国际投资条约中将这一构想付诸实践,例如 CETA、2018 年《欧盟—新加坡投资保护协定》、2019 年《欧盟—越南投资保护协定》等。

③ 秦晓静:《设立投资仲裁上诉机制的路径选择》,载《政治与法律》2021 年第 2 期,第 126 页。

④ 杜玉琼、黄子林:《国际投资仲裁上诉机制构建的再审思》,载《四川师范大学学报(社会科学版)》2021 年第 1 期,第 101 页。

任。建议首先在 ICSID 的牵头下,成立由具备国际公法背景的资深国际投资仲裁员组成的上诉小组,仲裁员的专业领域应尽可能全面地涵盖国际法的各个分支。然后允许争端方各指定一名边裁,ICSID 秘书长指定首裁。首席仲裁员必须具备解决案涉争议所需的特别专业知识。这种选任模式既能体现当事人的意思自治,也能凸显上诉机制的特殊意义。第二,关于上诉仲裁庭的审查范围。建议区分涉公共利益投资仲裁争端和非涉公共利益投资仲裁争端。对于前者,上诉程序启动方必须先证明投资争端与社会公共利益具有密切联系,可以借助"法庭之友"意见书予以佐证。上诉仲裁庭对这类案件的审查范围应包含法律解释和适用错误以及"严重"或"明显"事实认定错误。① 对于后者,上诉仲裁庭的审查范围仅限于对案涉法律问题的审查。第三,关于上诉仲裁庭的审理期限问题,建议规定上诉程序自争端方正式提起上诉之日起直至上诉仲裁庭发布裁决,不得超过 180 天,确需延长也不得超过 270 天。上诉方应为上诉费用提供担保,费用缴纳至 ICSID 秘书处。② 第四,关于上诉仲裁裁决的承认与执行问题。《ICSID 公约》缔约国可以按照 VCLT 第 41 条修订条约,保证上诉裁决得以通过《ICSID 公约》获得承认与执行。尚未签署《ICSID 公约》修订文本的国家,可以通过《承认与执行外国仲裁裁决》(又称《纽约公约》)执行上诉仲裁裁决。第五,关于投资仲裁上诉机制与 ICSID 裁决撤销机制的关系问题。为兼顾效率和公平,建议保持两大机制处于平行状态,由争端方自行决定采取何种程序实现他们所期盼的"个案正义",从而全面提升国际投资仲裁的公信力。

---

① 参考 UNCITRAL, Possible Reform of Investor-State Dispute Settlement (ISDS) Appellate Mechanism and Enforcement Issues,2021,A/CN. 9/WG. Ⅲ/WP. 202.
② 参考 CETA 第 8. 28 条。

第六章　国际投资条约知识产权保护制度的中国双边实践与立场

　　国际投资条约知识产权保护制度经历三次现代转型之后,明显表现出一体化取向和市场化导向,出现了要求依据知识产权条约作出一致性解释的相符性例外条款,公共利益例外条款也重返历史舞台,从整体上看已然具备 TRIPS-plus 性质。中国对外签订国际投资条约的缔约实践也在这一制度演进的宏大背景中展开,与每一阶段国际投资条约知识产权保护制度呈现的框架结构和具体内容,既存在共性,也有所区别。

　　本章将立足中国双边投资条约缔约实践,聚焦我国双边投资条约知识产权保护制度存在的问题和潜在风险,在区分发达国家和发展中国家等不同缔约对象的基础上,有针对性地提出中国双边投资条约知识产权制度的修改方案,以期我国未来在知识产权投资国际保护规则的建构方面更有国际话语权。

第一节　中国关于知识产权投资国际保护的双边缔约现状

　　鉴于我国 21 世纪初对外缔结的 FTAs、区域性投资条约①中已经

---

① 针对中国签订的 FTAs 投资章节和区域性投资条约的完善方案,可以参考第五章第二节提出的建议。

纳入知识产权例外条款①或知识产权条约"挂钩"条款②,大量③于 20 世纪八九十年代签订的中国 BITs 还未充分重视知识产权投资的重要性和特殊性。因此,中国 BITs 确立的知识产权保护制度与现有"新型"投资条约知识产权保护制度相比,发展步伐相对缓慢,滞后于知识经济现实需求,也隐藏 TRIPS-plus 风险。④ 加之,BITs 是各国促进和保护双向投资的首选,⑤坚持 BITs 在健全投资条约知识产权保护制度方面的主导和引领作用,具有较强的现实意义。

　　本部分将全面、系统地梳理我国关于知识产权投资国际保护的双边缔约实践,继而从中发现我国双边投资条约知识产权保护制度向现代国际投资条约知识产权保护制度靠拢的实践趋向,同时探析该制度存在的问题,以便更好地提出修改建议。

一、中国 BITs 序言对东道国监管权的重视程度

　　知识产权的专有性诱使知识产权投资者片面追求知识产权投资产生的经济效益,剥离知识产权的社会属性。如上文所述,知识产权国际立法应当遵循利益平衡原则,恰当处理知识产权保护与限制的动态关系,妥善协调知识产权人专有利益和社会公共利益。因此,明确东道国

---

① 2012 年《中国、日本及韩国关于促进、便利及保护投资的协定》第 9 条第 2 款和第 3 款;2013 年《中国—冰岛 FTA》第 64 条;2013 年《中国—瑞士 FTA》第 11.3 条。

② 2008 年《中国—新西兰 FTA》第 145 条第 5 款;2009 年《中国—东盟投资协定》第 8 条第 6 款;RCEP 第 10.13 条第 4 款。

③ 截至 2022 年 3 月,中国对外签订 BITs 共 146 个,现行有效 108 个。而在这 108 个现行有效的 BITs 中,有 74 个 BITs 是在 2000 年(不包含 2000 年)以前签订的,超过半数。See UNCTAD, Investment Policy Hub, International Investment Agreements Navigator-China, available at https://investmentpolicy.unctad.org/international-investment-agreements/countries/42/china, last accessed on 17 March 2022.

④ 参见衣淑玲:《我国双边投资条约知识产权保护条款的完善探析》,载《江苏商论》2010 年第 4 期,第 108 页;另参见韩粮远:《我国 BITs 中的"TRIPs-plus"风险研究》,载《上海金融》2018 年第 6 期,第 44 页。

⑤ 根据 UNCTAD 发布的最新《2021 年世界投资报告》,截至 2021 年 6 月,现有国际投资条约总量为 3360 个,其中 BITs 数量为 2943 个,约占国际投资条约总量的 88%。See UNCTAD, World Investment Report 2021: Investing In Sustainable Recovery, p. 123.

监管权对维护国内社会的可持续发展、平衡投资者利益和东道国公共利益等方面具有重要意义。为考察中国 BITs 序言对东道国监管权的重视程度,本书对中国 BITs 序言部分的制定情况梳理如下:

序言的内容要旨	个数
公平合理地对待投资/给予投资公平和公正待遇	3
为投资创造良好条件,鼓励和保护投资	20
在相互尊重主权和/或平等互利原则的基础上为投资创造良好条件,鼓励和保护投资	81
在不放松对健康、安全和环保措施的普遍适用情况下实现鼓励、促进和保护投资的目标	2
依据可持续发展的原则促进投资	2

表 4 中国 BITs 序言部分的制定情况①

由上表可知,中国 BITs 序言部分均未明确提及东道国监管权,绝大部分 BITs 均主要从维护投资者利益的角度规定,本条约的目标和宗旨是基于相互尊重主权、平等互利原则扩大缔约双方经济合作,为投资创造良好条件,以期促进、鼓励和保护投资。只有少数几个 BITs 在序言中强调东道国社会公共健康、安全、环境及可持续发展的重要性,但也没有直接提出"监管权"的概念,或没有将公共事项作为东道国背离投资条约承诺、保有外资监管空间,而无需对遭受不利影响的投资者承担赔偿责任的正当事由。总体来看,中国 BITs 序言对东道国监管权重视程度远低于美国、欧盟、加拿大等国主导缔结的投资条约,不足以引导仲裁庭在处理涉公共利益的投资争端时,注意平衡投资者利益和东道国社会公共利益。

二、中国 BITs 投资定义条款对知识产权投资的要求

投资定义条款直接决定着何种类型的知识产权、应当符合何种条

---

① 作者根据中华人民共和国商务部条法司网站资料、中华人民共和国外交部条约数据库资料以及 UNCTAD 投资政策中心网站资料整理所得。

件才能构成受投资条约保护的"涵盖投资"。如果投资定义条款忽略知识产权投资的特殊性,宽泛地规定可以用于投资的知识产权或无形资产,极有可能便利知识产权投资者将知识产权申请、尚未得到东道国法律承认的知识产权等引申为"涵盖投资",利用投资条约保护没有或不能依据东道国法律获取并维持的知识产权,致使东道国承担 TRIPS-plus 义务。鉴于我国在知识产权国际保护中坚持地域性原则,知识产权条约在我国境内须转化适用,[①]有必要考察中国 BITs 投资定义条款是否存在前述风险,可能在未来招致以我国作为被申请人的知识产权投资争端,通过主张知识产权申请、我国知识产权法律尚未认可的知识产权构成涵盖投资,压缩我国知识产权政策的灵活自主空间。本书对中国 BITs 投资定义条款关涉知识产权投资的内容梳理如下:

投资定义条款对知识产权投资的限定		个数
1. 强调符合东道国法律法规 2. 未具体列举知识产权类型: 知识产权、工业产权和/或商业产权		4
1. 强调符合东道国法律法规 2. 封闭式列举知识产权类型	著作权、工业产权、专有技术和工艺流程	29
	著作权、工业产权、专有技术、商名和/或商誉	6
	著作权、工业产权、工艺流程、商名和/或商誉	2
	著作权、工业产权、工艺流程、专有技术、商名和/或商誉	16
	著作权、工业产权、工艺流程、专有技术、商业秘密、商标、商名和商誉	10
	著作权、工业产权、工艺流程、专有技术、地理标志、商业秘密、商标、商名和/或商誉	4

---

① 2013 年最高人民法院《关于适用〈中华人民共和国涉外民事关系法律适用法〉若干问题的解释(一)》第 4 条。

投资定义条款对知识产权投资的限定		个数
1. 尤强调符合东道国法律法规 2. 开放式列举知识产权类型	其包括/特别是/包括但不限于……	21
	……以及无形资产/为商业目的获得或使用的无形财产……	2
	……以及其他类似权利/其他工业产权	10
1. 未强调符合东道国法律法规 2. 封闭式列举知识产权类型： 著作权、工业产权、工艺流程、专有技术、地理标志、商业私密、商标、商名和商誉		1
1. 未强调符合东道国法律法规 2. 开放式列举知识产权类型： 特别是……/为商业目的获得或使用的无产财产		3

表 5　中国 BITs 投资定义条款与知识产权投资有关的内容①

由上表可知,第一,中国 BITs 投资定义条款全部采取"资产式定义"模式,界定投资内涵。第二,除了极个别中国 BITs 投资定义条款没有强调投资应当符合东道国法律法规,其余均明确投资是指根据东道国法律法规在其境内投入的各种资产。这对知识产权投资而言,可以有效保障东道国知识产权立法的法律效力。第三,封闭式列举知识产权类型的中国 BITs 居多,最常规定知识产权包括著作权、工业产权、专有技术和工艺流程。在明确列举出的所有知识产权类型中,已经将 TRIPS 涵盖的知识产权类型全部囊括进投资内涵。第四,部分中国 BITs 投资定义条款未对知识产权类型作详细列举,或作开放式列举,甚至存在中国 BITs 在不要求投资符合东道国法律的基础上作开放式列举,隐藏 TRIPS-plus 风险。加之,我国《外商投资法》第 2 条指出外商投资包括法律法规承认的"其他方式"投资,而我国知识产权立法承

---

① 作者根据中华人民共和国商务部条法司网站资料、中华人民共和国外交部条约数据库资料以及 UNCTAD 投资政策中心网站资料整理所得。

认知识产权申请的转让,例如《专利法》第 10 条[①]、《商标法实施条例》第 17 条[②],知识产权投资者极有可能依据与"无形财产"有关的一类规定将知识产权申请归入投资范畴,有必要予以高度重视。第五,绝大多数中国 BITs 投资定义条款未明确投资应当具备何种特征或属性[③],未来发生投资争议,国际投资仲裁庭在确立管辖权时可能依据仲裁先例对投资作宽泛认定,不利于我国预防不必要的投资争议,应当着重予以修改。

三、中国 BITs 投资待遇条款对知识产权投资特殊性的关照

(一) 中国 BITs 非歧视待遇条款的制定情况

虽然目前尚未有知识产权投资者根据非歧视待遇条款将 TRIPS 中的国民待遇、最惠国待遇引入 ISDS 争议解决范围。但针对交叉内容仍应当予以特别协调,以明确知识产权条约的非歧视待遇条款为东道国设置的义务例外及保留的灵活性,也避免知识产权人利用最惠国待遇条款"搭便车",主张 WIPO 管理的公约所提供的程序优惠。

此外,知识产权具有社会性,东道国若以维护社会公众健康或公共安全利益为由,对知识产权投资采取措施使知识产权投资者享受的待遇低于本国国民或非缔约方第三国国民时,也易引起投资争端。为探究中国 BITs 非歧视待遇条款与知识产权条约体制的协调程度、对公共利益的关注程度,本书对中国 BITs 非歧视待遇条款的制定情况梳理如下:

---

① 专利申请权可以转让。中国单位或者个人向外国人、外国企业或者外国其他组织转让专利申请权的,应当依照有关法律、行政法规的规定办理手续。转让专利申请权,当事人应当订立书面合同,并向国务院专利行政部门登记,由国务院专利行政部门予以公告。专利申请权的转让自登记之日起生效。

② 申请人转让其商标注册申请的,应当向商标局办理转让手续。

③ 除了 2012 年《中国—加拿大 BIT》第 1 条第 4 款明确,涵盖投资包括资本或其他资源的投入,收益或利润的预期,或者风险的承担。

非歧视待遇的内容	个数
1. 非典型国民待遇条款＋公平公正待遇/不采取歧视措施；2. 准入后最惠国待遇＋经贸安排例外	65
1. 准入后国民待遇；2. 准入后最惠国待遇＋经贸安排例外	28
1. 准入后国民待遇＋例外；2. 准入后最惠国待遇＋经贸安排例外	6
1. 准入后国民待遇＋例外；2. 准入前最惠国待遇＋经贸安排例外	1
1. 准入后国民待遇＋类似情形；2. 准入后最惠国待遇＋类似情形＋经贸安排例外	2
1. 准入后国民待遇＋类似情形；2. 准入前最惠国待遇＋类似情形＋经贸安排例外	1
1. 准入后国民待遇＋类似情形；2. 准入后最惠国待遇＋类似情形＋经贸安排例外；3. 排除争端解决机制	1
1. 准入后国民待遇＋类似情形；2. 准入前最惠国待遇＋类似情形＋经贸安排例外　3. 排除争端解决机制	1
1. 准入后国民待遇；2. 准入后最惠国待遇＋经贸安排例外＋WTO 承诺例外	1
1. 准入后国民待遇＋类似情形；2. 准入前最惠国待遇＋类似情形＋经贸安排例外＋知识产权条约例外	1
1. 准入后国民待遇＋类似情形；2. 准入前最惠国待遇＋类似情形＋经贸安排例外＋知识产权条约例外；3. 排除争端解决机制	1

表 6　中国 BITs 非歧视待遇条款的制定情况①

由上表可知，第一，大部分中国 BITs 规定在准入后阶段给予外国投资者最惠国待遇，同时附加经贸安排例外。第二，超过半数的中国BITs 没有纳入典型的国民待遇条款，外国投资者很可能依赖公平公正待遇条款，主张在我国境内受到公平、合理的投资待遇，有必要予以澄清，单独列入国民待遇条款。第三，很少有条约在非歧视待遇条款明确，在"类似情形"或"相同情势"下，给予另一缔约方投资者不低于本国投资者或非缔约方第三国投资者的待遇，应当予以明确，避免知识产权投资者通过非歧视待遇条款引入知识产权条约而引起不必要的投

① 作者根据中华人民共和国商务部条法司网站资料、中华人民共和国外交部条约数据库资料以及 UNCTAD 投资政策中心网站资料整理所得。

资争端。第四,少数中国 BITs 在规定国民待遇时作出了特别的例外安排,涉及公共秩序、国家安全等方面的措施不得被解释为低于国民待遇,值得进一步推广应用,保障我国社会公共利益和重大安全利益。第五,只有极个别中国 BITs 的非歧视待遇条款不适用于争端解决机制。鉴于仲裁庭对非歧视待遇条款是否适用于争端解决事项的立场不一,为了防止投资者挑选条约,应当予以明确排除。第六,我国只在与俄罗斯、韩国、加拿大三国签订的 BIT 中,规定缔约方可以按照知识产权条约或其在 WTO 中的承诺背离非歧视待遇条款,其余 BITs 缺乏对知识产权投资的关联活动(例如知识产权的获得和维持)可能关涉传统知识产权国际保护制度的必要关注,应当广泛地引入知识产权例外。[①]

(二) 中国 BITs 公平公正待遇条款的制定情况

公平公正待遇似乎"无所不包",东道国政府所采取的外资监管措施经常被指责违背公平公正待遇。相类似的,抽象宽泛的公平公正待遇条款给了知识产权投资者更多挑战东道国知识产权政策的机会,不仅能主张东道国修改国内知识产权法律,从未能维持稳定的国内法律框架的角度质疑东道国政府行为,[②]而且能在保护投资者合理期待和东道国政府遵守其签订的国际知识产权条约之间搭建联系,直接在 ISDS 机制中适用和执行知识产权条约。[③] 因此,澄清公平公正待遇的内涵和外延成为缔约的必要和紧要事项。本书对中国 BITs 公平公正待遇条款的制定情况梳理如下:

---

① 参见张建邦:《国际投资条约知识产权保护制度的现代转型研究》,载《中国法学》2013 年第 4 期,第 72 页。

② 从现有国际仲裁实践来看,仲裁庭普遍认为维持国内法律框架的稳定不等同于东道国国内法律一成不变,故知识产权投资者的此种主张一般不会得到仲裁庭的支持,除非东道国改变的法律规范与其在吸引外商投资时作出的具体承诺和表示有关。See Philip Morris Products S. A. and Abal Hermanos S. A. v. Oriental Republic of Uruguay, ICSID Case No. ARB/10/7, June 2016, Award, para. 422.

③ 尚未有国际投资仲裁庭正面回应这一主张,应当引起缔约国的警惕和重视。

公平公正待遇的内容	个数
未规定	3
作概括性规定 缔约各方应始终保证公平合理地对待缔约另一方投资者的投资/缔约任何一方的国民或公司在缔约另一方领土内的投资,应始终受到公正和公平的待遇	85
与国民待遇和最惠国待遇相联系 "公平公正待遇"与"国民待遇或最惠国待遇"从优适用/"公平公正待遇"不应低于"国民待遇和/或最惠国待遇"	12
与国际最低待遇标准相联系 公平公正待遇不要求给予由国家实践和法律确信所确立之国际法要求给予外国人的最低待遇标准以外的待遇	3
将公平公正待遇定义为在法律或事实上不应受到阻碍 但是排除出于安全、公共秩序、卫生、道德和环境保护等原因采取的措施	1
列举公平公正待遇的要素 不得拒绝司法/ 非歧视与非专断待遇	4

表 7　中国 BITs 公平公正待遇条款的制定情况[①]

由上表可知,中国 BITs 公平公正待遇条款普遍没有定义何为公平公正待遇,条约解释权最终将落入投资仲裁庭手中。公平公正待遇的内涵可能被任意扩展,甚至在中国 BITs 没有提及国际最低待遇标准时,将其和公平公正待遇画等号,显然已偏离我国真实缔约意图。从近十年的国际投资仲裁实践来看,公平公正待遇已经成为一项独立自主的外资待遇标准,[②]我国应该及时改变公平公正待遇条款缺乏定性表述、缺乏合理解释、依赖其他待遇标准界定其违反门槛的现状,重新厘定公平公正待遇,明确其包含的、被投资仲裁实践广泛认可的要素。值得指出的是,在零星缔约实践[③]中,我国已经认可了两项公平公正待

---

① 作者根据中华人民共和国商务部条法司网站资料、中华人民共和国外交部条约数据库资料以及 UNCTAD 投资政策中心网站资料整理所得。

② 参见林燕萍、朱玥:《论国际投资协定中的公平公正待遇——以国际投资仲裁实践为视角》,载《上海对外经贸大学学报》2020 年第 3 期,第 72 页—第 89 页。

③ 2006 年《中国—俄罗斯 BIT》第 3 条第 1 款;2011 年《中国—乌兹别克斯坦 BIT》第 5 条第 2 款;2013 年《中国—坦桑尼亚 BIT》第 5 条第 2 款;2015 年《中国—土耳其 BIT》第 2 条第 3 款。

遇的具体适用情形,即不得拒绝司法和非歧视与非专断待遇。此外,2005 年《中国—马达加斯加 BIT》第 3 条指出,东道国出于安全、公共秩序、卫生、道德和环境保护等原因采取的措施,即便使投资者及其投资遭受不利影响或阻碍,也不构成对公平公正待遇的违反。此种规定有利于充分保障东道国监管权,适宜作为兜底性规则予以普及。

(三) 中国 BITs 保护伞条款的制定情况

UNCTAD 发布的 IPFSD 建议删除保护伞条款,防止投资者在 ISDS 机制中随意要求东道国履行纯粹合同义务,承担因商事行为引起的合同违约责任,从而直接拓展东道国在投资条约项下的义务范围。不仅如此,知识产权投资者还可能依据保护伞条款主张东道国签订的知识产权条约属于对其作出的承诺或对其承担的义务,实现其适用和私人执行知识产权条约的诉讼目的。为避免卷入相关投资争端,本书对中国 BITs 保护伞条款的制定情况梳理如下:

保护伞条款的内容	个数
未规定	81
遵守就投资所作的承诺 缔约一方应遵守其就缔约另一方的投资者的投资所作的承诺	22
遵守就投资所作的书面承诺 缔约一方应遵守其有管辖权的机构向缔约另一方国民就依照法律和本协议条款进行的投资所作的书面承诺/缔约任何一方应恪守其以协议、合约或合同形式与缔约另一方投资者就投资所做出的书面承诺	3
遵守就投资所作的特别承诺 缔约任何一方应恪守其与缔约另一方投资者就投资所作出的任何特别承诺	2

表 8　中国 BITs 保护伞条款的制定情况①

由上表可知,超过四分之三的中国 BITs 都没有纳入保护伞条款,

---

① 作者根据中华人民共和国商务部条法司网站资料、中华人民共和国外交部条约数据库资料以及 UNCTAD 投资政策中心网站资料整理所得。

而已经订有保护伞条款的 BITs 对东道国承诺的限定各有不同,分为承诺、书面承诺和特别承诺。其中,以合同形式作出的书面承诺最为清晰明了。

(四) 中国 BITs 履行要求禁止条款的制定情况

发达国家为保护本国投资者持有的知识产权、先进技术和商业秘密,在其主导缔结的投资条约中纳入履行要求禁止条款的同时,直接超越 TRIMS 涵盖的禁止性内容,不允许东道国实施强制技术转让或要求投资者披露专有信息。为考察中国 BITs 履行要求禁止条款是否具有 TRIMS-plus 性质,本书对中国 BITs 履行要求禁止条款的制定情况梳理如下:

履行要求禁止条款的内容	个数
未规定	105
当地含量或出口业绩要求 缔约一方不得对缔约另一方投资者的投资在涉及当地含量或出口实绩要求方面实行不合理或歧视性的措施	1
当地含量、技术转移或出口业绩要求 缔约一方也不得在当地含量、技术转移或出口业绩要求方面对缔约另一方投资者作出的投资采取任何不合理的或歧视性的措施。	1
TRIMS 项下义务 缔约双方重申其在 TRIMs 项下的义务。TRIMs 的第二条及其附录纳入本协定并作为本协定的组成部分	1

表9　中国 BITs 履行要求禁止条款的制定情况[①]

由上表可知,履行要求禁止条款几乎没有出现在中国 BITs 中,除了我国与芬兰、韩国和加拿大签订的 BIT。其中,2004 年《中国—芬兰 BIT》和 2012 年《中国—加拿大 BIT》的履行要求禁止条款均未超出 TRIMS 的义务范围,只有 2007 年《中国—韩国 BIT》的履行要求禁止

[①]　作者根据中华人民共和国商务部条法司网站资料、中华人民共和国外交部条约数据库资料以及 UNCTAD 投资政策中心网站资料整理所得。

条款纳入了"技术转移"一项禁止性履行要求。考虑到 TRIPS 主张"知识产权的保护和实施应有助于促进技术革新、技术转让和传播",尤其对关涉社会福祉的技术转让持积极鼓励的态度,2007 年《中国—韩国 BIT》第 10 条第 3 款接着指出,本条约的任何规定不应被解释为减损双方加入的国际知识产权条约(TRIPS 和 WIPO 制定的其他国际条约)项下的权利和义务。由此,履行要求禁止条款中的"技术转移"与 TRIPS 等知识产权条约实现了挂钩,为中韩根据 TRIPS 第 31 条实施专利强制许可保留了灵活性。这种连结和挂钩值得肯定,但也应警惕知识产权投资者在投资仲裁中主张我国的技术转让要求不符合 TRIPS,故而宜再增设"脱钩"条款。

(五) 中国 BITs 征收与补偿条款的制定情况

在上文讨论的知识产权投资者的众多法律主张和诉讼策略中,唯有与知识产权条约挂钩的征收条款是目前唯一可行路径。东道国宣告某项知识产权无效或撤销某项知识产权,或出于公共目的对知识产权施加合理限制,都可能被知识产权投资者认为实质性地损害其投资利益,产生了与国有化或直接征收同等的效果,构成间接征收。为讨论中国 BITs 征收与补偿条款是否引入"挂钩"规则,是否细致定义间接征收,本书对中国 BITs 征收条款的制定情况梳理如下:

征收条款的内容	个数
1. 不得实施征收和间接征收;2. 除非满足下列条件:(1)出于公共利益/合法目的;(2)补偿	9
1. 不得实施征收和间接征收;2. 除非满足下列条件:(1)出于公共利益/合法目的;(2)以非歧视的方式实施;(3)补偿	6
1. 不得实施征收和间接征收;2. 除非满足下列条件:(1)出于公共利益/合法目的;(2)符合正当程序;(3)补偿	1
1. 不得实施征收和间接征收;2. 除非满足下列条件:(1)出于公共利益/合法目的;(2)符合正当程序;(3)以非歧视的方式实施;(4)补偿	87

征收条款的内容	个数
1.不得实施征收和间接征收；2.除非满足下列条件： (1)出于公共利益/合法目的；(2)符合正当程序；(3)以非歧视的方式实施；(4)补偿 3.知识产权条约相符性例外 本条不适用于有关知识产权强制许可的颁发，亦不适用于与知识产权相关的其他措施，只要该措施符合缔约双方均为成员方的与知识产权有关的国际协定。	1
1.不得实施征收和间接征收；2.除非满足下列条件： (1)出于公共利益/合法目的；(2)符合正当程序；(3)以非歧视的方式实施；(4)补偿 3.应对间接征收逐案审查： (1)仅有对投资经济价值造成负面影响的事实并不意味着发生间接征收；(2)为保护公共健康、安全和环境采取的非歧视措施不构成间接征收，但不符合比例原则的除外	3
1.不得实施征收和间接征收；2.除非满足下列条件： (1)出于公共利益/合法目的；(2)符合正当程序；(3)以非歧视的方式实施；(4)补偿 3.应对间接征收逐案审查： (1)仅有对投资经济价值造成负面影响的事实并不意味着发生间接征收；(2)为保护公共健康、安全和环境采取的非歧视措施不构成间接征收，但不符合比例原则的除外 4.知识产权条约相符性例外 根据 TRIPS 发出的强制许可不因本条约的规定受到质疑	1

表 10　中国 BITs 征收与补偿条款的制定情况①

由上表可知，所有中国 BITs 征收条款均规定了公共利益例外，其中超过五分之四的中国 BITs 从公共利益、正当程序、非歧视和补偿四要件出发，描述合法征收的认定条件。关于间接征收，已有少数 BITs 明确东道国基于公共目采取管制措施，即便减损投资价值也不构成间接征收，符合当前国际投资仲裁庭"兼采效果和目的标准"认定间接征收的实践趋势，应予以推广。关于符合知识产权条约的征收，2008 年《中国—哥伦比亚 BIT》和 2012 年《中国—加拿大 BIT》已经纳入相符

① 作者根据中华人民共和国商务部条法司网站资料、中华人民共和国外交部条约数据库资料以及 UNCTAD 投资政策中心网站资料整理所得。

性例外条款,虽然关注到条约体制的协调问题并且保障东道国外资政策空间,但未设置"脱钩"条款仍显不足,应主动防范知识产权投资者直接利用"挂钩"条款,不当侵蚀我国外资监管空间。

四、中国 BITs 争端解决条款对知识产权投资的程序保障

因知识产权条约相符性例外条款的存在,知识产权投资者得以要求国际投资仲裁庭解释和适用知识产权条约,这将带来体制竞争和冲突。举例而言,WTO 争端解决机制对东道国行为与 TRIPS 相符性问题具有专属管辖权,如果未合理约束投资仲裁庭对案涉知识产权条约的解释,未充分考虑可能与 ISDS 机制并行的 WTO 争端解决程序,那么当投资仲裁庭得出的结论与 WTO 争端解决机构的裁决相矛盾时,必然加剧知识产权国际保护规则的碎片化程度,同时致使国家陷入条约遵守困境。为探究中国 BITs 争端解决条款对前述问题的认识程度,本书对中国 BITs 争端解决条款的制定情况梳理如下:

争端解决条款的内容		个数
1. 缔约方就条约解释和适用所发生的争端尽可能通过外交途径友好协商解决; 2. 一定期限内不能解决的提交 SSDS		108
无 ISDS 机制		3
1. 投资者与东道国就投资所发生的争议尽可能通过友好协商解决; 2. 一定期限内不能解决的诉诸国内法院; 3. 与征收补偿金额有关的争议可以提交 ISDS	3.1　已经诉诸国内法院的不能再适用 ISDS	37
	3.2　提交 ISDS 前应先向主管部门申诉	2
	3.3　无特别限制	18
1. 投资者与东道国就投资所发生的争议尽可能通过友好协商解决;	3.1　已经诉诸国内法院的不能再适用 ISDS	3

争端解决条款的内容		个数
2. 一定期限内不能解决的诉诸国内法院； 3. 与征收补偿金额有关的争议和双方同意提交仲裁的其他争议,可以提交 ISDS	3.2　无特别限制	4
1. 投资者与东道国就投资所发生的争议尽可能通过友好协商解决； 2. 一定期限内不能解决的诉诸国内法院或 ISDS	2.1　提交 ISDS 前必须从国内法院撤诉	2
	2.11　当中国作为被申请人时还可要求用尽国内行政复议程序	4
	2.2　提交 ISDS 前,缔约一方有权要求用尽国内行政复议程序	2
	2.21　已经诉诸国内法院的不能再适用 ISDS	7
	2.211　提交 ISDS 的不能再诉诸国内法院	10
	2.3　诉诸国内法院和提交 ISDS 二选一,选择终局,无行政复议限制	6
	2.31　提交 ISDS 有一定期限的时效限制	1
	2.4　已经诉诸国内法院,但尚未判决,除非当事双方同意,否则不得提交 ISDS。若法院已作出最终判决,不得提交 ISDS	1
	2.5　应基于当事双方同意将争议提交 ISDS	1
	2.6　对有关征收补偿金额的争议提交 ISDS 给予不可撤销的同意,其他争议应征得当事双方同意	4
	2.7　进一步限制 ISDS 仲裁庭管辖权	2
1. 投资者与东道国就投资所发生的争议尽可能通过友好协商解决； 2. 一定期限内不能解决的提交 ISDS		1

表 11　中国 BITs 争端解决条款的制定情况[①]

① 作者根据中华人民共和国商务部条法司网站资料、中华人民共和国外交部条约数据库资料以及 UNCTAD 投资政策中心网站资料整理所得。

由上表可知,中国 BITs 争端解决机制基本上表现为 SSDS 机制与 ISDS 机制并存。其中,SSDS 机制无一例外地适用于缔约双方就 BIT 解释和适用所发生的争端,并且大多数 BITs 规定 SSDS 仲裁庭应依据东道国法律及 BITs 的规定和缔约双方均承认的国际法原则作出裁决。可惜的是并未指明 SSDS 仲裁庭应当依据 VCLT 条约解释规则处理国家间有关条约解释的争议。相比之下,ISDS 机制的适用前提及条件更加多样和复杂。

首先,超过半数的中国 BITs 将 ISDS 仲裁庭的管辖范围限定于与征收补偿金额有关的争议。在此基础上,也有少数 BITs 允许 ISDS 仲裁庭管辖其他当事双方同意提交仲裁的其他争议。此外,在此类争端解决过程中,如果外国投资者已经在我国法院提起诉讼,则不能再将争议提交 ISDS,呈现经由东道国国内法院解决投资争端的司法化倾向。其次,进入 21 世纪以来,中国 BITs 逐渐将 ISDS 仲裁庭管辖范围放宽至外国投资者与东道国就投资发生的任何争议,但也附加了诸多程序性限制。例如,提交 ISDS 前须从国内法院撤诉、用尽当地行政复议程序、国内司法救济和 ISDS 仲裁二选一且选择具有终局性、除征收补偿金额争议外的其他争议须双方同意提交 ISDS 仲裁、不能超出条约规定的仲裁时效,等等。这虽然在一定程度上能够降低我国被卷入国际投资仲裁争端的几率,但是真正进入仲裁程序后,缺乏对投资仲裁庭自由裁量权的约束,没有授权国家在必要时作出权威性解释声明,也未与其他国际程序建立合理的"衔接"机制。

第二节　对中国双边投资条约知识产权保护制度的修订建议

由于国际法治与国内法治的内在关联性和互动性,我国投资条约缔约实践不可避免地受到发达国家影响,亦在国际投资条约知识产权保护制度现代转型的宏大背景中,构筑起知识产权投资保护框架,只是发展步调稍有滞后。

考虑到 BITs 在国际投资法治中的主导和引领作用,中国 BITs 存量较大且更新较慢。本部分立足于中国 BITs 缔约实践,在寻找中国 BITs 知识产权保护制度与"主流"典型投资条约知识产权保护制度一同暴露的"共性"问题的基础上,主要针对中国 BITs 知识产权保护制度的"滞后"及"薄弱"之处,提出修订意见和完善建议,为我国未来商签 BITs 提供具有可行性和参考价值的 BIT 范本方案。

一、在序言部分强调东道国外资监管空间

大量国际投资条约将知识产权纳入了"投资"范畴,中国 BITs 实践亦是如此。这一转变起初并未引起过多关注,直到近来因为知识产权人开始积极利用投资者与国家间争端解决机制挑战东道国的知识产权政策才成为热议的话题。在此类争端中,仲裁庭根据 VCLT 解释相关条约时应对条约的目的和宗旨给予必要关照。国际投资条约的目的和宗旨不仅要为投资者提供切实保护,而且也应为各国投资监管政策留有自主空间,允许各国根据自身情况调整公共政策,以实现特定国内目标。因此,为明晰投资者权利与东道国监管权之间的界限,促进负责任的投资,顺应投资条约可持续发展型改革,[1]本书建议在中国 BITs 序言部分增加以下内容:

1. 本条约旨在既保护和促进投资,也不妨害各缔约方行使外资监管权;

2. 本条约尊重各缔约方在其领土内享有的监管权,以实现正当公共政策目标,包括但不限于公共卫生、健康与环境、公众福祉、保护文化多样性、维持金融稳定、促进可持续发展;

3. 本条约鼓励投资者遵守国际公认的企业社会责任准则[2],例如

---

① 蒋小红:《试论国际投资法的新发展——以国际投资条约如何促进可持续发展为视角》,载《河北法学》2019年第3期,第48页—第49页。

② 参考 CETA 序言、中欧 CAI 序言。

OECD 跨国企业准则，提倡投资者根据东道国相关法律政策，切实提高企业劳工、人权及环境保护标准。

二、区分缔约对象划定知识产权投资类型

在国际投资条约知识产权保护制度的体制框架下，投资定义条款充当着"守门人"的角色，直接决定了一项知识产权是否属于投资范畴、是否构成条约所保护的投资。鉴于该条款具有至关重要的地位，中国 BITs 应予以慎重对待。

首先，为凸显知识产权的地域性，针对未具体列举知识产权类型，或封闭式列举知识产权却未明确提及东道国法律法规的投资定义条款，建议修改为：

1. 投资是指缔约一方投资者在另一缔约方境内，依照其法律、法规和规章等投入的各种资产，包括……，n. 著作权、工业产权、工艺流程、专有技术、地理标志、商业秘密、商标、商名和商誉；2. 投资应当具备以下特征：(1)资产或其他资源的投入；(2)一定的存续期间；(3)风险承担；(4)收益预期。

其次，考虑到中国 BITs 保护范围基本上[①]未延伸至投资"准入前"阶段，知识产权申请的资产价值也难以评估，故而针对开放式列举知识产权的投资定义条款，建议修改为：

1. 投资是指缔约一方投资者在另一缔约方境内，依照其法律、法规和规章等投入的各种资产，包括……，n. 知识产权，特别是著作权、工业产权、工艺流程、专有技术、地理标志、商业秘密、商标、商名和商誉。由缔约双方组成的联合委员会可根据国内法律的发展情况决定在前述范围外增加其他类型的知识产权；2. 投资应当具备以下特征：(1)资产或其他资源的投入；(2)一定的存续期间；(3)风险承担；(4)收益预期。

---

① 除了 2004 年《中国—芬兰 BIT》、2011 年《中国—乌兹别克斯坦 BIT》、2012 年《中国—加拿大 BIT》、2013 年《中国—坦桑尼亚 BIT》、2015 年《中国—土耳其 BIT》的最惠国待遇条款适用于投资设立阶段。

最后,我国未来与他国商签新 BITs 时,建议区分发达国家和发展中国家:

1. 针对发达国家,可以采纳"开放式列举 + 兜底条款"模式,便利和促进发达国家先进技术、新型知识产权等向我国输入;2. 针对发展中国家,可以采纳"封闭式列举"模式,或者将知识产权类型限缩于 TRIPS 涵盖的类型,保证我国向外输出的知识产权投资得到东道国国内法的有力保护和国际条约体制保障。

三、综合运用"例外"和"脱钩"安排设置投资待遇标准

(一)非歧视待遇条款的修订

中国 BITs 对非歧视待遇条款"例外"安排的重视程度严重不足。为防止知识产权人将非歧视待遇的内容肆意扩展至"非类似情形""争端解决机制"或"TRIPS 等国际知识产权条约"中的非歧视待遇,本书建议在保持中国 BITs 非歧视待遇条款对国民待遇或最惠国待遇适用于投资"准入前"抑或"准入后"阶段的原有规定不变的基础上,将其修改为:

1. 在不损害缔约一方可适用的法律法规的前提下,缔约一方给予缔约另一方投资者及其投资的待遇应不低于在类似情形下给予本国投资者及其投资的待遇;

2. 在不损害缔约一方可适用的法律法规的前提下,缔约一方给予缔约另一方投资者及其投资的待遇应不低于在类似情形下给予任何第三国投资者及其投资的待遇;

3. 缔约另一方因公共安全和秩序、公共健康或道德而采取的措施,不应视为本条第 1 款至第 2 款中的"待遇低于";

4. 本条第 1 款至第 2 款所述的待遇,不应包括:(1)缔约另一方依照关税同盟、自由贸易区、经济联盟、避免双重征税协定和为了方便边境贸易而给予第三国投资者的任何优惠待遇;(2)缔约双方加入的国际知识产权条约项下的非歧视待遇例外。例如 TRIPS 和 WIPO 制定的

其他国际条约;(3)其他国际投资条约和其他贸易协定中的争端解决机制。

（二）公平公正待遇条款的修订

中国 BITs 关于公平公正待遇条款的实践有一突出特点,即几乎不对公平公正待遇这一外资待遇标准下定义,这可能是出于缔约和解释"弹性"的考量。但是过于宽泛又不利于我国防御知识产权人可能从"合理期待"的角度要求我国遵守 TRIPS-plus 义务。对此,本书认为对于少数已经明确公平公正待遇两大要素(不得拒绝司法、非歧视与非专断待遇)的 BITs 条款,先不宜增加其他要素,而应辅以兜底条款明确缔约国对公平公正待遇的具体内涵有最终解释权,进而确保公平公正待遇的灵活性:

1. 缔约一方应确保缔约另一方投资者及其投资在其境内始终享受公平与公正待遇;

2. 为进一步明确:(1)公平公正待遇是指缔约一方不得对缔约另一方投资者拒绝公正审理程序,或实行明显的歧视性或专断性措施;(2)缔约方应定期或应一缔约方请求讨论公平与公正待遇的义务内容;(3)东道国出于安全、公共秩序、卫生、道德和环境保护等原因采取的措施不应被视为对前述规定的违反。

此外,对于尚未明确公平公正待遇要素的条款,如我国意欲按照最新投资仲裁实践界定其具体内容,本书建议着重对"保护投资者合理期待"作进一步限定,将其解释为:合理期待是投资者基于东道国向其作出的特定承诺或表述而产生的,并且投资者据此作出投资决策。

（三）保护伞条款的修订

鉴于国际投资仲裁庭对保护伞条款的立场不甚一致,为在 BITs 条约文本中明确指引投资仲裁庭认定保护伞条款的保护范围,并且直接消除知识产权投资者将知识产权条约解释为东道国所作承诺的可能性,本书建议无需调整未纳入保护伞条款的中国 BITs,仅对引入保护

伞条款的中国BITs进行修订,统一采纳"书面承诺"的定义模式,并且作进一步澄清,将其修改为:

1. 缔约任何一方应恪守其以合同或合约形式与缔约另一方投资者就投资所作的书面承诺;

2. 只有当东道国行使主权权力导致承诺落空时,才构成对保护伞条款的违反。

(四)履行要求禁止条款的修订

考虑到我国BITs鲜有关于履行要求禁止条款的缔约实践,且履行要求禁止条款具有"TRIM-plus"属性和"TRIP-plus"风险,本书建议其余中国BITs可以选择暂不制定履行要求禁止条款,仅将《中国—韩国BIT》履行要求禁止条款修改为:

1. 在当地含量、技术转移或出口业绩要求方面,缔约一方不得对缔约另一方投资者作出的投资采取任何不合理的或歧视性的措施;

2. 第1款所述技术转移不适用于缔约一方根据TRIPS① 实施的授权使用。如果缔约一方的前述行为不符合TRIPS,也不意味着存在强制技术转让。

(五)征收与补偿条款的修订

"温和式"警察权理论具有正当性和合理性,已为大量国际投资仲裁实践所认可。本书建议基于"温和式"警察权理论及比例原则,合理平衡投资者利益和东道国社会公共利益,同时协调两大知识产权国际保护制度,将征收与补偿条款修改为:

1. 缔约一方不得对缔约另一方投资者在其领土内的投资直接或间接地进行征收、国有化或采取其他类似措施(以下称征收),除非满足以下条件:(1)具有合法目的,或旨在维护公共利益、社会福祉;(2)符合国内法律程序并尊重正当程序;(3)以非歧视的方式实施;(4)给予

---

① 中国和韩国均为WTO成员国,故此处明确指出"TRIPS"。

补偿;

2. 缔约双方承认:(1)即便未发生所有权的正式移转或完全夺取,但产生了直接征收的效果,即构成间接征收;(2)确定缔约一方实施的措施是否构成间接征收还应基于以下因素进行逐案认定:a. 对投资价值的影响;但仅有对投资价值产生负面影响的事实不意味着存在间接征收;b. 对投资者合理期待的损害程度,这种期待是基于缔约一方对缔约另一方投资者作出的具体承诺产生的;c. 措施目的和效果的相称性;基于公共目的采取的非歧视措施如果造成非常严重的效果以至于不能合理地被认为是善意采取和适用的,则构成间接征收;

3. 补偿应等于采取征收前或征收为公众所知时(以较早者为准)被征收投资的公允市场价值,包括按照合理商业利率计算的利息。补偿的支付不应不合理迟延,并应可有效兑换和自由转让;

4. 本条不适用于与知识产权有关的强制许可的颁发或知识产权的撤销、限制或创设,只要此类颁发、撤销、限制或创设符合 TRIPS 等知识产权条约。如果缔约一方的前述行为不符合 TRIPS 等知识产权条约,也不意味着构成征收。①

四、完善争端解决条款消减体制性竞争和冲突

纵览中国 BITs 的争端解决条款,绝大多数 BITs 接纳了 ISDS 机制,但倾向于将国际投资仲裁庭的管辖范围限于"与征收补偿金额"有关的争议。随着中国对外开放程度不断加深、双向跨境投资活动愈加频繁,中国 BITs 逐渐认可 ISDS 机制在解决东道国与外国投资者间投资争议方面的优势,转而选择以磋商、谈判解决为优先,不能通过协商解决的可以诉诸国际投资仲裁庭。由此,中国作为被申请人参与与知识产权保护相关的国际投资仲裁争端的可能性,有增无减。

---

① 参考 CETA 第 8.12 条。如果缔约另一方并非 WTO 成员国,可以将"TRIPS 等知识产权条约"改为"缔约双方加入的知识产权条约"。

因此,若从我国作为被申请人的角度考虑,为避免知识产权人从不同路径挑战我国外资监管权和公共政策空间,继而引发传统国际知识产权保护制度和国际投资条约知识产权保护制度的体制性冲突和竞争,使我国面临承受高额诉讼成本、经济自主权和外资监管权极度受限的风险,本书建议立足争端解决条款制定现状,作局部调整:

一方面,当前将投资仲裁庭管辖权范围限于征收补偿金额争议,或当事双方同意提交仲裁的其他争议的中国 BITs,建议先不作调整,能够直接防止知识产权投资者在 ISDS 机制中执行知识产权条约,主张知识产权的绝对保护,侵害我国社会公共利益;

另一方面,对于明确 ISDS 机制适用于投资争议的中国 BITs,建议在保持原有前置程序不变的基础上,补充或增设下列规则,以尽量避免两大知识产权国际保护制度的体制竞争和冲突:

1. 仲裁庭的管辖权限于争端方是否违反本条约中的投资待遇标准[①];

2. 争端方共同选任的仲裁庭主席应具备国际公法背景和解决案涉争端所需的特别专业知识;

3. 仲裁庭应依照本条约的规定,接受投资的缔约一方国内法(包括冲突规范)、公认的国际法原则、规则(例如 VCLT 第 31 条和第 32 条)作出裁决;

4. 必要时,仲裁庭与争端方磋商后可以主动寻求,或应争端方要求,缔约双方在合理期限内作出联合或共同解释;

5. 当其他国际程序(包括但不限于缔约双方依据本条约启动的 SSDS 机制、WTO 争端解决机制)对投资争端的处理与解决有重大影响,或与仲裁庭的管辖权存在重叠时,投资仲裁庭应当暂停案件审理,或确保在案件审理过程中充分考虑其他国际程序的进展及其裁决结果。

---

① 参考 2007 年《美国—韩国 FTA》第 11.16 条第 1 款(a)(i)(A)项、第 11.16 条第 1 款(b)(i)(A)项。

图书在版编目(CIP)数据

国际投资条约知识产权保护制度研究/朱玥著. —上海:上海三联书店,2023.7
(上海社会科学院法学研究所学术精品文库)
ISBN 978-7-5426-8235-2

Ⅰ.①国… Ⅱ.①朱… Ⅲ.①知识产权保护-研究-世界
Ⅳ.①D913.04

中国国家版本馆 CIP 数据核字(2023)第 167590 号

国际投资条约知识产权保护制度研究

著　　者 / 朱　玥

责任编辑 / 郑秀艳
装帧设计 / 一本好书
监　　制 / 姚　军
责任校对 / 王凌霄

出版发行 / 上海三联书店
　　　　　(200030)中国上海市漕溪北路 331 号 A 座 6 楼
邮　　箱 / sdxsanlian@sina.com
邮购电话 / 021-22895540
印　　刷 / 上海惠敦印务科技有限公司

版　　次 / 2023 年 7 月第 1 版
印　　次 / 2023 年 7 月第 1 次印刷
开　　本 / 640mm×960mm　1/16
字　　数 / 220 千字
印　　张 / 14.25
书　　号 / ISBN 978-7-5426-8235-2/D·601
定　　价 / 68.00 元

敬启读者,如发现本书有印装质量问题,请与印刷厂联系 021-63779028